기업가치를 높이는
재무관리

기업가치를 높이는
재무관리

| 이진욱 지음 |

StarRich
Books

| 프롤로그 |

현장에서 30년…

오늘날 정보통신기술의 발달로 정보화 사회로 변화해가면서 신용사회라고 할 만큼 신용평가에 관한 관심이 커지고 있습니다. 국가 신용등급의 등락이 그 나라의 채권가격뿐만 아니라 경제에도 많은 영향을 미칩니다. 기업에 대한 신용평가는 그 기업의 여신 규모와 금리에 영향을 주며, 개인에 대한 신용평가는 그 개인의 금융생활에 많은 영향을 줍니다. 따라서 경제주체인 국가, 기업, 개인은 각자 신용등급을 가지고 경제활동을 하는 것입니다.

우리는 국가의 신용관리능력 부재에 따른 외환부족으로 1997년 말 경제위기를 맞이하여 IMF 관리 아래 놓인 적이 있습니다. 이후 우리나라 금융기관들도 리스크를 관리하기 위하여 거래기업의 신용평가 기능을 강화하게 되었고, 우리는 이러한 신용사회에서 생존하기 위하여 신용평가와 신용등급에 대한 지식과 관심이 절대적으로 필요한 시점에 와 있습니다.

필자는 기업체의 신용을 평가하는 금융기관에 30여 년 몸담아 오면서 기업인들을 가까이 할 기회가 많았습니다. 이러한 기업인들에게서 애로사항을 듣고 또 그들이 힘들어하는 모습을 보면서 그들을 위해 무언가 도움이 되는 일을 해야겠다고 생각했습니다.

그러면서 기업인들의 질문에 대한 답을 찾으려다 보니 자연스럽게 은행이나 보증기관의 실무 중심 업무에서 벗어나 이론적인 부분에 관심을 가지게 되었고, 기업의 자금과 관련된 재무관리에 대해 공부하게 되었습니다. 또한 기업인들이 사업하면서 재무적인 관점에서 가장 힘들고 어려웠던 부분이 무엇인지 듣고 그 답을 찾아주다 보니 이것이 강의로 연결되었습니다. 이러한 것들을 10년 동안 조금씩 글로 써온 것이 이제야 결실을 맺게 되었습니다.

이 책에서는 이공계 출신의 가상인물이 기술력만 가지고 시작한 사업이 성장하는 과정에서 재무관리의 부재로 겪어야 하는 어려움 등 산업현장의 현실을 그대로 반영해 문제점과 해결방안을 제시하였습니다.

먼저 기업을 경영하려면 공장, 기계, 원재료, 인력 등이 필요한데, 이것을 제대로 조달하고 관리하기 위해 필요한 것이 자금이라는 것은 누구나 알고 있습니다. 이때 이러한 자금을 체계적으로 관리하는 것이 관건인데 이것이 바로 재무관리입니다. 그래서 재무관리란 무엇인가로 시작하여 재무관리의 기본인 재무제표와 재무제표의 각 항목을 손쉽게 이해할 수 있도록 사례를 들어 설명하였습니다. 이를 바탕으로 재무제표를 간단하게 보는 법을 제시하고 실제로 재무분석을 해봄으로써 기업의 건강상태를 점검할 수 있게 하였습니다.

또한 기업인들이 가장 입에 담기를 꺼려하는 기업의 부실에 대해 이해하고 어떠한 기업이 부실징후 기업인지 스스로 진단해볼 수 있게 하는 등 사전에 부실을 방지하고 기업을 안정적으로 관리하는 방법을 상세하게 기술했습니다. 이를 기반으로 기업의 성장에 필수적인 현금 관리를 어떻게 하는지와 매출과 이익의 증대로 기업의 체질을 강화하는 방안도 제시했습니다.

마지막으로 앞에서 기술한 일련의 과정을 거쳐 재무구조 개선을 목표로 설정한 뒤 이를 달성하기 위해 지속적으로 노력함으로써 기업의 가치를 극대화하고 안정적인 성장기반을 갖춘 강한 기업으로 거듭날 수 있도록 스토리를 전개하였습니다.

이 책의 특징은 산업현장에서 경영을 진두지휘하고 있는 CEO들이나 자금담당 임원, 자금담당 직원들이 경영활동을 하면서 겪게 되는 재무관리와 관련된 애로사항이나 궁금한 점을 다양한 사례를 바탕으로 쉽게 풀어놓고, 이런 사례들을 기업경영에 실질적으로 접목할 수 있도록 한 것입니다.

특히 각 장 말미에 있는 '쉬어가는 이야기'의 사례는 필자가 산업현장에서 경험한 일들을 가상의 인물과 기업을 내세워 이야기 식으로 풀었습니다. 쉬어가는 이야기만 봐도 그 장의 내용을 파악할 수 있도록 구성했으니 각 장의 내용에 좀 더 쉽게 접근하려면 이 부분을 먼저 읽어보는 것도 도움이 될 것입니다.

이 책은 대학의 한 학기 교재로 활용할 수 있도록 13장으로 구성하였습니다. 학생들은 이 책의 내용을 정독함으로써 산업현장에서 즉시 활용할 수 있는 능력을 배양할 수 있으리라고 확신합니다.

끝으로 이 책이 출간되기까지 격려를 아끼지 않으신 많은 기업의 CEO님들과 바쁜 일정 속에서도 쉽지 않은 교정 작업에 헌신적인 도움을 준 친구 그리고 스타리치북스의 김광열 대표님과 이혜숙 이사님, 한수지 팀장님을 비롯한 여러분에게도 감사의 말씀을 드립니다.

李珍旭 拜

제1장_ 재무관리란 무엇인가?

제1절 중소기업 재무관리의 현실   16
제2절 재무관리의 의의   24
제3절 재무관리의 역사   33
제4절 재무관리의 목표와 역할   38
쉬어가는 이야기 하나 기업가치를 높이는 이런 재무관리!   46

제2장_ 재무제표란 무엇인가?

제5절 재무제표의 의의와 종류   50
제6절 재무상태표   55
제7절 손익계산서   58
제8절 현금흐름표   60
제9절 자본변동표   62
제10절 부속명세서(제조원가명세서)   65
쉬어가는 이야기 둘 재무제표를 활용한 우량거래처 발굴   68

제3장_ 자산·부채·자본에 대한 이해

제11절 자산   72
제12절 부채   80
제13절 자본   87
쉬어가는 이야기 셋 투자한 자금은 어디로?   95

제4장_ 수익·비용·이익에 대한 이해

제14절 수익	100
제15절 비용	102
제16절 이익	108
쉬어가는 이야기 넷 물건 팔고 원가 빼면 남는 것은?	110

제5장_ 재무제표 보는 방법

제17절 재무상태표 보는 방법	116
제18절 손익계산서 보는 방법	128
제19절 현금흐름표 보는 방법	134
제20절 재무상태표와 손익계산서를 함께 보는 방법	142
쉬어가는 이야기 다섯 재무제표 이 정도만 볼 수 있으면 OK	148

제6장_ 재무분석이란 무엇인가?

제21절 재무분석의 의의	154
제22절 재무분석의 역사	156
제23절 재무분석의 필요성	160
제24절 재무분석의 목적	162
제25절 재무분석의 유용성과 한계성	168
쉬어가는 이야기 여섯 사람은 건강검진, 기업은 재무분석	172

제7장_ 재무상태표를 이용한 재무분석

제26절 유동성 분석	176
제27절 안정성 분석	178
제28절 성장성 분석	182
제29절 생산성 분석	184
쉬어가는 이야기 일곱 이런 방식의 설비추가는 무서워?	187

제8장_ 손익계산서를 이용한 재무분석

제30절 수익성 분석   192
제31절 성장성 분석   195
제32절 활동성 분석   197
쉬어가는 이야기 여덟 기술만 좋아하는 사장님!   203

제9장_ 부실에 대한 이해와 예측

제33절 부실원인과 유형   208
제34절 부실징후 발견   214
제35절 부실예측   220
쉬어가는 이야기 아홉 부실기업의 자가진단 항목 체크   230

제10장_ 부실방지를 위한 안정적 기업관리

제36절 자본구성과 자본비용   234
제37절 자산 및 부채의 관리   248
제38절 기업의 신용관리   255
제39절 환율과 위험관리   267
쉬어가는 이야기 열 은행에서 양반대접 받는 신용도 우수기업   273

제11장_ 성장을 위한 현금흐름 관리

제40절 현금흐름의 이해와 활용   278
제41절 자금관리 및 계획과 조달   284
제42절 재무예측   323
제43절 추정 재무제표와 투자안의 현금흐름   332
쉬어가는 이야기 열하나 Cash is king!   340

제12장_ 매출과 이익증대를 통한 기업체질 강화

제44절 손익분기점 분석	344
제45절 원가·매출액·이익의 증감에 따른 손익영향 분석	355
제46절 매출목표 및 이익목표의 설정	361
제47절 이자비용의 절세효과로 인한 수지개선	370
쉬어가는 이야기 열둘 성장 잠재력을 가진 강한기업으로의 도약	373

제13장_ 재무관리를 이용한 기업가치증대

제48절 기업가치증대를 위한 재무관련 의사결정	382
제49절 재무구조 개선을 통한 기업가치증대	393
쉬어가는 이야기 열셋 가치있는 강한기업으로	402

[표 1-1] 재무상태표	18	[표 5-14] 재무상태표의 비교	127
[표 1-2] 손익계산서	18	[표 5-15] 재무구조 건전화 방안	127
[표 1-3] 재무상태표	26	[표 5-16] 손익계산서의 항목별 구성비	129
[표 2-1] 재무상태표	57	[표 5-17] 손익계산서의 구분별 주요 활동	130
[표 2-2] 손익계산서	59	[표 5-18] 영업손익과 영업외손익의 비교	132
[표 2-3] 현금흐름표	61	[표 5-19] 손익계산서의 당기순손익 산출	133
[표 2-4] 자본변동표	64	[표 5-20] 수익성 증대방안	133
[표 2-5] 제조원가명세서	67	[표 5-21] 요약 현금흐름표(간접법)	135
[표 4-1] 제조업의 매출원가 계산구조	104	[표 5-22] 현금흐름표	136
[표 4-2] 도·소매업의 매출원가 계산구조	105	[표 5-23] 현금증감의 원천별 분석	137
[표 5-1] 재무상태표의 운용과 조달	117	[표 5-24] 현금흐름의 구조	139
[표 5-2] 비교식 재무상태표	117	[표 5-25] 투자활동에 대한 현금조달 비중	140
[표 5-3] 투자금의 회수	118	[표 5-26] 현금흐름의 증대방안	141
[표 5-4] A사 운전자금 회전일수	119	[표 5-27] 재무제표의 연관성	143
[표 5-5] B사 운전자금 회전일수	120	[표 5-28] 자본이익률 분석	144
[표 5-6] 비교식 재무상태표	121	[표 5-29] 자산의 회전율 분석	145
[표 5-7] 자본조달 및 운용 내역	122	[표 6-1] 이해관계자에 따른 재무분석의 목적과 대상	163
[표 5-8] 조달자본의 구성과 상환방법	123	[표 7-1] 미래기업(주)의 회계자료	182
[표 5-9] 부채비율의 비교	123	[표 7-2] 미래기업(주)의 부가가치	185
[표 5-10] 유동비율의 비교	123	[표 9-1] 기업부실의 내부요인과 외부요인	211
[표 5-11] 차입금의존도의 비교	124	[표 9-2] 중소기업 자가진단 항목	219
[표 5-12] 자본조달 및 운용 내역	124	[표 9-3] K₁ Score의 판정 범위와 내용	227
[표 5-13] 자본조달의 합리성	125		

[표 10-1] 자산의 분류	249	[표 12-4] 투자내역	351
[표 10-2] 채무와 부채	252	[표 12-5] 비용내역	351
[표 10-3] 부채의 분류와 평가기준	253	[표 12-6] 매출단가 손익분석표	356
[표 10-4] 재무항목과 비재무항목의 평가비중	265	[표 12-7] 매출수량 손익분석표	357
		[표 12-8] 변동비 손익분석표	358
[표 10-5] 회사채 신용등급	266	[표 12-9] 고정비 손익분석표	359
[표 11-1] 미래기업(주)의 손익과 현금흐름	279	[표 12-10] 요약 손익분석표	362
[표 11-2] 자금계획의 체계	288	[표 12-11] 변경 요약 손익분석표 1	363
[표 11-3] 자금계획과 이익계획	289	[표 12-12] 변경 요약 손익분석표 2	363
[표 11-4] 부서별 자금계획	290	[표 12-13] 변경 요약 손익분석표 3	364
[표 11-5] 자금수지계획표의 종류	305	[표 12-14] 월 생산량 및 판매량	366
[표 11-6] 운전자금의 기본적 관리방법	309	[표 12-15] 3월 요약 손익분석표	367
[표 11-7] 추정재무제표 작성방법	311	[표 12-16] 4월 요약 손익분석표	368
[표 11-8] 소요자금의 1회전 일수	312	[표 12-17] 5월 요약 손익분석표	369
[표 11-9] 운전자금과 시설자금의 비교	314	[표 12-18] 이자비용의 절세효과	372
[표 11-10] 공장신축 전 재무상태표	318	[표 13-1] 주식수익률의 성과표	386
[표 11-11] 공장신축 후 재무상태표	320	[표 13-2] 중소기업 전산업의 재무제표 항목별 산업평균비율 추이	395
[표 11-12] 재무상태표	327		
[표 11-13] 매출액 백분율 재무상태표	327	[표 13-3] 재무구조 개선목표	398
[표 11-14] 미래기업(주)의 매출액과 소요자금	330	[표 13-4] 추정 재무상태표	399
		[표 13-5] 추정 손익계산서	400
[표 11-15] 추정손익계산서	333		
[표 11-16] 순현금흐름의 계산	335		
[표 11-17] 투자안의 총현금흐름	337		
[표 11-18] 할인율 20%와 21%의 비교	339		
[표 12-1] 비용의 분류	345		
[표 12-2] 손익분기점에 의한 기업체질과 대책	349		
[표 12-3] 손익분기점 매출액 인하 방안	350		

그림 목차

[그림 1-1] 재무관리의 기업성장순환
　　　　　 지원모형 ·················· 22
[그림 1-2] 재무관리의 역할 ············ 42
[그림 1-3] 기업의 재무관리자 ·········· 45
[그림 2-1] 재무제표의 종류 ············ 54
[그림 3-1] 자산과 부채의 대응관계 ····· 82
[그림 6-1] 재무분석의 범위 ··········· 155
[그림 9-1] 기업의 부실화 과정 ········ 210
[그림 9-2] 기업부실의 유형 ··········· 212
[그림 9-3] 프로필 분석 시계열 추세 ··· 223
[그림 9-4] 판별분석 그래프 ··········· 225
[그림 10-1] 자본구성과 자본비용 ······ 237
[그림 10-2] 최적자본구성점 ··········· 246
[그림 10-3] 기업체신용평가표의 구분 ·· 262
[그림 11-1] 현금흐름의 중요성 ········ 281
[그림 11-2] 현금흐름 중시형 경영 ····· 283
[그림 11-3] 자금수지분석 ············· 297
[그림 11-4] 운전자금 1회전기간 ······· 299
[그림 11-5] 자금수지계획에 의한
　　　　　　현금흐름 ················ 307
[그림 11-6] 시설투자계획의 절차 ······ 314
[그림 12-1] 원가구조 ················· 345
[그림 12-2] 손익분기점 그래프 ········ 348
[그림 12-3] 경영안전율 매출액 ········ 354
[그림 13-1] 의사결정과정 ············· 384
[그림 13-2] 재무관리자의 의사결정 ···· 391

제1장 재무관리란 무엇인가?

재무관리는 기업의 경영활동 중에서 자금과 직접 또는 간접적으로 관련되어 있는 모든 의사결정을 효율적으로 수행하기 위한 이론과 실무기법을 연구대상으로 하는 학문이다. 즉, 기업가치의 극대화라는 목표를 달성하기 위하여 필요한 자금을 조달하고 운용하는 것에 관한 재무적인 의사결정을 효율적으로 할 수 있도록 하는 것이다.

일반적으로 재무관리는 기업재무로 해석되며, 기업의 자금흐름과 관련한 제반 의사결정을 다루는 것으로 자금조달 및 운용과 이와 관련한 계획 및 통제 등을 하는 것이라고 할 수 있다.

제1절 중소기업 재무관리의 현실

1. 산업현장의 현실

A대표는 제조업을 목적으로 미래기업(주)를 납입자본금 50백만 원으로 창업하여 기술을 개발하고 제품을 사업화하기 위해 시제품을 제작한다. 수없이 많은 시행착오를 거친 후 드디어 시장에서 요구하는 신제품을 완성하여 이것의 양산을 위해 기계설비를 도입하여 제품생산에 들어간다. 이와 동시에 제품에 대한 마케팅을 확대하면서 매출이 발생하기 시작한다. 창업초기에는 소자본으로 시작을 하여 기계 한두 대로 제품을 생산하는 즉시 매출이 발생하며 꾸준히 주문이 들어오기 시작한다. 신제품에 대한 호평이 이어지면서 주문이 밀려와 기계를 풀가동하게 되고 매출발생 후 대금이 회수되기까지 소요되는 기간 때문에 추가로 원자재를 구입할 자금이 부족하게 된다.

은행에 문의를 해보지만 아직 재무제표가 없어 기업체 평가를 할 수 없으니 결산을 한 번 한 후 재무제표를 가지고 오라고 하면서 대출신청을 거절한다. 하는 수 없이 여력이 얼마 없는 아파트를 담보로 하여 대출 가능한 금액을 모두 대출을 받아 기업의 운영자금으로 충당한다.

이렇게 정신없이 힘든 한 해를 보내면서 기계설비를 추가로 도입해야 하고 이에 따라 운영자금도 필요하게 되었다. 전년도 9월에 창업하여 금년도부터 본격적으로 매출이 발생하기 시작하였기 때문에 이듬해 3월이 되자 법인 결산을 서둘러서 마치고 은행에 재무제표를 제출하면서 대출가능 여부를 재차 문의한다.

은행에서는 부동산은 담보 여력이 없으니 신용보증서 담보를 요구하면서 은행직원이 그 은행과 거래가 있는 보증기관을 소개해준다. A대표는 신용보증서를 담보로 기계설비의 설치를 위한 시설자금과 운전자금 대출을 받기 위해 보증상담을 요청했다. 보증기관에서는 재무제표를 심사한 결과 재무구조가 좋지 않은 이유로 신용등급이 낮아 신용보증서 발급이 힘들다고 연락이 왔다. A대표는 주문이 들어온 제품의 납품기일을 맞추어야 하기 때문에 최소한 다음 달 초까지는 기계설비를 추가로 설치하여 생산에 들어가야 한다. 그래서 자금문제를 해결하기 위해 힘든 날들을 보내고 있다.

2. 문제점

창업 후 열심히 신제품을 개발하여 제품도 잘 만들었고 거래처도 추가되어 주문도 늘어나 매출도 증가하게 되었다. 따라서 기계설비도 확장해야 하고 원자재도 추가로 더 구입해야 하고, 운전자금의 투입도 더 많이 필요하는 등의 자금수요가 늘어나게 되었는데, 우리 회사가 무엇이 문제인가를 고민하던 A대표는 보증기관 직원에게 미래기업(주)의 재무제표에 어떠한 문제점이 있는지를 자세하게 알아보았다.

[표 1-1] 재무상태표

(2013년 12월 31일)

미래기업(주) (단위: 백만 원)

차 변		대 변	
유동자산	151	유동부채	530
당좌자산	97	매입채무	145
현금 및 현금성자산	3	단기차입금	200
매출채권	94	주임종단기차입금	150
재고자산	54	기타유동부채	35
		비유동부채	21
비유동자산	473	부채총계	571
유형자산	368	자본금	50
무형자산	105	이익잉여금	3
		자본총계	53
자산총계	624	**부채와 자본총계**	624

[표 1-2] 손익계산서

(2013년 1월 1일~2013년 12월 31일)

미래기업(주) (단위: 백만 원)

구 분	금 액
매출액	1,537
- 매출원가	1,153
매출총손익	384
- 판매비와 관리비	371
영업손익	13
+영업외수익	3
- 영업외비용	12
(이자비용)	(9)
법인세비용차감전순손익	4
- 법인세비용	1
당기순이익	3

다음은 미래기업(주)의 재무상황을 보고 재무분석을 했던 자료이다.

구분	명칭	계산식	산출비율	산업평균	산업평균대비
안정성	부채비율	571/53×100	1,077.4%	168.3%	+909.1%P
	자기자본비율	53/624×100	8.5%	37.3%	-28.8%P
	유동비율	151/530×100	28.5%	129.9%	-101.4%P
수익성	총자본순이익률	3/624×100	0.5%	2.7%	-2.2%P
	매출액영업이익률	13/1,537×100	0.8%	3.2%	-2.4%P
	매출액순이익률	3/1,537×100	0.2%	2.0%	-1.8%P

3. 해결 방안

A대표는 보증기관 직원으로부터 친절하게 자세한 설명을 들었지만 대학교 때 기계공학을 전공한 공대출신이라 무슨 말인지 잘 알아들을 수가 없었다. 확실한 것은 미래기업(주)의 재무구조가 아주 취약하다는 것이었다.

제출했던 서류를 다시 돌려받고 사무실로 돌아온 A대표로서는 참 힘이 빠지는 상황이었다. 열심히 연구개발하여 신제품도 잘 만들었고 시장의 반응도 좋아 힘은 들었지만 그래도 매출이 늘어나는 재미로 잘 버텨올 수 있었다. 이번에 자금지원을 좀 받을 수만 있다면 새로이 기계설비도 설치하고 원재료도 추가로 구매하여 직원도 몇 명 더 채용해서 한 단계 더 도약할 수 있었다는 생각에 아쉬움을 금할 수가 없었다.

그런데 자금담당직원이 신제품을 개발하면서 신청했던 특허가 등록이 되어 특허증이 발급되었다면서 가지고 왔다. A대표는 전에 특허가 있으면 신용보증서를 받을 수 있다는 이야기를 들었던 기억이 나서 다시 보증기관에 연락을 해보았다. 그래서 특허를 낸 기술을 가지고 신기술사업 관련 심사를 받아서 신용보증서를 무사히 발급받을 수가 있었다.

　A대표는 원하는 금액보다는 조금 부족하지만 신용보증서를 담보로 은행에서 대출을 받아 새로이 기계를 도입하고 원재료를 구입했으며 직원을 추가로 채용하여 주문납기에 맞추기 위해 열심히 기계를 가동하고 있다.

　그러면서 A대표는 사업을 하면서 다시는 이러한 어려운 상황을 맞이하고 싶지 않은 마음에 재무제표를 어떻게 보는지, 재무분석은 어떻게 하는지 등의 재무관리에 대한 전반적인 지식을 쌓아서 평소에 잘 준비를 해 놓아야겠다는 생각을 했다.

4. 재무관리의 필요성

　재무관리는 기업이 경영활동을 수행하면서 부족한 소요자금을 저비용으로 조달하거나 잉여자금을 잘 운용하여 높은 수익을 창출하는 것을 말한다. 일반적으로 재무관리는 해당 업무를 담당하는 전문가의 특수한 영역으로 보는 경향이 강하다. 그리고 기업의 전체적인 경영활동인 구매활동과 생산활동 및 영업활동 등과는 무관한 업무라고 생각하기도 한다.

과거 기업 재무담당자의 가장 중요한 일은 주거래은행과 우호적인 관계를 유지하는 것이었다. 대부분의 기업들은 주거래은행의 적극적인 자금지원을 통하여 비교적 손쉽게 기업을 경영해나갈 수가 있었다. 그리고 은행들도 정부의 보호와 규제를 동시에 받으면서 편안하게 영업을 해온 것도 사실이다.

하지만 1997년 우리나라가 외환위기를 겪으면서 재무관리의 역할에도 변화가 오기 시작하였다. 외환부족으로 IMF의 구제금융을 받은 이후 과도한 차입으로 설비투자를 한 대기업들이 무더기로 도산하였고 그 여파로 과다한 부실채권이 발생하여 은행들도 문을 닫았던 것이다. 그러면서 실물경제와 금융경제의 개방조치로 인해 우리 기업들도 전 세계의 기업들과 치열한 경쟁에 직면하게 되면서 엄청난 시련에 부딪치게 되었다.

바야흐로 전 세계의 기업들과 치열한 경쟁이 전개되는 무한경쟁시대에 돌입하면서 경쟁력이 있는 강한 기업만이 살아남을 수 있는 환경으로 변화된 것이다. 즉, 기업이 경쟁력을 갖추지 못하면 아무리 주거래은행이 지원을 해준다 하더라도 결국 계속기업으로의 유지가 어려운 시대가 된 것이다. 기업은 스스로를 강하게 만들어 스스로의 힘으로 살아나가는 방법을 모색해야한 생존할 수 있는 시대라는 것이다.

기업이 스스로를 강하게 만든다는 것은 건전한 재무구조를 갖추고 높은 수익을 올리면서 계속기업으로서의 성장을 할 수 있는 가치 있는 기업이 된다는 것이다. 이런 기업의 가치를 극대화하는 것이 기업의 설립목적이기도 하며, 또한 건전한 재무구조를 유지해야 기업의 계속성이 보장된다는 것이다. 그리고 기업의 주인인 주주로부터 조달된 자기자본에 대하여 주주들이 기대하는 이상의 수익률을 창출해야 자본시장에서도 제대로

[그림 1-1] 재무관리의 기업성장순환 지원모형

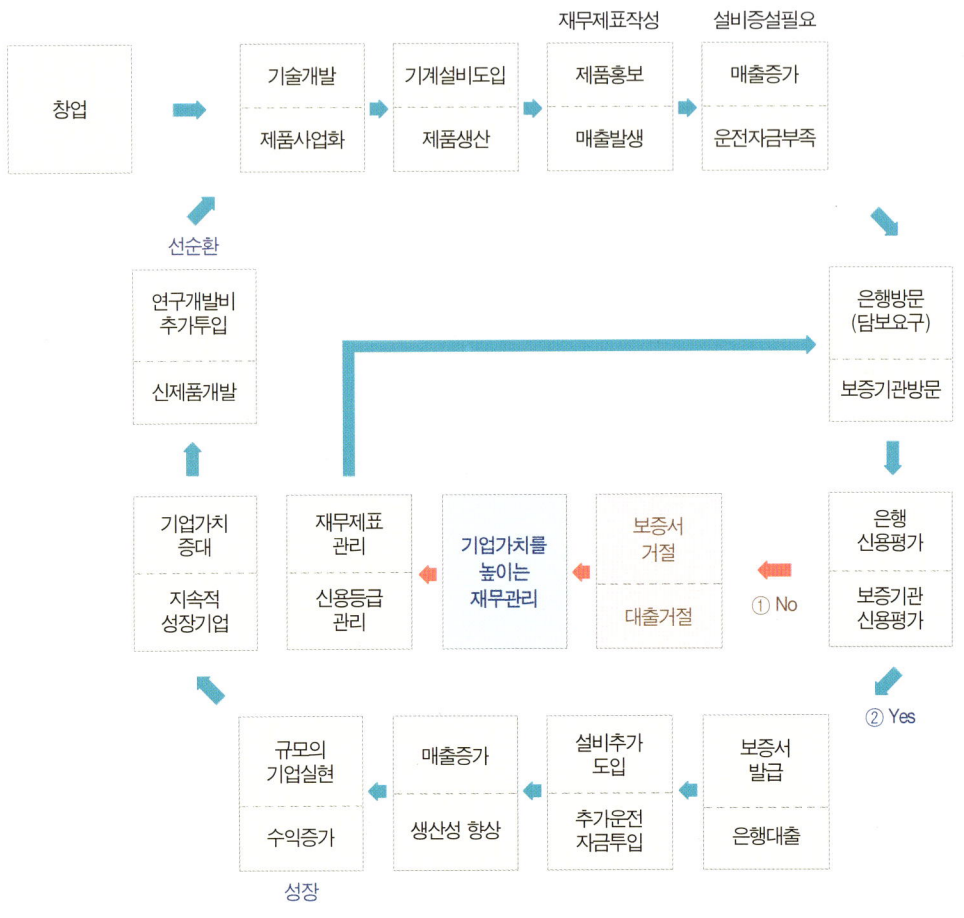

된 대접을 받을 수 있는 것이다.

앞에서 살펴본 산업현장의 현실과 문제점, 그리고 해결방안에 대한 내용은 저자가 현장에서 경험했던 사실을 그대로 옮겨 적은 것이다. 산업현장에서는 지금 이 시간에도 무수히도 많은 기업들이 동일한 문제들로 인하여 어려움을 겪고 있으며 이것을 해결하지 못해 피어보지도 못하고 도산에 이르는 기업들도 그 수를 헤아리기가 어려운 것이 현실이다.

그래서 정말 기술력이 있고 열정이 있는 우수한 기업들이 재무관리의 잘못으로 인하여 끝내 도산에까지 이르는 상황을 사전에 방지하고 계속기업으로의 지위를 유지하면서 성장의 기회를 마련할 수 있도록 하기 위한 사명감을 가지고 본서의 집필 작업을 시작하게 되었다.

본서의 목적은 [그림 1-1]에서 보는 바와 같이 재무관리를 통하여 기업의 가치를 높이는 데 있다. 재무관리의 기본인 재무제표를 이해하고 이를 바탕으로 다양한 실무사례를 통한 재무분석을 해보며, 기업의 부실에 대한 사전지식을 습득하고 부실징후를 사전에 차단하면서 안정적인 기업관리를 하는 방안을 제시하였다. 그러면서 기업 성장을 뒷받침하는 현금흐름의 관리와 매출과 이익증대를 통한 기업의 가치를 극대화하여 강한기업으로 거듭날 수 있도록 하였다.

본서의 특징은 산업현장에서 경영을 진두지휘하고 있는 CEO들이나 자금담당임원 및 자금담당직원들이 기업의 경영활동을 하면서 겪게 되는 재무관리와 관련된 애로사항이나 궁금한 점들을 다양한 사례연구를 통하여 쉽게 알아볼 수 있도록 하였으며, 이런 사례들을 기업경영에 실질적으로 접목할 수 있도록 한 것이다.

또한 본서는 15주로 되어 있는 대학의 한 학기가 시험기간을 제외하면 13주로 되어 있는 점을 감안하여 대학의 교재로도 활용할 수 있도록 13장으로 구성하였다. 학생들은 본서의 내용을 정독함으로써 산업현장에서 즉시 활용할 수 있는 능력을 배양할 수 있을 것으로 확신한다.

제2절 재무관리의 의의

1. 재무관리의 의의

　재무관리(financial management)는 기업의 경영활동 중에서 자금과 직접 또는 간접적으로 관련되어 있는 모든 의사결정을 효율적으로 수행하기 위한 이론과 실무기법을 연구대상으로 하는 학문이다. 즉, 기업가치의 극대화라는 목표를 달성하기 위하여 필요한 자금을 조달하고 운용하는 것에 관한 재무적인 의사결정을 효율적으로 할 수 있도록 하는 것이다.

　일반적으로 재무관리는 기업재무(corporate finance)로 해석되며, 기업의 자금흐름과 관련한 제반 의사결정을 다루는 것으로 자금조달 및 운용과 이와 관련한 계획 및 통제 등을 하는 것이라고 할 수 있다. 넓은 의미의 재무관리에는 기업재무뿐만 아니라 투자론, 금융기관경영론, 화폐금융론, 증권시장론 등이 포함된다.

　기업은 경영활동을 통해 생산된 재화를 유통하거나 용역의 제공 등 다양한 경영활동을 통하여 끊임없이 성장하고 발전하는 유기체라고 할 수 있으며, 이러한 기업의 조직은 생산관리, 품질관리, 판매관리, 재무관리 등의 여러 가지 부문으로 구성이 되어 있다. 재무관리는 생산관리, 품질관리, 판매관리 등과 함께 수평적인 위치에서 서로 대등한 입장에 있는 관리 분야 중의 하나라고 할 수 있다.

따라서 재무관리는 기업이라는 조직의 구성 체계로서 경영활동을 재무적인 측면에서 지원하는 것이다. 그러나 재무관리의 특징은 기업의 조직 내에서 다른 관리 분야들과 유기적인 관계를 가지면서 전체적인 입장에서 기업의 통합적 관리기능을 수행한다는 것이다. 왜냐하면 기업의 경영활동에서 직접적으로나 간접적으로나 모든 것이 자금과 연관이 되어 있기 때문이다.

이와 같이 재무관리는 기업의 경영활동에 필요한 자금을 전사적인 측면에서 계획하고 조달하며 운용하는 역할을 하면서 기업의 생존과 직결되는 역할을 하기 때문에 중요성이 그만큼 크다고 볼 수 있다.

기업가치의 극대화를 위한 효율적인 재무관리를 위해서는 기업의 모든 재무활동이 사전에 충분한 계획과 조정 및 적절한 통제가 필요하게 되는데, 이러한 재무관리가 지속적으로 순환하고 반복되는 과정 속에서 기업은 성장하고 발전하며 설립목적을 달성하게 되는 것이다.

2. 재무관리의 기능

기업의 투자와 자금조달을 알기 쉽게 재무상태표에서 설명을 하면 [표 1-3]에서 보는 바와 같이 재무상태표의 왼쪽에 있는 차변은 자산으로 구성이 되어 있으며, 투자된 자금을 운용하는 것을 말한다. 이것은 재무관리의 기능 중에서 투자결정 기능으로 자산을 어떻게 구성하는 것이 기업의 가치를 극대화할 수 있는가에 대한 결정을 하는 것이다.

재무상태표의 오른쪽에 있는 대변은 부채와 자본으로 구성이 되어 있으며, 부채와 자본은 기업의 자금조달 구조를 말한다. 이것은 재무관리의 기능 중에서 자본조달결정 기능으로 부채와 자본을 어떻게 구성하는 것이 기업의 가치를 극대화할 수 있는가에 대한 결정을 하는 것이다. 그리고 재무분석 기능과 배당결정 기능도 중요한 재무관리의 기능에 해당이 된다.

[표 1-3] 재무상태표

차변 : 자금 투자 (자금 운용) ➡ 최적의 투자결정		대변 : 자금 조달 (자금 원천) ➡ 최적의 자본조달 결정
유동자산	유동부채	
비유동자산	비유동부채	
	자 본	
자산총계	부채와 자본총계	

1) 투자결정의 기능

기업이 경영활동을 하는 데는 유형·무형의 많은 자산들이 필요한데, 특히 기업의 성장 동력인 공장과 기계설비들에 어떻게 투자할 것인가 하는 것은 매우 중요한 일 중의 하나이다. 이러한 자산은 자금을 투자함으로써 얻어지는 것이며, 이러한 기업자산을 마련하기 위한 재무적 의사결정을 투자결정(investment decision)이라 한다. 다시 말해 어떠한 자산에 얼마의 자금을 어떻게 투자하는 것이 효율적인가 하는 자금운용에 관한 의사결정의 문제가 바로 그것이다.

이러한 기업의 투자결정은 기업의 생존과 성장 및 발전을 위하여 매우 중요한 사항이다. 왜냐하면 기업의 자산을 구성하는 개별 자산들의 유형과 규모 등은 그 기업의 미래 현금창출의 원동력이 되면서 기업의 가치를 결정하게 되기 때문이다. 그리고 이들 개별 자산들의 구성관계를 자산구조라 하는데, 자산구조가 효율적이면 기업가치도 덩달아서 커진다. 이러한 자산구조의 구체적 내용은 [표 1-3]에서 보는 바와 같이 재무상태표의 차변에 잘 나타나 있다.

기업의 투자결정은 기업의 생존과 성장 및 발전을 위하여 매우 중요한 사항이다. 현재의 수익성도 중요하지만 미래의 현금창출 능력을 극대화할 수 있는 방향으로 투자를 해야 한다.

기업이 투자결정을 할 때 고려해야 하는 것은 크게 수익성과 위험성의 두 가지 측면으로 생각해볼 수 있다. 먼저 수익성은 기업의 목표인 기업가치의 극대화를 실현하는 방안이다. [표 1-3]의 차변에서 보는 바와 같이 기업이 투자할 수 있는 자산의 종류는 수없이 많다. 유동자산에서는 예금과 재고자산인 원재료, 제품, 상품 등이 있고, 비유동자산에서는 토지, 건물, 기계, 특허권, 상표권 등이 기업이 투자할 수 있는 자산이다.

앞에서 나열한 자산의 종류 중에서 기업은 당연히 수익성이 높은 자산에 투자를 하려고 할 것이며, 현재의 수익성도 중요하지만 미래의 현금창출 능력을 극대화할 수 있는 방향으로 투자를 하려고 할 것이다.

다음으로 위험성에 대한 것은 기업은 당연히 투자의 위험성이 낮은 자산에 투자를 하려고 할 것이다. 하지만 일반적으로 위험성이 낮은 자산은 수익성도 낮고, 위험성이 높은 자산은 수익성도 높기 때문에 최저의 위험성으로 최대의 수익성을 보장할 수 있는 투자결정을 하는 것은 영속성을 추구하는 기업의 측면에서도 매우 중요한 일이라고 할 수 있다.

예를 들어 기업이 많은 시간과 연구개발비를 투자하여 신제품을 개발한다고 가정해보자. 이 신제품개발에 성공하면 기업에 많은 수익을 가져다주는 매력도 있지만 이러한 신제품개발에 성공하기란 쉽지 않으며, 만약 실패할 경우에는 기업에 치명적인 손실을 가져올 수도 있다. 그러므로 신제품개발에 대한 투자결정은 기업에게 안정적인 수익을 가져다주지 못할 수도 있다.

여기서 기업의 투자 목표가 무엇인가를 살펴볼 필요가 있다. 기업의 자산구조가 효율적인만큼 영업위험은 감소하고 기업의 가치는 상승하게 된다. 결국 투자결정의 목표는 최적의 자산배합으로 기업의 자산구조를 효율화하여 영업위험의 감소 및 수익성 증대와 위험성 감소를 통한 미래 현금창출능력을 배양하여 기업가치를 극대화하는 데 있다.

2) 자본조달결정의 기능

기업가치를 극대화하기 위한 투자를 위해서는 자금을 조달해야 하는데 이렇게 기업의 경영활동에 필요한 자금을 언제, 얼마나, 어떤 조건으로 조달할 것인가 하는 것은 투자의 성패를 가름할 만큼 중요하다고 할 수 있다. 이러한 자본조달결정(financial decision)은 투자에 소요되는 자금을 어떻게 효율적으로 조달할 것인가에 대한 의사결정을 말하며 이것은 기업의 재무위험과 관련이 되는 것이다.

자본이 제대로 뒷받침되지 않는 기업은 계속기업으로 유지 및 성장하기가 쉽지 않고, 생존과 성장에 필요한 자본을 기업의 내·외부에서 다양한 원천을 통하여 조달하게 된다. 예를 들면 중소기업의 경우는 주로 유보된 이익이나 금융기관으로부터 차입을 하는 외부금융을 이용하여 조달하는 것이 일반적이다. 이렇게 조달된 자본은 기업경영활동의 전반적인 부분에 투자되어 운용되며, [표 1-3]에서 보는 바와 같이 대변의 부채 및 자본으로 구성된다. 이렇게 부채 및 자본의 구성과 관련된 일련의 재무적 의사결정을 자본조달결정이라 한다.

기업이 자본조달결정을 할 때 고려해야 하는 것은 크게 자본비용과 위험의 두 가지 측면으로 생각해볼 수 있다. 자본비용은 기업이 자본을 조달하기 위해 지불하는 비용을 말한다. 이제 자본비용에 대해 구체적으로 살펴보도록 하자.

우선 자기자본인 주식을 발행하여 자본을 조달하게 되면 수익이 발생할 경우 주식에 투자한 주주들에게 배당을 해주어야 한다. 그리고 타인자본인 차입금으로 자본을 조달하게 되면 자금차입에 대한 대가로 채권자에게 차입금 이자를 지불하여야 하고, 채권으로 자본을 조달하게 되면 채권투자자에게 이자를 지불하여야 한다. 자금을 조달하는 기업의 입장에서는 배당은 자기자본비용이고, 차입이나 채권발행으로 인해 이자비용을 지불하는 경우는 타인자본비용이라고 한다.

다음으로 자본을 조달할 때 위험이란 기업의 입장에서 타인자본을 이용하여 자본을 조달할 경우 이자비용의 지불 및 원금상환에 대한 위험을 말하는 것이다. 자기자본인 주식의 증자를 통해 자본을 조달할 경우에는 상환의 위험성이 없고 배당도 수익이 발생할 경우만 하면 되므로 강제성도 없다. 하지만 현실적으로 주식의 발행을 통한 자기자본의 조달은 한계가 있으므로 대부분의 기업들은 위험이 있기는 하지만 타인자본에 의하여 자본을 조달하는 것이다.

따라서 기업은 자본비용과 위험이라는 두 가지의 요소를 적절히 활용하여 자본조달결정을 해야 한다. 결국 최적의 자본조달은 최소의 비용으

로 자본을 조달하여 가장 효율적인 투자를 통한 미래의 현금창출능력을 최대화하여 지급불능에 의한 재무위험을 감소시키면서 기업의 가치를 극대화하는 방향으로 자본조달결정을 해야 하는 것이다.

3) 재무분석의 기능

기업 이해관계자들의 합리적인 의사결정을 위하여 기업의 경영상태에 관한 자료를 수집하고 분석 및 평가하는 것을 재무분석(financial analysis)이라고 한다. 즉, 재무분석은 기업의 과거와 현재의 경영성과 및 재무상태를 평가하여 문제점이 무엇인가를 알아보기 위한 것으로, 기업에 대한 일종의 건강상태를 분석하는 것이다.

재무분석은 기업에 대한 분석 및 평가 자료로서 기업의 운영상태를 판단하고 이해하는 데 도움을 주며 과거와 현재의 자료를 바탕으로 미래의 재무상태와 경영상태를 전망할 수 있도록 의사결정을 내리는 데 중요한 지침의 역할을 한다.

이러한 재무분석의 범위는 다음의 두 가지로 요약해서 살펴볼 수가 있다.

첫째, 재무분석을 좁은 의미로 이해하는 것이다. 이것은 단순히 재무제표에 대한 분석을 말하는 것인데, 이때에는 재무상태표와 손익계산서 등의 재무제표를 이용하는 것이기 때문에 재무비율분석(financial ratio analysis)이라고도 한다. 재무비율분석은 일정시점 또는 일정기간 동안의 재무제표 항목 간의 상호관계를 분석함으로써 기업의 재무상태나 영업실적을 평가하는 것이다.

둘째, 재무분석을 넓은 의미로 이해하는 것이다. 이것은 재무제표뿐만 아니라 기업경영에 필요한 의사결정에 도움을 얻기 위해서 기업의 재무활동과 관련된 모든 정보를 수집하고 분석하는 것을 말한다. 따라서 기업의 재무적 자금흐름과 관련된 모든 활동뿐만 아니라 기업운영의 전반적인 활동에 대한 분석도 포함하여 분석하고 평가하는 것으로 경영분석(business analysis)이라고도 한다.

재무관리에서 이러한 재무분석의 기능은 기업의 과거와 현재를 재무적 자료를 활용하여 문제점과 해결방안을 도출할 수 있는 기본적인 기능 중의 하나라고 할 수 있다.

4) 배당결정의 기능

기업의 경영활동에서 창출된 이익은 배당과 사내유보로 구분하여 사용되는데, 배당은 출자자인 주주들에게 소득이 되며 사내유보는 회사가 재투자를 하는 데 필요한 자기자본의 조달원천이 된다. 그러면 이익의 어느 정도를 주주들에게 배당으로 지급하고 또 얼마를 회사 내부에 유보할 것인가 하는 것도 중요한 문제이다. 왜냐하면 배당이 많으면 사내유보가 작아지며, 사내유보가 많으면 배당이 작아지기 때문이다. 이러한 배당과 사내유보의 수준을 합리적으로 결정하기 위한 일련의 재무적 의사결정을 배당결정(dividend decision)이라고 한다.

앞서 언급한 바와 같이 배당결정은 기업의 미래가치를 결정하는데 중요한 결정 중의 하나이다. 왜냐하면 배당의 성향이냐 형태 등은 배당결정을 어떻게 하느냐에 따라 달라지며 또한 이것은 주주의 부와 기업의 가치에 직접적인 영향을 미치기 때문이다. 그러나 배당결정이란 이익의 사내유보라는 측면에서 보면 기업의 자기자본조달과도 관계가 있다. 그래서 기업의 배당결정을 자본조달결정 속에 포함하여 자본조달결정의 부분으로 보는 경우도 있다.

이상에서 살펴본 재무관리의 기능들 사이에서 이들의 상호관계를 보면 이러한 기능들이 독립적인 것이 아니라 서로 밀접한 관계가 있다는 것을 알 수가 있다. 왜냐하면 자본조달이 따르지 않는 투자결정이란 아무런 의미가 없는 것이며, 반대로 자본조달결정은 투자계획을 실현하기 위하여 필수적인 수단이 되는 것이기 때문이다. 이와 같이 재무관리의 기능들 사이에는 서로 의존적인 관계가 있으며, 또한 기업의 목표를 효과적으로 달성하기 위하여 이러한 기능들이 조직적이고 체계적으로 수행되어야 한다.

제3절 재무관리의 역사

　　재무관리가 지금처럼 하나의 독립된 분야의 학문으로 나타나기 시작한 것은 1900년대 이후이다. 그러나 그 당시의 재무관리는 경제학의 한 분야로서 화폐금융의 성격이 짙었다. 또한 재무관리와 밀접한 관계에 있는 회계학에서도 오늘날과 같은 구체적인 계정과 회계원칙이 정립되지 못하였으므로 현재와 같은 재무관련 의사결정을 위한 회계적인 자료도 없었다. 그러다가 1910년대부터는 현재 사용하고 있는 것과 같은 회계계정이 점진적으로 정비되었으며, 금융기관을 중심으로 재무제표를 이용한 기업의 신용분석을 하게 되었다.

　　1920년을 전후하여 새로운 과학기술의 발달과 더불어 새로운 산업들이 출현하게 되었다. 그러면서 각 기업에서는 성장과 확장을 위하여 기업 외부로부터 자본을 조달할 필요성을 느끼게 되었으며, 이러한 현상에 따라 기업의 유동성관리가 재무관리의 중요과제가 되었다. 1920~1930년대에는 전통적인 재무관리의 개념이 확립되었다고 볼 수 있는데, 이 시기에는 기업의 성장 속도가 빨라짐으로써 자본시장이 확립되기 시작하였고,

자본조달수단도 타인자본인 사채와 자기자본인 주식의 우선주와 보통주 등과 같은 유가증권에 많은 투자자들의 관심이 집중됨에 따라 자본의 조달이 재무관리의 중심과제가 되었다. 1920년 듀잉Dewing이 펴낸 '기업의 재무정책(The Financial Policy of Corporations)'은 그때까지 발전되어 왔던 재무이론과 기법들을 정리한 것으로 이후 수십 년간 재무관리의 교과서로 활용되어 왔다.

1930년대 들어 그때까지는 기업의 성장과 이에 따른 자본의 조달이 재무관리 문제의 중심이 되어 왔으나, 세계적인 경제대공황을 거치면서 많은 기업들이 파산하게 되면서 재무관리는 큰 전환점을 맞이하게 되었다. 그렇게 되면서 두 가지의 큰 변화가 나타났는데, 첫째는 기업의 모든 재무정책에서 보수주의를 채택하게 되었다는 것이다. 그러면서 파산에 대한 위험성을 줄이기 위해서 일정한 수준의 유동성을 유지하는 것이 중요하게 인식되기 시작되었으며, 타인자본의 사용으로 나타나는 위험을 감안하는 자본의 구조를 결정하는 것에도 관심을 갖게 되었다. 둘째는 기업에 대하여 정부의 규제가 강력하게 나타나게 되었다는 것이다. 국가의 경제와 국민의 생활에 기업이 막대한 영향을 주는 것을 고려하여 국민경제와 일반투자자를 위한 기업의 활동에 통제와 법적인 제재를 가하였으며, 기업의 회계자료를 공개하고 재무제표의 작성과 관련된 규제도 마련하게 되었다.

1940년대에는 1920년대와 1930년대에 정비된 전통적인 재무관리의 기법들이 그대로 유지되면서 기업을 평가하는 신용평가 등이 제3자의 시각으로 객관적으로 이루어졌지만 기업내부의 의사결정을 위한 재무관리는 아니었다.

1950년대부터는 기업의 재무관리에 큰 변화가 일어나기 시작하였다. 제2차 세계대전으로 산업이 크게 발달하면서 전쟁으로 인한 생산시설이

재무관리는 시대적인 상황에 따라 변화를 거듭해 왔다. 세계 경제공황시기에는 기업에 대한 정부의 규제가 강화되었으며 제2차 세계대전 후에는 자산관리의 효율성에 대한 관심이 높아졌다.

과잉으로 나타나게 되자 기업 간에 치열한 경쟁이 벌어지면서 이전까지는 관심이 낮았던 자산관리의 효율성에 대한 관심이 높아지게 되었다. 그리고 많은 기업들이 제2차 세계대전을 전후하여 크게 발전한 계량적 관리 기법들을 이용하여 원가를 절감하고 기업내부의 경영효율성을 높이고자 노력하면서 많은 새로운 기법들이 자산관리에 이용되게 되었다. 이것은 기업의 외부에서 기업을 평가하던 전통적인 분석방법에서 기업의 내부에서 의사결정을 하기 위한 재무관리로 방향이 전환된 것을 의미하는 중요한 발전이었다. 1950년대 후반에는 투자분석이 크게 발달하였는데, 이것은 미래의 투자성과를 측정하여 현재가치로 계산하는 기법과 투자의 불확실성을 고려하는 방법을 중요한 연구과제로 하는 것이었다.

투자분석에 관한 이론은 기업의 가치를 평가하는 기업평가모형(valuation model)의 발전을 가져왔다. 즉, 기업의 타인자본 사용이 기업가치에 미치는 영향, 배당이 기업가치에 미치는 영향 등과 같은 기업가치와 재무적 요인과의 관계가 연구대상이 되었다. 이러한 환경 속에서 현대의 재무관리 이론에 가장 큰 역할을 한 논문 두 편이 발표되었다. 하나는 1958년과 1961년, 두 번에 걸쳐서 발표된 모디글리아니Modigliani 와 밀러Miller의 논문이다. 이들은 자본시장이 완전하다면, 자본구조는 기업의 가치에 아무런 영향을 주지 못하며, 배당을 얼마나 주는가는 의미가 전혀 없다는 논문을 발표하였다. 이 논문들은 전통적으로 내려오던 재무관리의 내용을 부정한 것으로서, 이를 전환점으로 재무관리의 이론들이 새로이 정비되었다. 다른 하나는 1952년에 발표된 마코위츠Markowitz의 논문이다. 이 논문은 투자자산의 선택에 관한 것인데, 분산투자의 중요성을 강조하고 있으며, 현대재무관리이론에서 큰 비중을 차지하고 있는 포트폴리오분석(portfolio analysis)의 출발점이 되었다. 이 논문은 1952년에 발표되었으나 학계나 실무자들의 관심을 끌게 된 것은 1960년 이후이다. 마코위츠의 이론을 기초로 하여 샤프Sharpe, 린트너Lintner, 모신Mossin 등이 자본자산가격결정모형(CAPM : capital asset pricing model)을 발전시켰다. 1960년대 후반에 활성화된 자본자산가격결정이론은 현대재무관리의 핵심이 되고 있다. 이것은 자산의 가격이 어떻게 결정되는가를 설명한 것으로 1970년 이후의 재무관리는 자본자산가격결정모형과 이와 관련된 문제를 다루는 것이 주류를 이루어 왔다.

1970년대 중·후반에 접어들어 옵션가격결정모형(option pricing model), 차익거래가격결정모형(arbitrage pricing theory) 등 자산의 가치평가를 위한 여러 가지 이론과 모형이 개발되어 재무관리의 이론적 발전에 지대한 공헌을 하였다. 특히 1973년에 블랙Black과 숄즈Scholes가 제시한 옵션가격결정모형은 재무관리뿐만 아니라 경제활동의 많은 부분에서 폭넓게 활용되고 있다.

1980년대 이후에는 기업의 이해당사자들, 즉 채권자·경영자·주주 등의 이해관계에 따른 분쟁으로 발생하는 대리인 문제와 이로 인해 발생하는 대리인 비용을 다루는 대리인 이론(agency theory)이 크게 발전해 오면서 재무관리의 각 분야에 영향을 미치고 있다.

제4절 재무관리의 목표와 역할

1. 재무관리의 목표

재무관리는 자본의 조달과 운용이라는 재무적 활동을 통하여 전사적인 측면에서 경영활동을 조정하고 계획하며 통제하는 기능을 말한다. 이러한 재무관리가 효과적으로 수행되기 위해서는 먼저 재무관리의 목표를 명확하게 할 필요가 있다. 왜냐하면 재무관리의 목표를 어떻게 정하느냐에 따라 의사결정의 방향이 달라지기 때문이다. 그리고 재무관리는 경영학에 포함되는 학문 중의 하나이므로 재무관리의 목표도 경영학의 목표와 동일하다고 할 수 있다. 따라서 별도로 다른 목표를 정하지 않고 기업의 목표를 그대로 재무관리의 목표로 삼고 있다.

기업은 기업가치의 극대화, 자기자본가치의 극대화, 경영자이익의 극대화를 추구해야 할 궁극적인 목표로 삼고 있다.

1) 기업가치의 극대화

기업의 가치는 기업이 보유한 자산을 활용하여 벌어들이는 미래의 현금흐름을 화폐의 시간가치와 불확실성을 나타내는 위험을 고려하여 현재의 가치로 환산한 것을 말한다. 따라서 기업의 가치는 그 기업이 투자한 자산들이 앞으로 그 기업에 얼마나 공헌할 것인가에 달려 있다. 재무관리에서는 기업의 미래현금흐름을 현재가치로 환산하였을 경우에 기업가치를 극대화하는 것을 목표로 하고 있다.

재무상태표의 차변은 투자결정으로 이루어진 자산가치의 합이 되고, 대변은 그 기업의 가치가 누구의 소유인가를 나타내고 있다. 기업은 투자를 위한 자금을 타인자본과 자기자본으로 조달하는데, 타인자본의 제공자를 채권자(creditor)라 하고 자기자본의 제공자를 주주(stock holder)라고 한다. 따라서 기업가치에 대한 권리는 채권자와 주주가 함께 갖게 되고, 채권자와 주주의 몫으로 나누어지며, 다음과 같은 식으로 표시할 수 있다.

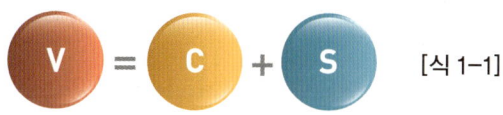 [식 1-1]

V : 기업의 가치
C : 타인자본의 가치
S : 자기자본의 가치

2) 자기자본가치의 극대화

이것은 기업가치를 극대화하기 위해서는 타인자본의 가치와 자기자본의 가치의 합을 극대화해야 한다는 것이다. 타인자본의 가치는 채권자에게 미리 정해진 이자와 원금을 주는 것으로 고정이 되어 있으므로 기업가치의 극대화를 위해서는 자기자본의 가치를 극대화하면 된다. 왜냐하면 궁극적으로 기업의 주인은 자기자본제공자인 주주이기 때문이다.

주식회사제도의 장점은 주식시장을 통하여 투자의 위험부담을 가능한 한 줄이면서 효율적인 경영이 가능하도록 투자자의 자발적인 투자를 최대한 이끌어낼 수 있다는 데 있다.

따라서 최종적으로 기업의 미래현금흐름에 위험을 부담하는 자본제공자이면서 기업가치에 비례하여 변화하는 청구권을 가지고 있는 주주를 기업의 진정한 소유주로 보는 관점이 바로 자기자본가치의 극대화 목표이다. 자기자본의 권리는 주식의 형태를 띠고 있으므로 자기자본가치의 극대화는 곧 주식가치의 극대화 및 주주 부의 극대화를 의미하게 된다.

3) 경영자이익의 극대화

현대 기업의 가장 지배적인 기업의 형태는 주식회사제도로 되어 있고 주식회사제도의 장점은 첫 번째로 주식시장을 통하여 위험부담을 가능한 한 줄이면서 투자자의 자발적인 투자를 최대한 이끌어낼 수 있다는 데 있다. 두 번째는 전문경영인을 최대한 효율적으로 활용하는 소유와 경영이 분리되어 있는 특징을 갖는다는 것이다. 소유와 경영이 분리된 상황에서 기업의 경영권을 갖는 경영자는 자신의 이익을 최대한으로 하는 경영자이익의 극대화를 기업의 목표로 정하는 것이다.

경영자의 이익에는 급여나 상여금 같은 금전적인 것에서부터 경영자로서 누릴 수 있는 호화 사무실이나 고급 자동차 등과 같은 비금전적인 것도 있으며, 이러한 것은 기업의 규모가 클수록 더욱 많이 누릴 수가 있다. 이렇게 자신의 이익을 극대화하려는 경영자의 행동은 배당이나 유보이익 등에 대한 청구권을 갖는 주주의 가치를 감소시킬 수 있다.

하지만 주식회사제도하에서 주주들은 주주총회나 이사회를 통하여 경영자를 감시할 수 있고, 기업의 중요한 의사결정에서 의결권을 행사하여 비효율적 경영진에 대한 견제 및 상황에 따라서는 경영진 교체 등의 의결권 행사를 통해 경영자를 통제할 수 있다. 이럴 경우에 경영자는 우선적으로 주주의 이익을 극대화함으로써 자신의 이익도 증가시킬 수가 있다. 그러므로 주주들이 경영자를 확실하게 통제할 수 있는 경우에 한하여 경영자는 자기자본의 가치를 극대화하는 의사결정을 하게 된다.

2. 재무관리의 역할

과거의 기업 재무관리의 주된 역할은 단순하게 필요한 자금을 조달하고 조달된 자금을 목적에 맞게 운용하는 것이었다. 전후의 부흥기에 절대적인 자본의 부족에 시달렸던 우리나라의 경제는 정부의 보호와 규제 아래 은행들은 편안하게 영업을 할 수 있었고, 기업들도 주거래은행의 적극적인 지원으로 비교적 손쉽게 필요한 자금을 조달할 수가 있었다.

그러나 경제가 발전함에 따라 그 역할도 변화하여 왔다. 1990년대 말 우리나라가 외환위기를 겪으면서 과도한 부채에 의존하여 설비투자를 했던 대기업들이 유동성부족으로 무더기로 도산하여 채권자인 은행도 동반 부실화되면서 금융기관도 덩달아서 문을 닫아야만 했다. 이를 극복하기 위해 IMF로부터 대규모의 자금을 지원받으면서 경제와 금융을 개방해야만 했고, 우리나라의 기업들은 전 세계의 기업들과 치열하게 경쟁해야 하는 상황에 놓이게 되었다. 그러면서 기업들은 과도한 차입에 의존한 대규모 설비투자를 하는 기업경영을 지양하고, 위험을 감안한 자본 및 자산구성의 최적화와 효율적 운용을 통한 수익성을 증대시켜 상환능력을 표시하는 유동성을 중요시 하게 되었으며, 이를 통한 기업가치의 극대화가 재무관리의 핵심적인 역할로 등장하였다.

다시 말해 재무관리는 아래의 [그림 1-2]에서 보는 바와 같이 자본의 조달비용과 사용위험을 최소화하고, 자산구성의 최적화를 통한 수익성과 위험성을 적절히 배합한 효율적인 운용을 하는 것이라고 할 수 있다.

[그림 1-2] 재무관리의 역할

3. 재무관리자의 역할

우리가 알고 있는 일반적인 기업의 재무관리자는 자금담당자라고 한다. 이들은 기업의 현금을 관리하고 자금을 조달하거나 거래은행과 좋은 관계를 유지하는 업무 등을 담당한다. 규모가 작은 기업의 경우는 자금담

당자가 기업의 유일한 재무관리자일 수도 있고, 더 소규모의 기업인 경우 기업의 대표자가 자금담당자를 겸하는 경우도 있다.

일반적으로 재무관리자라는 용어는 기업에서 투자결정과 자본조달결정을 책임지고 있는 사람이라는 뜻으로 사용된다. 재무관리자는 기업내부의 자금, 회계 등의 업무와 재무상황의 평가, 예산의 편성 및 각종 자금의 운용을 감독하고, 예산정책의 수립에 참여하는 등 재무부서의 운영을 기획하고 조정하며 통제한다.

위에서도 언급했지만 아주 작은 기업이 아니면 기업의 재무관련 의사결정을 한 사람이 전부를 담당하는 경우는 거의 없으며, 대부분의 경우에는 의사결정이 분산되어 있다. 어느 정도의 규모가 있는 기업에는 대체로 재무관리자 중 재무정책을 총괄하고 기획하는 책임자를 두는데, 우리는 이런 사람을 최고재무책임자(CFO: Chief Financial Officer)라고 한다. CFO는 재무정책과 기업의 전반적인 경영계획에 깊이 관여하며, 재무적인 문제를 넘어서는 경영상의 전반적인 책임도 공유하면서, 이사회의 구성원으로 참여하기도 한다. 그리고 자본예산을 편성하고 감독하며, 중요한 자본투자가 수반되는 제품개발 및 생산과 여기에 소요되는 자본의 조달에도 책임을 지고 관여한다.

자금담당자는 주로 기업의 현금과 관련된 업무를 담당한다. 직원에 대한 급여지급, 매출의 대가로 회수되는 현금의 수입, 원자재의 구입으로 지급되는 현금의 지급, 그리고 생산 및 판매와 기타 기업의 운영과 관련된 현금의 입출금과 이에 관련된 업무와 현금잔액 등을 관리한다. 자금담당자에게 가장 중요한 임무는 현금흐름과 관련된 유동성의 관리인데, 유동성의 부족으로 인한 지급불능 사태를 예측하고 관리하는 것이 큰 임무 중의 하나라고 할 수 있다.

회계담당자는 세무와 회계 등의 관리와 결산을 담당한다. 매월 직원들의 급여와 관련된 근로소득세의 관리, 분기마다 부과되는 부가가치세 관련 업무, 매년 말을 기준으로 작성되는 재무제표작성을 위한 결산업무 등을 담당한다. 회계담당자의 기본적인 업무인 재무회계는 1년에 한 번씩 기업의 재무제표를 작성하는 것으로 이것은 광범위한 외부정보 이용자의 경제적 의사결정을 위하여 재무제표의 작성원칙이 되는 기업회계기준에 의해서 작성된다. 재무회계는 법적인 강제성이 있으며 과거 지향적이고 객관성이 강조되는 특징이 있다. 반면 관리회계는 일정한 기간이 없이 필요할 때마다 작성하는 보고서 형식의 것으로 이것은 내부정보 이용자의 경제적 의사결정에 유용한 정보를 제공하는 보고서로 일정한 형식에 구애받지 않고 작성된다. 관리회계는 법적인 강제성이 없으며, 미래지향적이고 목적적합성이 강조되는 특징이 있다. 회계담당자에게 가장 중요한 임무는 세금을 절약하는 절세와 건전한 재무제표의 작성, 그리고 경영진에게 기업의 경영목적에 적합한 관리회계자료를 제공하는 것에 있다고 볼 수 있다.

[그림 1-3]에서 보는 바와 같이 기업을 경영하는 최고경영자나 최고재무책임자, 자금담당자, 회계담당자 등은 본서에서 기술한 내용들을 처음부터 끝까지 가볍게 읽어 내려가다 보면 재무관리자로서의 기본적인 소양은 물론 본서를 통하여 기업의 가치를 한층 더 높일 수 있는 능력을 배양하게 될 것으로 본다.

[그림 1-3] 기업의 재무관리자

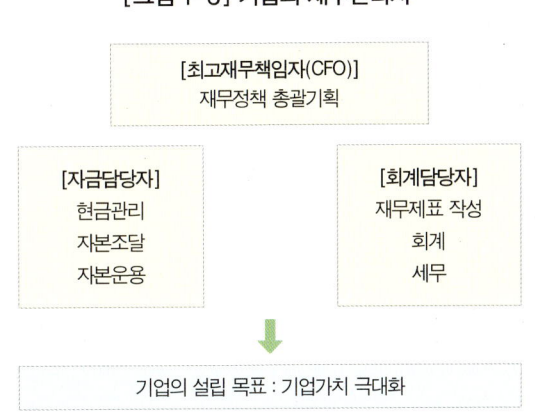

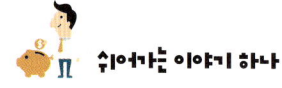 쉬어가는 이야기 하나

기업가치를 높이는
이런 재무관리!

신제품을 개발하면서 제조업을 목적으로 창업한 A대표는 자신이 개발한 신제품의 매출이 늘어나면서 사업을 확장하기 위해 필요한 자금을 대출받기 위해 몇 번을 은행문을 두드렸지만 문은 쉽게 열리지 않았다. 이유는 첫 번째가 충분한 부동산담보가 없다는 것이었고, 두 번째는 보증기관의 신용보증서 발급도 어렵다는 것이었다. 보증기관에서 신용보증서 발급이 힘든 이유를 자세히 알아보니 재무구조상에 커다란 문제를 가지고 있었지만 공대에서 기계공학을 전공한 A대표는 이런 사실을 알지도 못했고 또 알 수도 없었다. 기계설비를 도입하기로 하였으니 참으로 입이 바짝바짝 마르는 애타는 심정이었다. 다행히 얼마 전 연구개발을 마무리하여 시제품을 생산하면서 특허를 신청한 것이 특허증으로 발급이 되어 이 기술로 보증기관에서 신기술기업평가를 통하여 신용보증서를 발급받아 은행에 제출하면서 대출을 받아 위기를 모면할 수가 있었다.

본인의 사업에 대한 커다란 꿈을 가진 A대표는 앞으로는 몰라서 이렇게 위기상황을 맞이할 수 없다는 생각으로 기업의 가치를 높일 수 있는 방향으로 재무관리 공부를 제대로 한번 해보기로 마음을 먹고 다음과 같이 공

부를 시작하였다.

우선 재무관리가 무엇인가에 대하여 알아보기로 하였다.

재무관리는 기업의 경영활동 중에서 자금과 직접 또는 간접적으로 관련되어 있어서 기업의 모든 의사결정에서 재무관리를 알지 못하면 결코 제대로 된 기업경영이 어렵다는 것을 알게 되었다. 그리고 재무관리를 제대로 이해하고 기업경영에 적용한다면 효율적인 기업경영뿐만 아니라 기업의 가치를 극대화할 수 있는 지름길로 갈 수 있다는 것을 알고 재무관리에 대한 이론과 실제사례에 대한 연구를 시작하게 되었다.

제2장 재무제표란 무엇인가?

재무제표는 기업의 외부정보이용자에게 재무정보를 제공하기 위해 경영활동의 결과를 기록하고 측정하여 화폐금액으로 표시한 회계보고서를 말한다. 따라서 재무제표는 기업의 재무상태나 경영성과를 정보이용자들에게 전달하는 대표적인 수단인 것이다. 이러한 재무제표를 작성할 때에는 전제가 되는 기본가정이 있는데, 한국회계기준위원회의 일반기업회계기준에 의하면 기업실체, 계속기업, 기간별 보고, 발생기준 등의 네 가지가 있다.

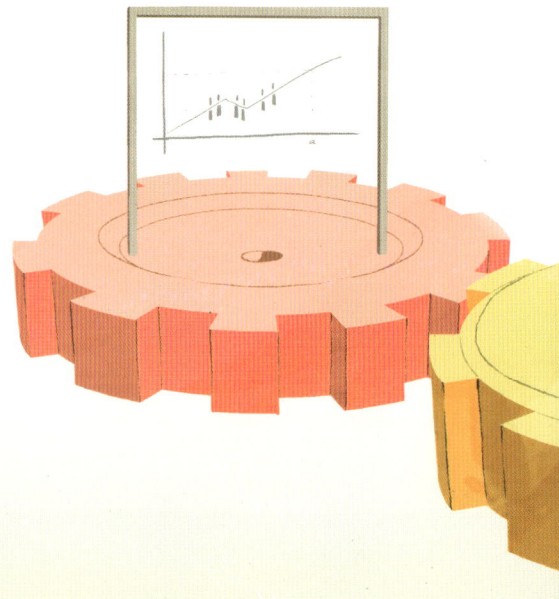

제5절 재무제표의 의의와 종류

1. 재무제표의 의의

재무제표(financial statements)는 기업의 외부정보이용자에게 재무정보를 제공하기 위해 경영활동의 결과를 기록하고 측정하여 화폐금액으로 표시한 회계보고서를 말한다. 따라서 재무제표는 기업의 재무상태나 경영성과를 정보이용자들에게 전달하는 대표적인 수단이다. 이러한 재무제표를 작성할 때에는 전제가 되는 기본가정이 있는데, 한국회계기준위원회(KASB)의 일반기업회계기준에 의하면 기업실체, 계속기업, 기간별 보고, 발생기준 등의 네 가지가 있다.

첫째, 기업실체의 가정은 기업이 소유주로부터 독립된 실체라는 전제하에 재무제표가 작성된다는 것이다. 이것은 회계의 관찰 대상 또는 재무제표의 보고 대상은 기업에 국한되며 소유주와는 관련이 없다는 가정이다. 따라서 재무상태표에 나타나는 자산과 부채는 기업실체의 자산과 부채이지 소유주의 것이 아니며, 대신에 소유주는 기업의 자산에 대한 청구권을 가지고 있을 뿐이다.

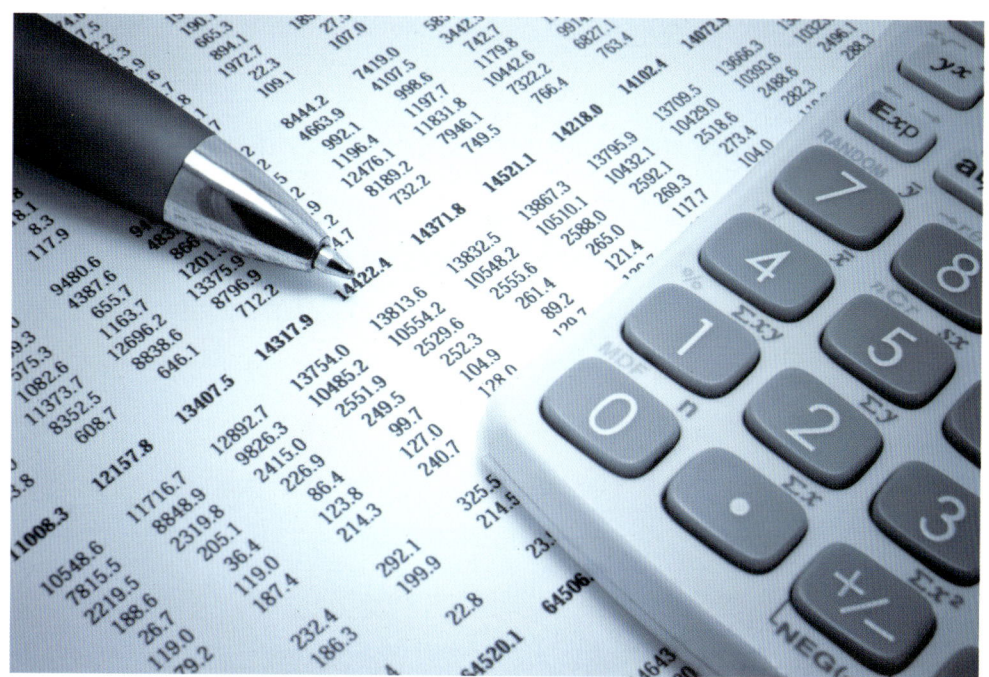

재무제표는 외부정보이용자에게 기업의 재무정보를 제공하기 위해 경영활동의 결과를 기록하고 측정하여 화폐금액으로 표시한 회계보고서를 말한다.

둘째, 계속기업의 가정은 기업실체가 그 목적과 의무를 이행하기에 충분할 정도로 장기간 존속한다는 전제하에 재무제표가 작성된다는 것이다. 이것은 기업실체가 경영활동을 청산하거나 중대하게 축소시킬 의도나 상황과 같은 확실한 반증이 있는 경우를 제외하고는 계속적으로 기업이 존속한다고 가정하여 재무제표가 작성된다는 것이다.

셋째, 기간별 보고의 가정은 기업실체의 존속기간을 일정한 기간 단위로 분할하여 기간별로 재무제표를 작성한다는 것이다. 이렇게 인위적으로 설정한 기간을 회계기간이라고 하며, 그 기간은 보통 1년으로 한다.

넷째, 발생기준의 가정은 현금의 수취나 지급이 이루어진 기간에 거래를 인식하지 아니하고, 발생한 기간에 인식하며 그 기간의 장부에 기록하고 재무제표에 표시한다는 것이다. 이것은 수익과 비용이 발생한 기간과 현금의 유입과 유출이 이루어진 기간은 서로 다른 경우가 많기 때문에 현금유출입의 기준이 아닌 거래가 발생한 기간을 기준으로 한다는 것이다.

한편 재무제표에 의한 재무보고의 목적이 달성되기 위해서는 제공되는 재무제표의 회계정보가 정보이용자의 의사결정에 유용해야 함은 당연할 것이다. 그러기 위해서는 재무제표가 갖추어야 할 특정한 성질이 있는데 이것을 회계정보의 질적특성이라고 한다. 한국채택국제회계기준의 개념체계에서 제시하는 재무제표의 질적특성으로는 이해가능성, 목적적합성, 신뢰성, 비교가능성이 있다. 이것을 간단하게 설명하면 이해가능성은 정보이용자가 그 정보를 쉽게 이해할 수 있어야 한다는 것이고, 목적적합성은 정보이용자의 의사결정 목적에 관련되는 정보를 적시에 공시해야 한다는 것이며, 신뢰성은 정보이용자가 믿을 수 있도록 중립적이고 검증 가능한 정보를 제공해야 한다는 것과 비교가능성은 동일한 회계정보라도 기업 간 또는 기간별로 비교가 가능하다면 유용성이 더욱 제고될 수 있다는 것이다.

이렇게 작성되는 재무제표를 이용하는 이해관계자들의 정보욕구는 매우 다양하며 서로 이해관계가 상충되어 갈등을 야기할 수가 있기 때문에 제공되는 정보가 어느 한편에 치우치지 않고 공정해야만 한다. 그래서 모든 정보이용자들에게 공정한 정보를 제공하기 위해서는 일정한 회계원칙에 의하여 회계처리를 하고 회계보고가 이루어져야 하는데, 이 원칙을 일반적으로 인정된 회계원칙(GAAP: Generally Accepted Accounting Principles)이라고 한다.

일반적으로 인정된 회계원칙에 포함되는 가장 기본적인 내용은 거래의 인식과 금액의 측정에 관한 사항으로 요약할 수 있다. 인식은 경제적 사건이 거래에 해당하는지, 다시 말하면 기록의 대상이 되는지, 그리고 기록한다면 언제 기록할 것인가의 문제에 관한 것이고, 측정은 얼마로 기록할 것인가에 관한 것이다.

인식과 관련해서는 현금의 입출이 이루어진 기간이 아니라 거래가 발생한 기간에 수익과 비용을 인식한다는 발생주의, 수익은 발생했을 뿐 아니라 실현되었을 때 인식한다는 실현주의, 그리고 수익을 창출하기 위하여 발생한 비용은 그 수익에 대응시켜 보고된 기간과 동일한 기간에 보고하여야 한다는 수익·비용의 대응기준이 있다.

금액의 측정과 관련해서는 자산은 전통적으로 취득시점에 대가로 지급한 취득원가로 기록한다는 자산평가기준, 재무보고기준으로는 정보이용자의 의사결정에 필요한 정보를 충분히 제공하여야 한다는 완전공시와 선택 가능한 둘 이상의 회계처리방법이 있을 경우 가능한 한 이익을 적게 계상하는 방법을 선택하여야 한다는 보수주의가 있다.

원래 재무제표는 주주·거래처·은행·신용평가기관·세무기관 등 회사의 이해관계자에게 보고할 목적으로 작성되었다. 그러나 최근에는 이러한 외부의 이해관계자에게 보고를 위한 목적 외에 회사 내부적으로 경영자나 임원들이 의사결정을 내리는 데 필요한 경영정보를 얻기 위한 자료로도 적극 활용되고 있다.

기업의 경영실적을 체계화하고 집대성한 재무제표는 숫자에 의한 관리의 출발점으로서 기업의 재무상태와 경영성과 등을 자세하게 이해할 수 있는 정보의 보고라고 할 수 있다. 따라서 재무제표를 올바로 이해하고 자유자재로 활용할 수 있는 지식과 능력을 높이는 일은 재무관계자의 필수적인 요건으로 앞으로 기업을 성장 및 발전시키기 위해서는 직감이 아닌 구체적인 숫자를 기반으로 작성된 경영계획 및 이익계획에 따라 기업을 경영해나가야 할 것이다.

2. 재무제표의 종류

한국채택국제회계기준에 의한 재무제표의 종류에는 재무상태표, 손익계산서, 현금흐름표, 자본변동표가 있으며, 주석을 포함한다.

이것을 [그림 2-1]에서와 같이 간단하게 살펴보면 결산일인 일정시점의 재무상태를 표시한 재무보고서가 재무상태표이고, 일정기간 동안의 경영성과를 보고하는 재무보고서를 손익계산서라 한다. 그리고 일정기간을 기준으로 자기자본이 어디에서 얼마만큼 증가 또는 감소했는지를 구체적으로 나타내는 재무보고서를 자본변동표라 하고, 영업활동에 따른 현금의 유출입을 나타내는 재무보고서를 현금흐름표라고 한다. 마지막으로 재무제표에 첨부되는 주석은 재무제표를 이용하는 이해관계자들에게 기업에 대한 충분한 정보를 제공하기 위해 보충적으로 작성하는 것을 말한다.

[그림 2-1] 재무제표의 종류

재무상태표	재무상태에 관한 보고서
손익계산서	경영성과에 관한 보고서
현금흐름표	현금흐름에 관한 보고서
자본변동표	자본의 변동내역에 관한 보고서
주석	재무제표의 주요사항에 대한 상세내용에 관한 보고서

※ 이익잉여금처분계산서(또는 결손금처리계산서)는 주석에 포함되어 있음

제6절 재무상태표

1. 재무상태표의 목적

재무상태표는 일정시점에 기업의 재무상태를 나타내는 재무보고서로서 구조를 살펴보면 차변인 왼쪽에는 자산항목으로 기업이 소유한 자산의 종류를 나타내며, 대변인 오른쪽에 있는 부채 및 자본항목은 자본의 조달 구조를 나타내는 것으로 기업의 유동성과 재무적 융통성에 관한 정보를 제공한다.

2. 재무상태표의 기본구조

먼저 자산에 대하여 살펴보기로 하겠다. 자산은 과거의 거래결과에 의해 획득된 미래의 경제적 효익을 의미하는 것으로 기업이 보유하고 있는 현금성자산, 재고자산, 토지 및 건물 등과 같은 각종 유형의 자산과 매출채권, 미수금 등과 같은 채권 및 무형의 권리 등도 포함이 된다. 그리고 자산은 자원의 유동성 정도에 따라 크게 유동자산과 비유동자산으로 구분되어 있다.

재무제표상의 자산은 기업이 보유하고 있는 현금성자산, 재고자산, 토지 및 건물 등과 같은 각종 유형의 자산과 매출채권, 미수금 등과 같은 채권 및 무형의 권리 등도 포함이 된다.

유동자산은 1년 이내에 현금으로 전환되거나 판매 또는 소비될 것으로 예상되는 자산을 말하는 것으로 현금 및 예금이나 상품 등과 같이 일반적인 상거래에서 발생하는 자산과 결산일로부터 1년 이내에 현금화할 수 있는 자산도 포함한다. 유동자산은 현금화 가능성의 정도에 따라 당좌자산과 재고자산으로 분류된다.

비유동자산은 1년 이내에 현금으로 전환되거나 판매 또는 소비가 어려운 자산을 말하는 것으로 투자자산, 유형자산, 무형자산 등을 말한다.

다음은 부채 및 자본에 관한 내용이다. 기업에 투입된 총자본을 원천에 따라 구분하면 타인자본인 부채와 자기자본인 자본으로 나누어진다. 부채는 과거의 거래결과에 의해 다른 상대방에게 미래에 자산이나 용역을 제공해야 하는 의무를 말하며 유동부채, 비유동부채로 분류된다. 자본은 주주의 지분을 말하는데 기업의 총자산에서 총부채를 차감하고 남은 잔여분을 말하는 것으로 자본금, 자본잉여금, 자본조정, 기타포괄손익누계액 및 이익잉여금(또는 결손금)으로 구성되어 있다.

유동부채는 상환 등을 통하여 소멸될 것으로 예상되는 부채와 결산일로부터 1년 이내에 상환되어야 하는 부채로서 매입채무, 단기차입금, 유동성장기부채 및 기타유동부채 등으로 분류된다.

비유동부채는 결산일로부터 1년 이후에 지급기일이 도래하는 부채를 말하는 것으로 회사채, 장기차입금, 기타비유동부채 등을 포함한다.

다음의 [표 2-1]의 재무상태표는 2014년 10월 발간한 한국은행 기업경영분석을 참고하여 우리나라 중소기업 전산업의 재무항목별 평균비율을 백분율로 표시한 것이다.

[표 2-1] 재무상태표

(2013년 12월 31일)

미래기업(주) (단위 : 억 원)

차 변		대 변	
유동자산	55.55		
당좌자산	42.24	유동부채	42.76
현금 및 현금성자산	7.76	매입채무	10.18
매출채권	18.72		
재고자산	13.30		
		비유동부채	19.96
비유동자산	44.45		
투자자산	7.03		
유형자산	32.10	자본	37.27
무형자산	1.92		
자산총계	100	부채와 자본총계	100

제7절 손익계산서

1. 손익계산서의 목적

일정기간 동안에 발생한 기업의 경영성과를 명확히 보고하기 위하여 당해 회계기간 동안 발생한 모든 수익과 이에 대응되는 비용을 나타내는 동태적 재무보고서로서 회계정보의 이용자가 기업의 수익성을 판단하는 데 유용한 정보를 제공한다.

2. 손익계산서의 기본구조

손익계산서는 다음과 같이 구분하여 표시한다. 보고식 손익계산서의 경우 ①매출액 ②매출원가 ③매출총손익 ④판매비와관리비 ⑤영업손익 ⑥영업외수익 ⑦영업외비용 ⑧법인세비용차감전손익 ⑨법인세비용 ⑩당기순손익 ⑪주당순손익의 순으로 작성한다.

매출액은 기업의 주된 영업활동에서 발생한 제품매출, 상품매출, 서비스매출 등의 매출액이다. 매출원가는 제품매출인 경우 제조원가명세서의 제품제조원가, 상품매출인 경우 매입원가 등을 기재한다. 매출총손익은 매출액에서 매출원가를 차감하여 산출하고, 판매비와관리비는 제품, 상품, 서비스 등의 판매활동 및 기업의 관리활동에서 발생하는 비용으로 매출원가에는 속하지 않는 모든 비용을 포함한다. 영업손익은 매출총손익에서 판매비와관리비를 차감하여 산출하고, 영업외수익은 기업의 주된 영업활동이 아닌 활동으로부터 발생한 수익이며, 영업외비용은 기업의 주된 영업활동이 아닌 활동으로부터 발생한 비용이다. 법인세비용차감전순손익은 영업손익에 영업외수익을 가산하고 영업외비용을 차감하여 산출하고, 당기순손익은 법인세비용차감전순손익에 법인세비용을 차감한 금액이다. 주당순손익은 당기순손익에 주식수를 나누어 산출한다.

아래의 [표 2-2]의 손익계산서는 2014년 10월 발간한 한국은행 기업경영분석을 참고하여 우리나라 중소기업 전산업의 재무항목별 평균비율을 백분율로 표시한 것이다.

[표 2-2] 손익계산서

(2013년 1월 1일~2013년 12월 31일)

미래기업(주) (단위: 억 원)

구분	금액
매출액	100.00
- 매출원가	78.91
매출총손익	21.09
- 판매비와관리비	17.93
영업손익	3.16
+ 영업외수익	2.09
- 영업외비용	2.64
법인세비용차감전순손익	2.61
- 법인세비용	0.61
당기순이익	1.99

제8절 현금흐름표

1. 현금흐름표의 목적

현금흐름표는 기업의 영업활동, 투자활동, 재무활동에 관련된 현금의 유입과 유출에 관한 정보를 통하여 재무상태의 변동원인을 표시하는 재무보고서로서 회계정보 이용자들은 현금흐름표를 통해 미래현금흐름의 예측이나 부채와 배당금의 지급능력 혹은 순이익의 질 등 기업의 현금흐름과 관련된 다양한 정보를 제공한다.

2. 현금흐름표의 기본구조

현금흐름표의 작성기준이 되는 현금흐름의 범위는 현금과 예금 및 현금등가물로 규정되어 있으며 현금등가물이란 취득 당시 만기가 3개월 이내에 도래하는 채권, 취득 당시에 상환일까지의 기간이 3개월 이내인 상환 우선주, 3개월 이내의 상환조건인 환매채 등을 말한다. 현금흐름표의 내용은 영업활동, 투자활동, 재무활동으로 인한 현금의 유입 및 유출이 표시되고 이들 세 활동으로부터의 현금 증가액에 기초의 현금을 가산하여 기말의 현금을 산출하는 과정이 표시된다. 이것을 구체적으로 살펴보면 영업활동은 기업의 주된 수익창출활동으로서 일반적으로 제품의 생산 및 재화와 용역의 판매와 관련된 모든 활동을 말한다. 투자활동은 현금을 대여하고 회수하는 활동과 투자자산 및 고정자산의 취득과 처분활동을 말한다. 재무활동은 현금의 차입 및 상환활동, 신주발행이나 배당금의 지급활동과 같은 부채와 자본의 증감과 관련된 활동을 말한다.

결론적으로 [표 2-3]과 같이 현금흐름표는 기업이 필요로 하는 현금이 어디에서 조달되어 어디에 사용되고 얼마나 내부에 유보되어 있는가를 일목요연하게 볼 수 있도록 유용한 정보를 제공하는 것을 말한다.

[표 2-3] 현금흐름표

제11기 2013년 1월 1일부터 2013년 12월 31일까지
제10기 2012년 1월 1일부터 2012년 12월 31일까지

미래기업(주) (단위 : 원)

과 목	당 기		전 기	
I. 영업활동으로 인한 현금흐름		000		000
매출 등 수익활동으로부터의 유입액	000		000	
매입 및 종업원에 대한 유출액	000		000	
:	000		000	
II. 투자활동으로 인한 현금흐름		000		000
투자활동으로 인한 현금유입액	000		000	
투자활동으로 인한 현금유출액	000		000	
III. 재무활동으로 인한 현금흐름		000		000
재무활동으로 인한 현금유입액	000		000	
재무활동으로 인한 현금유출액	000		000	
IV. 현금의 증가(또는 감소)		000		000
V. 기초의 현금		000		000
VI. 기말의 현금		000		000

제9절 자본변동표

1. 자본변동표의 목적

자본변동표는 일정시점에서 기업의 자본규모와 일정기간 동안에 기업의 자본이 변동한 내용을 표시한 재무보고서로서 자본금, 자본잉여금, 자본조정, 기타포괄손익누계액, 이익잉여금(또는 결손금)의 변동에 대한 포괄적인 정보를 제공한다.

2. 자본변동표의 기본구조

자본변동표에는 자본금, 자본잉여금, 자본조정, 기타포괄손익누계액, 이익잉여금(또는 결손금)의 각 항목별로 기초잔액, 변동사항, 기말잔액을 표시한다. 자본금의 변동은 유상증자(감자), 무상증자(감자)와 주식배당 등에 의하여 발생하며, 자본금은 보통주 자본금과 우선주 자본금으로 구분하여 표시한다.

자본잉여금의 변동은 유상증자(감자), 무상증자(감자), 결손금처리 등에 의하여 발생하며, 주식발행초과금과 기타자본잉여금으로 구분하여 표시한다.

　자본조정의 변동은 다음과 같은 항목으로 구분하여 표시한다. ①자기주식 ②주식할인발행차금 ③주식매수선택권 ④출자전환채무 ⑤청약기일이 경과된 신주청약증거금 중 신주납입금으로 충당될 금액 ⑥감자차손 ⑦자기주식처분손실 ⑧기타: ①내지 ⑦외의 원인으로 당기에 발생한 자본조정의 변동으로 하되, 그 금액이 중요한 경우에는 적절히 구분하여 표시한다.

　기타포괄손익누계액의 변동은 다음과 같은 항목으로 구분하여 표시한다. ①매도가능증권평가손익 ②해외사업환산손익 ③현금흐름위험회피 파생상품평가손익 ④기타: ①내지 ③외의 원인으로 당기에 발생한 기타포괄손익누계액의 변동으로 하되, 그 금액이 중요한 경우에는 적절히 구분하여 표시한다.

　이익잉여금의 변동은 다음과 같은 항목으로 구분하여 표시한다. ①회계정책의 변경으로 인한 누적효과 ②중대한 전기오류수정손익 ③연차배당(당기 중에 주주총회에서 승인된 배당금액으로 하되 현금배당과 주식배당으로 구분하여 기재한다)과 기타 전기말 미처분이익잉여금의 처분 ④중간배당(당기 중에 이사회에서 승인된 배당금액) ⑤당기순손익 ⑥기타: ①내지 ⑤외의 원인으로 당기에 발생한 이익잉여금의 변동으로 하되, 그 금액이 중요한 경우에는 적절히 구분하여 표시한다.

　자본변동표에서 전기에 이미 보고된 이익잉여금(또는 결손금)의 금액이 당기에 발생한 회계정책의 변경이나 중대한 전기오류수정으로 인하여 변동된 경우에는 전기에 이미 보고된 금액을 별도로 표시하고 회계정책 변경이나 오류수정이 매 회계연도에 미치는 영향을 가감해 수정한 후 기초 이익잉여금을 표시한다.

　다음의 [표 2-4]는 자본변동표의 형식을 표시한 것이다.

[표 2-4] 자본변동표

제11기 2013년 1월 1일부터 2013년 12월 31일까지
제10기 2012년 1월 1일부터 2012년 12월 31일까지

미래기업(주) (단위 : 원)

구 분	자본금	자본잉여금	자본조정	기타포괄손익누계액	이익잉여금	총 계
2012. 1. 1(보고금액) 항목별 증감액	000	000	000	000	000	000
:						
2012. 12. 31	000	000	000	000	000	000
2013. 1. 1(보고금액) 항목별 증감액	000	000	000	000	000	000
:						
2013. 12. 31	000	000	000	000	000	000

제10절 부속명세서(제조원가명세서)

1. 제조원가명세서의 목적

기업의 제조활동으로 발생하는 화폐적인 거래 내역을 기록한 것이 제조원가명세서이다. 구체적으로 살펴보면 제품의 제조에 소요되는 재료의 구입에서부터 이것을 제조하는 인력에 대한 노무비와 제조활동에 소요되는 경비의 발생금액 등의 모두를 표시한다. 그리고 이 금액을 당기의 제품으로 완성된 것과 완성되지 않은 것으로 구분해서 기록하게 되며 이러한 내용을 표시한 재무제표의 부속명세서를 제조원가명세서라고 한다. 제조원가명세서는 기업의 제품 제조활동과 관련된 원가의 흐름을 한눈에 파악할 수 있다.

부속명세서 중에서 제조원가명세서를 작성하는 이유는 재무제표의 작성에 대한 흐름을 알아보기 위해서이다. 제조업의 경우에는 손익계산서를 작성하기 위하여 반드시 제조원가명세서를 먼저 작성해야 한다. 왜냐하면 손익계산서는 제조원가명세서상의 당기제조원가의 금액을 매출원가로 기재하여 작성하기 때문이다.

제조원가명세서는 제품의 제조에 소요된 원가인 재료의 구입에서부터 이것을 제조하는 인력에 대한 노무비와 제조활동에 소요되는 경비를 표시하고 있다.

2. 제조원가명세서의 기본구조

제조원가명세서는 재무제표의 부속명세서 중의 하나로서 제품의 제조에 소요된 원가의 계산명세를 나타낸 것이다. 여기서의 제조는 판매활동 이외의 제조활동은 물론 공사, 임대, 분양, 운송활동 등을 포괄하는 의미로 사용된다. 그리고 당기제품제조원가는 당기에 발생한 재료비, 노무비, 경비 등의 당기총제조비용에서 기초재공품원가를 더하고 기말재공품원가와 타계정대체액을 차감하여 산출된다.

다음의 [표 2-5] 제조원가명세서는 2014년 10월 발간한 한국은행 기업경영분석을 참고하여 우리나라 중소기업 전산업의 재무항목별 평균비율을 백분율로 표시한 것이다.

[표 2-5] 제조원가명세서

(2013년 12월 31일)

미래기업(주) (단위 : 억 원)

내 역	금 액
당기 총제조비용	100.00
재료비	52.60
노무비	13.36
경비	34.04
기초재공품원가	2.52
기말재공품원가	2.84
유형자산(타계정) 대체액	0.22
당기 제품제조원가	99.46

재무제표란 무엇인가? **67**

 쉬어가는 이야기 둘

재무제표를 활용한
우량거래처 발굴

금형을 제작하여 납품하는 K사는 전년도까지는 매출증가세가 원만하게 이루어져서 매출수익금으로 원자재대금과 인건비 및 소요경비 등을 충당하고 약간의 순이익을 올리면서 사업이 순항을 하고 있었다. 금년도에 매출이 20% 정도 증가할 것으로 예상하여 연말에 3억 원을 투자하여 머시닝센터를 한 대 추가로 구입하면서 절반 정도의 부족자금을 은행대출금으로 충당하였다. 기존의 대출금 이자 및 원금의 상환기일 도래와 더불어 금번에 구입한 머시닝센터의 이자를 추가로 내어야 하기 때문에 매출액의 증가는 물론이고 수익도 전년도보다는 더 올려야 하는 상황이다.

그런데 당초 계획했던 것만큼 매출과 연결되는 것이 적었고, 임원과 부서장이 참석한 경영전략회에서는 당초 계획대로 매출액을 전년도보다 20% 증가시켜야 금년도의 자금수지를 맞출 수 있다는 절박함을 근거로 하여 영업부는 물론 전사적으로 매출을 늘리기 위해 노력하기로 했다. 하지만 무작정 일을 가져오기는 부담이 있었다. 왜냐하면 전년도에 모르는 거래처와 첫 거래를 하면서 계약금은 받았지만 거래처의 자금사정이 좋지 않아서 2,000만 원 정도를 아직 받지 못하여 자칫하면 대손처리를 해야 하는 상황을 맞이한 경험이 있기 때문이다. 물론 첫 거래를 하기 전에 나름대로 그 기업에 대하여 알아보기는 했지만 그냥 입소문으로 들었을 뿐이었다.

A대표는 매출을 늘리는 것도 좋지만 자칫 부실로 이어져 빈대 잡으려다 초가삼간을 태우는 우를 범하지 않기 위해서 고민을 하다가 우량기업을 가려내는 방법을 찾아보기로 했다. 은행지점장도 만나보고 보증기관 지점장도 만나보면서 어떻게 하면 첫 거래를 하는 기업의 신용도가 양호한지 가려낼 수 있을까에 대하여 질문도 하면서 나름대로 연구를 한 결과 그 기업의 재무제표를 활용하는 게 가장 최선이라는 결론을 내렸다.

그래서 첫 거래를 하게 되는 기업은 무조건 재무제표를 받아서 나름대로 평가를 해보고 괜찮다고 판단되는 기업은 가격을 일정액 할인을 해주더라 이 방법이 훨씬 더 합리적이라고 판단을 했기 때문이다.

그 결과 재무제표의 내용이 양호한 기업은 가격을 경쟁사보다 일정액 할인을 해주었지만 수금하는데도 문제가 없었고 회사에서도 워낙 깔끔하게 거래처의 요구사항을 반영하여 금형을 만들어주다보니 오히려 추가로 더 주문이 들어와 마음놓고 일을 할 수가 있었다. A대표는 재무제표를 안다는 것은 적을 알고 나를 알면 백전백승이라는 말처럼 도움이 되는 것을 알고 재무제표의 유용성을 피부로 실감할 수 있었다.

제3장
자산·부채·자본에 대한 이해

자산은 과거의 거래나 사건의 결과로 특정한 실체에 의해 획득되었거나 통제되고 있는 미래의 경제적 효익을 의미한다. 여기에는 기업이 가지고 있는 현금 및 현금성자산, 재고자산, 토지 등과 같은 유형의 자산과 매출채권, 가지급금, 미수금 등과 같은 채권 및 무형의 권리 등이 포함된다. 자산은 이용가능한 자원의 유동성 정도에 따라 1년 또는 정상영업주기라는 유동성에 따라 유동자산과 비유동자산으로 구분되며, 형태에 따라 유형자산과 무형자산으로 분류된다.

제11절 자산

1. 자산이란?

자산(Total assets)은 과거의 거래나 사건의 결과로 특정한 실체에 의해 획득되었거나 통제되고 있는 미래의 경제적 효익을 의미한다. 여기에는 기업이 가지고 있는 현금 및 현금성자산, 재고자산, 토지 등과 같은 유형의 자산과 매출채권, 가지급금, 미수금 등과 같은 채권 및 무형의 권리 등이 포함된다. 자산은 이용가능한 자원의 유동성 정도에 따라 1년 또는 정상영업주기라는 유동성에 따라 유동자산과 비유동자산으로 구분되며, 형태에 따라 유형자산과 무형자산으로 분류된다.

2. 유동자산

유동자산(Current assets)이란 1년 또는 정상영업주기 내에 현금화가 가능한 자산을 말한다. 여기서 정상영업주기란 제조업의 경우 제조과정에 투입될 원자재를 구매하여 생산한 후 판매과정을 거쳐서 현금으로 회수가 완료되는 시점까지의 기간을 의미한다.

일반적으로 대부분의 기업은 1년 이내에 영업주기가 이루어지기 때문에 1년 이내에 현금화가 가능한 자산은 유동자산으로 분류된다. 유동자산 중에서 은행예금과 같이 즉시 현금화가 가능한 자산이 있는 유동자산을 당좌자산이라 하고, 원재료와 같이 제조과정을 통해 제품으로 생산된 이후에 거래처에 판매되어야만 현금화가 가능한 유동자산을 재고자산이라고 한다.

1) 당좌자산

당좌자산(Quick assets)은 유동자산 중에서 별도의 제조나 판매과정을 거치지 않고 즉시 현금으로 전환할 수 있는 다음과 같은 자산을 말한다.

① 현금및현금성자산

현금(Cash)이란 정부나 중앙은행에서 발행하는 지폐나 주화를 유가증권과 구별하여 이르는 말로써 우리가 일상생활에서 말하는 '돈' 또는 '현찰'을 칭하는 것이다. 일반적인 상거래의 지불수단으로 대금결제나 비용지출을 위하여 회사가 보유하고 있는 자산을 말한다. 이러한 현금에는 한국은행이 발행한 지폐와 주화 등의 통화, 타인발행수표 등 통화 대용증권, 당좌예금, 보통예금, 우체국에서 발행하는 우편환증서 등이 모두 포함된다.

그리고 현금성자산(Cash and cash equivalents)이란 현금은 아니지만 현금과 동일한 가치를 가지고 있으며 현금과 같은 역할을 하는 유가증권이나 금융상품을 말한다. 즉, 큰 거래비용 없이 현금으로 바꾸기가 쉽고 이자율 변동에 따른 가치변동의 위험이 중요하지 않은 금융상품으로서 취득 당시 만기일 또는 상환일이 3개월 이내에 도래하는 것을 말한다. 현금성자산으로 분류되는 금융상품으로는 만기가 3개월 이내에 도래되는 국공채나 초

우량기업의 회사채 및 융통어음(CP) 등의 유가증권과 만기가 없거나 취득 시 만기가 3개월 이내에 도래되는 양도성예금증서 등이 해당된다.

② 매출채권

매출채권(Trade accounts and notes receivable)이란 상거래에서 제품이나 상품 등의 재고자산을 외상으로 판매하면서 발생한 거래처에 대한 채권을 말하는 것으로 판매대금의 미수액을 외상매출금이라 하고, 어음상의 채권을 받을어음이라고 한다. 이와 같이 기업의 주된 상거래와 관련되지 않은 받을채권은 미수금으로 표시한다.

한편 매출채권은 그 성격상 미래에 회수할 자금을 말하는 것이므로 다음의 사항을 항상 고려해야 한다. 첫째, 매출채권은 반드시 전액이 회수된다는 보장이 없다는 것이다. 이것은 매출처 중의 일부는 신용상태가 악화되거나 부도 등의 사유로 채권 회수가 불가능하게 될 가능성이 항상 내재되어 있기 때문이다. 둘째, 매출채권의 회수는 미래에 이루어지므로 그 자금의 가치는 현재의 가치와 차이가 있다는 것이다. 이것은 재무상태표상의 자산가액은 반드시 현재의 자산가치를 표시하는 것이므로, 미래에 받을 자금에 포함되어 있을 이자상당액을 적절하게 차감해야 한다는 것이다.

2) 재고자산

재고자산(Inventories)이란 기업이 보유하고 있는 자산 중에서 정상적인 영업활동으로 판매를 위하여 보유하거나 또는 제조과정에 있는 자산이나 제조 및 서비스의 제공과정에 투입되기 위하여 원재료 등의 형태로 존재하는 자산을 말한다. 쉽게 말해서 창고에 보유하고 있는 실물자산을 말하는 것으로 이것은 손익계산서상의 비용 중에서 가장 큰 비중을 차지하고 있는 매출원가와 직접적인 관련이 있는 항목이다.

일반적으로 재고자산은 즉시 현금화가 가능한 당좌자산과는 달리 판매과정이나 제조과정을 거쳐야만 현금화가 가능하다. 그래서 유동자산을 당좌자산과 재고자산으로 구분하고 있는데, 그 이유는 앞에서 말한 바와 같이 재고자산이 당좌자산에 비하여 현금화의 정도인 유동성이 떨어지기 때문이다.

재고자산은 기업의 정상적인 영업활동을 위해 보유하는 자산이기 때문에 자동차매매업을 영위하는 기업은 판매를 목적으로 보유하는 자동차가 재고자산이고, 부동산매매업을 영위하는 기업은 판매를 목적으로 보유하는 토지나 건물 등의 부동산이 재고자산에 해당된다.

한편 재고자산의 평가는 크게 가격과 수량의 2가지 요소에 의해 결정된다. 수량을 결정하는 방법에는 실지재고조사법과 계속기록법이 있으며, 단가를 결정하는 방법에는 개별법·선입선출법·후입선출법·총평균법·이동평균법·소매재고조사법·표준원가법 등이 있다.

3) 기타유동자산

기타유동자산(Other current assets)이란 유동자산 중 당좌자산·재고자산에 포함되지 않는 나머지의 기타 항목을 말하는데 여기에는 가지급금·선급금 등이 있다.

① 가지급금(또는 주임종단기채권)

가지급금(Suspense payment) 또는 주임종단기채권은 회계기간 중 현금지출이 발생하였으나 이것을 처리할 계정과목이 확정되지 않았거나 혹은 계정과목은 확정이 되었지만 금액이 확정되지 않았을 경우 확정이 될 때까지 임시로 처리해두는 가계정을 말한다.

직원 출장여비의 선급분, 계약의 선급금, 보증금 등이 여기에 속하는

데 계정과목과 금액이 확정되는 즉시 그 확정계정으로 대체하여 정리하여야 한다.

가지급금 계정의 사용은 가끔 기업자금을 불법적으로 유용하는 등의 문제로 발전하는 경우도 발생하기 때문에 기업의 이미지에 부정적인 영향을 줄 수가 있으므로 가지급금 또는 주임종단기채권의 보유는 신중을 기해야 할 필요가 있다.

② 선급금

선급금(Advance payments)이란 상품이나 원자재의 매입을 위하여 혹은 제품의 외주가공을 위하여 매입처에 먼저 지급한 금액을 말한다. 선급금으로 처리할 수 있는 거래는 정상적 영업활동에서 일반적인 상거래로 발생하는 것으로 후에 매입계정으로 대체될 수 있는 것에 한한다.

3. 비유동자산

비유동자산(Non-current assets)이란 결산일로부터 1년 이후에 현금화할 수 있는 자산으로 유동자산에 비해 상대적으로 현금 전환성이 떨어지는 자산을 말한다. 일반적으로 기업이 정상적인 경영활동을 하면서 단기간 이내에 현금화가 가능한 자산은 유동자산으로 분류하고, 장기간에 걸쳐 현금화가 가능한 자산은 비유동자산으로 분류한다.

비유동자산은 자산의 내용에 따라 다음과 같이 투자자산·유형자산·무형자산·기타비유동자산으로 각각 구분한다.

1) 투자자산

투자자산(Investment assets)이란 기업이 투자수익을 목적으로 1년 이상의 장기간에 걸쳐서 운용하는 자산항목을 말한다. 기업의 경영활동을 수

투자자산은 부동산·증권·주식·대여금·금융상품·매출채권 등 기업이 투자수익을 목적으로 1년 이상의 장기간에 걸쳐서 운용하는 자산항목을 뜻한다.

행하다 보면 여유자금이 생기는 경우가 있는데, 이때 자금의 여유가 일시적이라면 단기간 동안 운용하기 위해 예금이나 증권을 취득하지만, 자금의 여유가 장기간이라면 투자활동에 사용을 하게 된다.

일반적으로 투자자산은 기업이 여유자금을 운용하여 보다 높은 수익을 얻기 위해 취득한 자산이나, 사업영역의 다원화를 위하여 다른 기업을 통제나 지배할 목적으로 보유하는 주식이나 채권 등을 말한다. 투자자산에는 투자부동산·장기투자증권·지분법적용투자주식·장기대여금·장기금융상품·장기성매출채권 등이 있다.

2) 유형자산

유형자산(Tangible assets)이란 기업의 경영활동을 지원하기 위해 장기간 동안 사용하는 형태가 있는 자산으로 설비자산이라고도 한다. 일반적으로 유형자산은 재화의 생산이나 용역의 제공 및 타인에 대한 임대 또는 기업이 자체적으로 사용할 목적으로 보유하는 물리적인 형체를 지닌 자산으로 1년을 초과하여 사용할 것으로 예상되는 자산을 말한다.

구체적으로 살펴보면 기업은 설립 목적을 달성하기 위해 고객이 원하는 상품을 제조하여 판매하며, 이를 위하여 공장을 신축하거나 생산설비를 보유하기도 하고, 여의치 않을 경우에는 정상적인 경영활동의 수행을 위하여 임차를 하는 방법을 선택하기도 한다.

유형자산에는 이와 같이 상품을 제조하기 위하여 보유하는 공장과 생산설비 및 사무공간으로서의 사옥 등이 모두 포함된다. 그리고 재무상태표상의 유형자산은 공장이나 생산설비 등과 같이 자산의 용도를 기준으로 표시하지 않고 이것을 구성하는 항목을 토지·건물·기계장치·차량운반구·비품 등과 같이 기능적으로 표시를 하고 있다.

이러한 유형자산의 취득원가는 구입원가에 취득 시에 소요된 부대비용 및 복구원가를 가산하고, 할인 등이 있는 경우에는 이를 차감하여 산정한다. 그리고 유형자산에 투자된 자금의 회수는 취득일 이후 내용연수 동안에 합리적인 감가상각방법을 통하여 비용으로 배분하여 서서히 이루어지는 것이 일반적이다.

3) 무형자산

무형자산(Intangible assets)이란 기업이 정상적인 영업활동을 통한 상품의 제조나 용역의 제공 등에 사용할 목적으로 보유하고 있는 무형의 가치가 있는 자산을 말한다. 이것은 물리적인 형체는 없지만 개별적인 식별이 가능하고, 기업이 통제가 가능하며, 경제적 효익이 존재하는 법률상의 권리로서 영업권·산업재산권·개발비·광업권·어업권 등이 이에 해당된다.

무형자산도 유형자산과 마찬가지로 취득 시의 구입원가뿐만 아니라 해당 자산을 본래의 사용목적에 부합하도록 하기 위해 소요되는 부대비용도 취득원가에 포함한다. 그리고 무형자산에 투자된 자금의 회수도 유형자산과 마찬가지로 무형자산 취득일 이후 사용가능한 시점에서부터 경제적 내용연수에 걸쳐 합리적인 감가상각방법에 따라 비용으로 배분하여 상각해 회수처리한다.

4) 기타비유동자산

앞에서 살펴본 바와 같이 기업의 자산은 1년 또는 정상영업주기 이내에 현금화가 가능한지 여부에 따라 유동자산과 비유동자산으로 구분된다. 그리고 비유동자산은 다시 투자자산·유형자산·무형자산·기타비유동자산으로 각각 구분된다.

기타비유동자산(Other non-current assets)이란 비유동자산 중 투자자산·유형자산·무형자산에 포함되지 않는 나머지의 기타 항목을 말하는데 여기에는 보증금·이연법인세자산·장기미수금 등이 있다.

제12절 부채

1. 부채란?

부채(Total liabilities)는 미래에 기업이 상환해야 할 채무를 말한다. 그리고 회계상의 부채는 과거의 거래나 사건의 결과로 인하여 현재 기업이 부담하고 있고 또 미래에 자원의 유출 혹은 사용될 가능성이 존재한다면 이것을 부채로 인식한다는 것이다.

예를 들어 상품을 판매하면서 보증수리를 조건으로 한 경우에는 당기 매출액에서 향후 일정기간 동안 예상되는 보증수리비용은 당기에 확정된 것이 아니지만 장래에 유출될 것이 거의 확실시되므로 회계에서는 이것을 부채로 계상한다는 것이다. 이처럼 회계상의 부채는 법률상의 채무와는 달리 부채의 계상시점에서 반드시 그 상환시기가 확정되어 있어야 할 필요는 없으며 금액 또한 추정에 의해서도 계상이 가능하다.

기업이 정상적인 경영활동을 위한 자산을 취득하기 위해서는 거기에 소요되는 자금이 필요하고 이를 조달하기 위하여 금융기관이나 거래처 또는 주주 등으로부터 자금을 조달해야 한다. 금융기관이나 거래처 등의 타

상품을 판매하면서 보증수리를 조건으로 한 경우 향후 일정기간 동안 예상되는 보증수리비용은 당기에 확정된 것이 아니지만 장래에 유출될 것이 거의 확실시되므로 회계에서는 부채로 계상한다.

인으로부터 자금을 조달하는 것을 부채라 하고, 주주로부터 자금을 조달하는 것을 자본이라 한다.

부채는 상환하는 시점에 따라 유동부채와 비유동부채로 각각 구분된다. 여기서는 다음과 같이 부채에 대하여 자세히 알아보도록 하겠다.

2. 유동부채

유동자산이 결산일로부터 1년 또는 정상영업주기 이내에 현금화가 가능한 자산이라면 유동부채(Current liabilities)는 결산일로부터 1년 또는 정상영업주기 이내에 만기가 도래하여 상환할 의무를 가진 채무를 말한다. 그리고 유동자산이 정상적인 영업활동과정에서 보유하는 단기성 자산이라면 유동부채는 정상적인 영업활동과 관련하여 발생한 단기성 부채를 말한다.

기업의 정상적인 영업활동과 관련하여 판매거래처일 경우에는 유동자산, 그리고 구매거래처일 경우에는 유동부채가 상호 관련성을 가지게 된다. 예를 들어 재고자산으로 구성된 상품을 외상으로 판매하게 되면 유동자산의 매출채권인 외상매출금이나 받을어음계정으로 전환되고, 반대로 원자재를 외상으로 매입하면 유동부채의 매입채무인 외상매입금이나 지급어음으로 표시하게 된다.

[그림 3-1]에서 보는 바와 같이 유동자산과 유동부채는 서로가 밀접한 상관관계를 갖고 있으며 결산일로부터 1년 이내 또는 정상영업주기 이내에 상환일이 도래하는 부채는 유동부채로 분류한다.

[그림 3-1] 자산과 부채의 대응관계

자금의 운용	자 산		부 채	자금의 조달
	외상매출금	⇔	외상매입금	
	받을어음	⇔	지급어음	
	대여금	⇔	차입금	
	미수금	⇔	미지급금	
	선급금	⇔	선수금	
	가지급금	⇔	가수금	
	임차보증금	⇔	임대보증금	

1) 매입채무

매입채무(Trade accounts and notes payable)는 정상적인 영업활동으로 인하여 거래처로부터 원자재나 상품 등의 재고자산을 외상으로 매입하면서 발생한 채무를 말한다.

일반적으로 정상적인 영업활동으로 인한 기업의 매입거래는 지속적으로 이루어지기 때문에 매입거래가 발생할 때마다 건별로 대금결제를 하지 않고 일정한 기간 동안의 거래대금을 집계하여 기간단위로 결제를 하게 된다. 따라서 기업이 원자재나 상품 등을 거래처로부터 외상으로 매입하면서 발생한 채무는 외상매입금 계정으로 처리한다.

2) 단기차입금

단기차입금(Short-term borrowings)은 기업이 결산일로부터 1년 이내에 원금을 상환하기로 약정하고 금융기관으로부터 차입한 자금을 말한다. 이러한 단기적인 차입거래는 대체로 금융기관을 통한 차입거래에서 많이 발생하지만 금융기관 이외의 타인으로부터 자금을 차입하게 되면 금액이 큰 경우에는 단기차입금과 구분하여 표시해야 한다.

예를 들어 기업이 영업활동에 필요한 소요자금을 주주·임원·종업원으로부터 차입한 경우에는 주임종단기차입금으로 처리하며, 관계회사로부터 자금을 차입한 경우에는 관계회사단기차입금으로 처리한다.

3) 미지급금

기업이 원자재나 상품 등을 외상으로 매입하면 매입채무가 발생하지만, 주된 영업활동 이외의 거래로 인하여 발생한 채무는 미지급금 또는 미지급비용으로 처리한다.

미지급금(Accounts payable)은 기업에서 기계설비나 공구 및 업무용 차량운반구 등을 외상으로 구입하는 경우에 발생하는 것으로 주로 재고자산 이외의 자산을 외상으로 매입하면서 발생한다.

4) 가수금

가수금(Suspense receipts)은 현금수입은 있었으나 처리할 계정과목이 미확인이거나 또는 계정과목은 알 수 있었지만 금액이 확정되지 않은 경우에 이것이 확정될 때까지 일시적으로 처리하는 가계정이다. 현금의 수입은 있었으나 계정과목이나 금액이 확정되지 않아 일시적으로 처리하는 계정이기 때문에 부채에 해당되며, 계정과목 또는 금액이 확정되게 되면 해당 계정과목으로 즉시 대체해야 한다.

3. 비유동부채

비유동부채(Non-current liabilities)란 결산일로부터 1년 이후 장기간에 걸쳐 만기가 도래하여 상환할 의무를 가진 채무를 말한다. 일반적으로 유동부채는 1년 이내의 단기간에 상환해야 하지만, 비유동부채는 장기간 동안 자금의 사용이 가능하기 때문에 대부분 비유동자산을 취득하는 데 사용된다. 비유동부채에는 사채, 장기차입금, 장기미지급금 등이 있다.

1) 사채

사채(Bonds payable)는 주식회사가 일반대중에게 자금을 빌리면서 작성하여 교부하는 정형화된 차용증서를 말한다. 일반적인 차용증서는 제3자에게 양도가 불가능하지만, 균일한 금액으로 분할된 유통증권으로 발행되는 사채는 자유롭게 양도가 가능하다는 장점이 있으며 주식과 더불어 증권시장에서 활발하게 매매가 되고 있다. 사채에는 차용증서에 기재되는 내용과 동일하게 차입금액·이자율·만기일·상환방법·발행회사 등이 기록된다.

일반적으로 사채는 만기일까지의 기간이 3년인 것이 가장 많이 발행되며, 사채를 발행하여 결산일로부터 1년 이후의 장기간에 걸쳐 상환하는 금액은 비유동부채의 사채로 처리한다. 다만, 기간이 경과하여 사채 상환일이 결산일로부터 1년 이내에 도래하면 유동부채 중 유동성장기부채로 처리한다.

사채를 유형별로 보면 주식으로의 전환이 가능한 전환사채가 있고 또 기업이 주식을 발행하는 경우 신주를 인수할 수 있는 권리가 있는 신주인수권부 사채가 있다.

그리고 사채를 발행하면서 지출된 비용인 사채발행비는 사채를 발행하면서 기업이 부담한 비용으로 발행수수료, 보증료, 사채공고비, 사채권의 인쇄비 등을 말한다. 사채발행비는 사채의 발행가액에서 차감하도록 규정하고 있으며, 사채발행일로부터 최종상환일 이내의 기간에 유효이자율법으로 균등하게 상각하게 된다.

2) 장기차입금

장기차입금(Long-term borrowings)은 결산일로부터 1년 이후에 상환하는 차입금을 말한다. 일반적으로 기업이 공장이나 기계설비와 같은 유형자산을 취득하기 위해서는 금융기관으로부터 장기간에 걸쳐 상환을 하게 되는 시설자금으로 대출을 받게 된다. 이처럼 기업이 장기간에 걸쳐서 사용하게 되는 유형자산을 구입하는 경우에는 조달하는 자금의 상환기간도 반드시 이에 상응하는 장기 대출인 장기차입금으로 처리해야 현금흐름의 불균형으로 인한 지급불능 사태를 사전에 예방할 수가 있다.

그리고 관계회사장기차입금은 장기간 동안 사용하기 위해 관계회사로부터 차입한 자금을 말하며 또한 주주나 임원 또는 종업원으로부터 장기간에 걸쳐 자금을 차입하는 것은 주임종장기차입금이라는 계정과목으로 처리한다.

3) 충당부채

충당부채(Liabilities provisions)란 과거의 사건이나 거래 결과에 의하여 현재 부채가액이 확정되지는 않았지만 장래에 지급의 준비를 위해 적립하는 금액으로서 발생의 원인에 근거하여 해당되는 회계기간에 부담할 비용을 추정하여 적립하는 부채를 말한다. 이러한 충당부채에는 퇴직급여충당금, 품질보증충당금, 공사보증충당금 등이 있다.

먼저 퇴직급여충당금은 기업에 근무하는 종업원의 퇴직을 대비하여 매년 결산을 할 때마다 재원을 적립할 필요가 있는데, 이때 회계기간마다 회사가 부담해야 하는 퇴직금을 계산하여 적립하는 충당부채를 말한다.

품질보증충당금은 상품 및 제품을 판매한 이후에 판매인이 구매인에게 제품의 품질과 성능을 보증하는 판매보증에 대해 A/S 비용 등 추가적 비용의 발생을 예상하여 미리 설정하는 충당부채이다.

공사보증충당금은 건설업 등에서 건설공사의 하자에 대하여 보수공사를 할 것 등을 조건으로 건축물을 인도한 경우 이로부터 발생하는 장래의 손실에 관한 충당부채이다.

제13절 자본

1. 자본이란?

자본(Stockholders' equity)은 총자산에서 총부채를 차감한 자기자본으로 자본금, 자본잉여금, 자본조정, 기타포괄손익누계액 및 이익잉여금(또는 결손금)으로 구성된다.

2. 자본금

자본금(Capital stock)은 정관에서 정해진 자본금 중에서 발행이 완료된 주식의 액면가액 총액을 말하는데 상법의 규정에 따라 기업의 법인등기부 등본에 자본금을 기재해야 하며 보통주자본금과 우선주자본금 등으로 분류된다.

기업의 주식을 소유하고 있는 주주는 주주총회에서 출석하여 중요안건에 대해 결의를 할 수 있는 의결권과 기업의 이익에 대하여 배당을 청구할 수 있는 이익배당권, 잔여재산분배청구권, 신주인수권 등 주주로서의 다양한 권리를 가지고 있다.

일반적으로 기업은 우선주를 발행할 때 사전에 배당률을 확정하게 되며 우선주자본금의 금액은 기업이 발행한 우선주의 주식수에 액면가를 곱한 것을 말한다.

보통주자본금은 상법에서 규정하고 있는 주주의 가장 일반적인 권리를 가지는 주식을 말하며 보통주자본금의 금액은 기업이 발행한 보통주의 주식수에 액면가를 곱한 것을 말한다.

그런데 우선주는 보통주와 비교하여 배당 측면에서 우월적 권리를 가지는 주식을 말하는데, 예를 들면 보통주의 배당률이 10%라고 하면 우선주는 그 이상의 배당을 받을 수 있는 권리를 가진 주식을 말한다. 일반적으로 기업은 우선주를 발행할 때 사전에 배당률을 확정하게 되며 우선주자본금의 금액은 기업이 발행한 우선주의 주식수에 액면가를 곱한 것을 말한다.

3. 자본잉여금

자본잉여금(Capital surplus)은 주식의 발행과 증자 및 감자와 같은 자본거래에서 발생하는 잉여금으로 이것은 원칙적으로 배당이 불가능하며 주식발행초과금, 감자차익, 기타자본잉여금 등과 같은 항목으로 구성된다.

1) 주식발행초과금

주식발행초과금(Paid-in capital in excess of par value)이란 기업이 주식을 시가에 따라 신규로 발행하면서 주식의 발행금액이 액면금액을 초과하는 경우 그 초과액을 말한다. 예를 들어 액면가 5,000원의 주식을 15,000원이라는 금액으로 시가에 발행을 하면, 액면가 5,000원은 납입자본금으로 처리하고 초과되는 금액 10,000원은 주식발행초과금으로 처리하는 것을 말한다.

2) 감자차익

감자는 말 그대로 기업의 자본금을 감소시키기 위해 주식을 소각하는 것을 말한다. 그리고 자본감소의 경우 그 감소액이 주식의 소각이나 주금의 반환에 소요된 금액과 결손보전에 충당할 금액을 초과한 때에 그 초과금액을 감자차익(Gain on capital reduction)으로 처리한다.

3) 기타자본잉여금

기타자본잉여금(Other capital surplus)은 앞에서 언급한 자본잉여금 이외의 기타 항목을 말한다. 그리고 기타자본잉여금에 포함되는 항목으로 자기주식처분이익이 있는데, 이것은 기업이 법적으로 인정되는 예외적인 경우로서 일시적으로 취득한 자기주식을 소각하지 않고 다시 매각하면서 발생하는 차액을 말한다.

4. 자본조정

자본조정(Capital adjustment)은 성격상으로는 자본거래에 해당하지만 최종 납입된 자본으로 볼 수 없거나, 또는 자본에 가산하거나 차감방식으로 이를 조정하는 성격으로 자본금이나 자본잉여금으로 분류할 수 없는 항목이다. 이것은 주식할인발행차금, 배당건설이자, 자기주식, 주식선택권, 출자전환채무, 감자차손 및 자기주식처분손실 등과 같은 항목으로 구성된다.

1) 자기주식

자기주식(Treasury stock)은 기업이 기존에 발행한 자기회사의 주식을 주주로부터 매입 또는 증여 등의 방법으로 취득하는 것을 말한다. 자기회사의 주식의 취득은 원칙적으로 법으로 금지하고 있으나 예외적으로 주식의 소각이나 재발행 등인 경우에는 허용을 하고 있다.

참고로 자기주식을 취득한 경우에는 이를 지체없이 소각하거나 상당한 기간 이내에 처분해야 한다. 이때 기업이 보유하고 있던 자기주식을 취득원가 이하로 매각하면서 발생한 손실은 자기주식처분손실로 처리한다.

2) 주식할인발행차금

기업이 유상증자 계획에 의거 신주를 발행할 경우 발행금액이 액면금액을 초과하게 되면 그 초과액은 주식발행초과금으로 처리한다. 반대로 기업이 주식을 발행할 때 발행금액이 액면금액에 미달하는 경우가 있는데 이때의 미달금액을 주식할인발행차금(Discount stock issuance)이라고 한다.

예를 들어 액면가 5,000원의 주식을 2,000원에 발행하면 액면가 5,000원은 납입자본금으로 처리하고, 이에 미달하는 3,000원은 주식할인발행차금으로 처리하게 된다.

주식할인발행차금은 주식의 발행연도부터 3년 이내의 기간에 매기 균등액을 상각하고 동 상각액은 이익잉여금으로 처분하여 장부에서 제거한다. 다만 처분할 이익잉여금이 부족하거나 결손이 있는 경우에는 차기 연도에 이월하여 상각할 수 있다.

3) 주식선택권

주식선택권(Stock option)은 기업이 임직원 또는 기타외부인에게 특정 기간에 기업의 주식을 고정가격 또는 미리 정한 가격으로 매수할 수 있는 권리를 부여한 경우 그 권리를 말한다.

4) 감자차손

감자차손(Loss on capital reduction)은 기업이 자본금을 감소시키면서 그 감소액이 주식의 소각이나 주금의 반환에 소요된 금액과 결손보전에 충당할 금액에 미달한 경우 그 미달한 금액을 말한다.

5. 기타포괄손익누계액

기타포괄손익누계액(Accumulated other comprehensive income)은 일정기간 동안 발생한 주주와의 자본거래를 제외한 모든 거래나 사건에서 인식된 자본의 변동을 말하는 것으로 재무상태표일 현재의 매도가능증권평가손익, 해외사업환산손익, 현금흐름위험회피 파생상품평가손익, 자산재평가이익 등과 같은 항목으로 구성된다.

1) 매도가능증권평가이익 (또는 매도가능증권평가손실)

당좌자산에 해당하는 단기투자자산인 채권이나 주식을 공정가치로 평가함으로써 발생하는 이익이나 손실은 영업외손익 중 단기투자자산평가손익으로 처리한다.

반면에 투자자산에 해당되는 매도가능증권을 공정가치로 평가함으로써 발생하는 이익이나 손실은 기타포괄손익누계액의 매도가능증권평가이익 또는 매도가능증권평가손실로 처리한다.

2) 해외사업환산이익(또는 해외사업환산손실)

우리나라에 본사가 있는 기업이 해외에 지점이나 사무소 등의 사업장을 설치하게 되면 해당 사업장의 재무제표는 원칙적으로 해당 국가의 통화로 작성되게 된다. 그리고 결산일에 본사에서 재무제표를 작성할 때에는 해외지점의 재무제표를 다시 원화로 환산하여 작성하게 된다.

이렇게 외화로 작성된 해외사업장의 재무제표를 다시 원화로 환산하면서 발생한 외환손익은 기타포괄손익누계액 중 해외사업환산이익 또는 해외사업환산손실로 처리한다.

3) 재평가잉여금

유형자산의 재평가로 인하여 장부가액이 증가된 경우에는 그 증가액을 기타포괄손익누계액의 재평가잉여금으로 처리한다. 그러나 유형자산의 재평가로 인하여 장부가액이 감소되는 경우도 발생을 하는데, 이때 감소액은 전기 재무제표에 재평가잉여금이 계상되어 있는 경우에는 해당 금액을 감소시키는 방식으로 처리한다. 그리고 전기 재무제표에 재평가잉여금이 없는 경우에는 그 감소액을 당기의 재평가손실로 처리한다.

6. 이익잉여금

이익잉여금(Retained earnings)은 손익계산서에서 보고된 손익과 다른 자본항목에서 이입된 금액의 합계액으로 주주에 대한 배당, 자본금으로의 전입, 자본조정항목의 상각 등으로 처분된 금액을 차감한 잔액을 말하며

해외에 사업장을 설치하게 되면 재무제표는 원칙적으로 해당 국가의 통화로 작성되게 되는데 결산일에 본사에서 재무제표를 작성할 때에는 해외지점의 재무제표를 다시 원화로 환산하여 작성하게 된다.

법정적립금, 임의적립금, 미처분이익잉여금(또는 미처리결손금) 등과 같은 항목으로 구성된다.

1) 법정적립금

법정적립금(Legal reserve)은 상법이나 자본시장법 등의 관련 법률에 따라 기업 내부에 의무적으로 적립해야 하는 이익준비금 등을 말한다. 이익준비금은 상법에 의거하여 매 결산기에 이익의 일부인 현금 이익배당액의 10% 이상을 자본금의 50%에 달할 때까지 회사 내부에 의무적으로 적립하는 것을 말한다. 이렇게 적립된 이익준비금은 결손금의 보전 및 자본전입에만 사용이 가능하다.

2) 임의적립금

임의적립금(Voluntary reserve)은 법정적립금과 달리 기업이 임의로 적립하는 적립금이나 법인세 등을 이연시킬 목적으로 조세특례제한법의 규정에 따라 계상한 준비금을 말한다. 기업의 정관 또는 주주총회의 결의에서 임의적으로 적립한 적립금으로 재무구조개선적립금, 사업확장적립금, 기업합리화적립금, 배당평균적립금, 결손보전적립금 등이 있다. 그리고 기업은 임의적립금의 목적ㆍ한도ㆍ용도ㆍ처분방법 등에 대하여 모두 임의로 결정 또는 자유로이 변경할 수 있다.

3) 미처분이익잉여금(또는 미처리결손금)

미처분이익잉여금(Unappropriated retained earnings carried over to subsequent year)은 결산일 현재 처분하지 않고 차기에 이월된 이익잉여금에 당기순이익을 더한 것을 말한다. 즉, 기업이 벌어들인 이익 중에서 배당이나 다른 잉여금으로 처분되지 않고 남아 있는 이익잉여금으로서 이익잉여금처분계산서의 미처분이익잉여금을 말한다.

쉬어가는 이야기 셋

투자한 자금은 어디로?

가전제품의 부품을 제조하여 납품하는 C대표는 매출액이 늘어남에 따라 원자재 구입대금을 확보하고 직원을 추가로 채용하기 위해 얼마 전 은행에서 대출을 받았다. 그런데 대출이자가 주변의 다른 기업들과 비교해볼 때 꽤 높은 것으로 확인이 되었다. 그래서 은행 지점장과 점심을 먹으면서 그 이유를 물었더니 회사의 신용등급이 낮아서 어쩔 수 없다는 것이었다. 그리고 신용등급이 좋아지면 금리도 낮아지고 신용대출 한도도 늘어난다고 이야기를 해주었다. 사업을 시작한 지 5년이 넘은 C대표는 그동안은 매출 늘리기에 바빠서 이런 쪽은 거의 신경을 쓰지 못하였지만 이제는 어느 정도 기반을 잡아가는 상태라 약간의 여유도 생긴 것이 사실이다. 부지런한 C대표는 어떻게 하면 신용등급을 올릴 수 있는지 물어보았다.

은행지점장은 은행과의 대출거래관계, 신용카드결제관련, 공과금 납부 등에 대하여 기일을 정확하게 체크하는 것이 중요하고, 또 가장 신경을 써야할 부분이 재무제표라고 귀띔을 해주었다. C대표는 재무제표관련은 매월 비용을 지불하는 회계사무실에서 다 알아서 결산을 해주기 때문에 별로 신경쓸것이 없다고 생각하였는데, 이야기를 들어보니 그게 아니라는 것을

처음 알 수가 있었다.

그래서 고민을 한 결과 인근에 있는 대학교의 최고경영자과정에 등록하여 재무제표를 보는 방법을 배우기로 했다. 전자공학을 전공했던 C대표에게 재무제표는 생소하기만 했다. 강의를 들으면서 재무상태표는 결산일인 12월 말을 기준으로 일정 시점에서 기업의 재무상태를 표시하는 것이라는 것을 알게 된 C대표는 본인의 기억을 되살려서 처음 기업을 설립하면서 투입된 자본금이 어떻게 재무상태표에 기록되고 운용이 되는지를 알아보았다. 그리고 최근에 받은 대출금도 재무상태표에서 어떻게 사용이 되는지도 궁금해졌다. 최고경영자과정에서 받은 교재의 재무상태표를 보면서 강의 들은 기억을 되살리면서 자금의 흐름을 다시 한 번 생각해보았다.

다음 재무상태표를 보면서 강의시간에 배운 대로 번호를 한번 매겨보았다. 기업을 설립하면서 자본금을 투입하는 것이 ① 최근에 대출을 받는

재무상태표

(단위: 백만 원)

차변: 자금 투자 (자금 운용) ⇨ 최적의 투자결정	③ 유동자산 150 (당좌자산) (재고자산)	②-1 유동부채 350 (단기차입금)	대변: 자금 조달 (자금 원천) ⇨ 최적의 자본조달 결정
	④ 비유동자산 400 (기계장치)	②-2 비유동부채 100 (장기차입금)	
		① 자본 100 (자본금)	
	자산총계 550	부채와 자본총계 550	

것이 ②-1인데 여기까지는 자금을 조달하는 대변의 것이고, 다음에는 ①과 ②에서 조달한 자금을 운용하는 것이 차변의 ③과 ④라는 것을 알게 되었다. 그러면서 차변과 대변은 항상 숫자가 같아지는 것을 실제로 보면서 이제는 좀 재미를 느낄 수가 있었다.

재무상태표를 보면서 자금의 흐름을 알아가고 있는 C대표는 한편으로는 뿌듯하기도 하면서 열심히 공부하여 회사의 신용등급을 양호하게 하여 대출금리도 낮추고 신용대출 한도도 늘릴 수 있도록 해보겠다고 다짐했다.

제4장
수익·비용·이익에 대한 이해

수익은 주요 영업활동으로 기업이 일정기간 벌어들인 자본의 증가액을 말한다. 자본은 자산에서 부채를 차감한 것이므로 수익이 발생했다는 것이나 자본이 증가했다는 것은 자산이 증가하거나 부채가 감소했다는 것을 의미한다.

매출총이익은 기업이 판매한 재화나 용역의 매출액에서 이를 생산하거나 또는 구입하는 데 소요된 생산원가나 매입원가를 차감하여 산출된 금액이며, 생산활동 및 구매활동의 결과로 창출된 부가가치를 나타내는 이익을 말한다.

제14절 수익

1. 수익이란?

수익(Revenues)은 주요 영업활동으로 기업이 일정기간 벌어들인 자본의 증가액을 말한다. 자본은 자산에서 부채를 차감한 것이므로 수익이 발생했다는 것이나 자본이 증가했다는 것은 자산이 증가하거나 부채가 감소했다는 것을 의미한다.

2. 매출총이익

매출총이익(Gross profit)은 매출액에서 매출원가를 차감한 잔액을 말한다. 매출액이 매출원가에 미달하여 매출총이익이 마이너스(-)로 계산되면 이를 매출총손실(Gross loss)로 표시한다.

매출총이익은 기업이 판매한 재화나 용역의 매출액에서 이를 생산하거나 또는 구입하는 데 소요된 생산원가나 매입원가를 차감하여 산출된 금액이며, 생산활동 및 구매활동의 결과로 창출된 부가가치를 나타내는 이익을 말한다.

매출총이익은 매출액에서 매출원가를 차감한 잔액을 말한다. 매출액이 매출원가에 미달하여 매출총이익이 마이너스(−)로 계산되면 이를 매출총손실로 표시한다.

매출총이익을 매출액으로 나눈 비율을 매출총이익률이라고 하는데, 이것으로 기업의 제품별 수익성을 분석할 수 있다. 그리고 제한된 생산설비로 수익률이 높은 제품을 생산해야 매출총이익을 극대화할 수 있으므로 제품별 매출총이익률은 제품별로 생산의 우선순위를 정하는 기준으로도 이용된다.

3. 영업외수익

영업외수익(Non-operating income)은 기업의 주된 영업활동인 제품이나 상품매출 이외의 활동인 투자활동이나 재무활동에서 발생하는 수익으로 이자수익·외환차익·외화환산이익·지분법이익·투자자산처분이익·유형자산처분이익·전기오류수정이익 등의 항목이 여기에 해당된다.

제15절 비용

1. 비용이란?

비용(Expenses)은 기업이 수익을 얻기 위해 일정기간 어떤 일을 하는 데 드는 비용을 말한다. 비용은 기업의 경영활동과 관련된 재화의 판매 또는 용역의 제공 등에 따라 발생하는 자산의 유출이나 사용 또는 부채의 증가를 의미한다.

회계에서는 비용이라는 용어와 손실이라는 말이 자주 사용되는데, 일반적으로 비용은 수익을 얻기 위해 소비된 재화나 용역을 말하며, 손실은 수익을 얻는 데 기여하지 못하는 가치의 상실을 의미한다.

2. 매출원가

매출원가(Cost of sales)는 매출액을 발생시키기 위해 지출한 비용을 말한다. 일반적으로 제조업을 영위하는 기업의 경우 생산한 제품을 판매하기 때문에 공장에서 제품을 제조하는 데 소요된 재료비·노무비·경비 등이 매출원가로 계상되는데, 제조업의 경우는 제조원가명세서, 건설업의 경우는 공사원가명세서가 근거가 된다. 그리고 상품의 매매를 주된 사업으로 하는 도·소매업의 경우는 상품을 거래처에서 매입한 금액 등이 매출원가로 계상된다.

1) 제품의 매출원가

제품(Finished goods)은 기업이 원부재료를 구매하고 생산설비와 인력을 투입하여 가공된 완성품을 말한다. 그리고 제품의 매출원가는 기업이 생산한 제품 중 회계기간 동안 판매되어 비용으로 처리된 제품의 제조원가를 말한다.

손익계산서에 나타나 있는 매출원가는 기업이 영위하고 있는 업종에 따라서 다른 형태의 구조를 가지고 있다. 일반적으로 제조업은 원재료를 구매한 후 제품을 제조하여 이것을 거래처에 판매를 하고, 도·소매업은 단순하게 상품을 매입한 후 적정한 이윤을 더하여 그대로 판매하는 영업형태를 띠고 있다.

한편 제조업이나 건설업의 매출원가는 매입한 상품을 그대로 판매하는 상품의 매출원가와 달리 제조원가 또는 공사원가라는 계산과정을 거쳐서 산출된다. 제품을 생산하기 위해서는 원재료를 구매해야 하고, 이것을 생산설비에 투입하기 위해서는 생산설비를 갖추고 있어야 하며, 또한 생산 작업을 위해 고용한 생산직 인원이 있어야 한다. 제조원가는 이와 같이 원재료 구매와 생산시설의 설치, 제품을 생산하기 위해 투입되는 인력에 대한 인건비와 전기료·수도료·임차료 등의 다양한 경비항목이 발생한다. 이렇게 제품의 생산을 위해 발생한 재료비·노무비·경비를 합산한 제조비용을 생산된 제품으로 배분하는 원가계산과정을 거쳐야 비로소 제품의 제조원가가 산출된다.

[표 4-1]에서 보는 바와 같이 제품매출원가는 기초제품재고액과 당기

제품제조원가의 합계액에서 기말제품재고액을 차감하는 형식으로 산출된다. 그리고 이때 당기제품제조원가의 상세내역을 보여주는 제조원가명세서가 별도로 작성된다.

[표 4-1] 제조업의 매출원가 계산구조

손익계산서
(○○○○년 ○월 ○일~○○○○년 ○월 ○일)
(기업체명 : ○○)　　　　　　　　　　(단위 : ○)

구 분	금 액
매출액	○○○
- 매출원가	○○○
매출총손익	○○○
- 판매비와관리비	○○○
영업손익	○○○
+ 영업외수익	○○○
- 영업외비용	○○○
법인세비용차감전순손익	○○○
- 법인세비용	○○○
당기순이익	○○○

제조업의 매출원가	
기초제품재고액	○○○
+ 당기제품제조원가*	○○○
- 기말제품재고액	○○○
제품매출원가	○○○

* 당기제품제조원가는 제조원가명세서상의 당기제품제조원가임

2) 상품의 매출원가

상품(Merchandise)은 기업이 판매를 목적으로 매입한 물건을 말한다. 특히 상품은 단순히 매입한 상품을 그대로 판매하는 것을 목적으로 별도의 생산과정을 거치지 않기 때문에 제품과 구분된다. 상품의 매출원가는 기업이 매입한 상품 중 회계기간 동안 판매하여 비용으로 처리된 상품의 매입원가를 의미한다.

일반적으로 도·소매업은 상품을 구입하여 이것을 별도의 제조과정 없이 그대로 판매하는 영업형태로서 도매상·할인점·편의점·백화점 등

이 이에 해당된다.

[표 4-2]에서 보는 바와 같이 상품의 매출원가는 기초상품재고액과 당기상품매입액의 합계액에서 기말상품재고액을 차감하는 형식으로 산출된다. 그리고 당기상품매입액은 회계기간 중 매입한 상품의 총매입액에서 매입에누리, 매입환출, 매입할인 등을 차감하여 계산된다.

[표 4-2] 도·소매업의 매출원가 계산구조

손익계산서
(○○○○년 ○월 ○일~○○○○년 ○월 ○일)
(기업체명 : ○○)　　　　　　　　　　　　(단위 : ○)

구 분	금 액
매출액	○○○
- 매출원가	○○○
매출총손익	○○○
- 판매비와관리비	○○○
영업손익	○○○
+ 영업외수익	○○○
- 영업외비용	○○○
법인세비용차감전순손익	○○○
- 법인세비용	○○○
당기순이익	○○○

도소매업의 매출원가	
기초상품재고액	○○○
+ 당기매입액	○○○
- 기말상품재고액	○○○
상품매출원가	○○○

3. 판매비와관리비

판매비와관리비(Selling and administrative expenses)는 상품·제품·용역 등의 판매과정에서 발생하는 전반적인 비용을 말하며 다음과 같은 것들이 있다. 이때 제품의 생산을 위해서 공장에서 생산활동과 관련하여 발생한 금액은 매출원가로 처리하고 본사에서 판매 또는 관리활동과 관련하여 발생한 금액은 판매비와 관리비로 각각 구분하여 처리한다.

1) 인건비

여기서의 인건비는 본사 임직원들의 근로 제공에 대한 대가로 지급하는 인건비로 급여·퇴직급여·상여금·복리후생비 등의 항목이 포함된다.

2) 업무비

본사의 임직원들이 기업의 판매활동을 수행하면서 사용하는 비용으로 여비교통비·접대비·보관료·광고선전비·연구개발비·지급수수료·판매수수료 등의 항목이 포함된다.

3) 부대 설비비

부대 설비비는 기업이 판매활동을 수행하면서 사용하는 사무실이나 전화 및 기타 이와 유사한 설비를 보유하면서 발생되는 비용으로 통신비·수도광열비·세금과 공과·지급임차료·감가상각비·수선비·보험료·차량유지비 등의 항목이 포함된다.

4. 영업외비용

영업외비용(Non-operating expense)은 영업비용에 대립되는 개념으로 주로 상품이나 제품매출 또는 용역의 제공 등 본래의 영업활동 이외의 활동인 투자활동이나 재무활동에서 발생하는 비용으로 지급이자·외환차손·외화환산손실·기부금·지분법손실·투자자산처분손실·유형자산처분손실·재해손실·전기오류수정손실 등의 항목이 포함된다.

5. 법인세비용

법인세비용(Income tax expense)은 기업이 벌어들인 소득에 대하여 법인이 납부할 세금을 총칭한 용어를 말한다. 이것은 법인세법 등의 법령에 의

법인세비용은 법인세법 등의 법령에 의해 당기에 부담할 법인세 및 법인세에 부가되는 세액의 합계에 당기의 이연법인세 변동액을 가감하여 계산된 금액으로 산출한다.

해 당기에 부담할 법인세 및 법인세에 부가되는 세액의 합계에 당기의 이연법인세 변동액을 가감하여 계산된 금액으로 산출한다. 즉, 법인세비용은 법인이 1회계연도 동안 벌어들인 이익에서 부담하는 여러 가지 세금을 전부 나열할 수 없기 때문에 이를 모두 총괄해서 표시하는 용어라고 생각하면 된다.

제16절 이익

1. 이익이란?

순이익(Income)은 일정기간 동안 발생한 수익에서 비용을 차감한 것을 말한다. 순이익은 손익계산서에서는 당기순이익으로 표시되고 재무상태표에서는 잉여금으로 자본이 증가하여 기업의 주주 지분이 증가하는 것을 의미한다.

반대로 수익보다 비용이 더 클 경우에는 손실이라고 하며 순손실이 발생하게 되면 마이너스 잉여금인 결손금으로서 처리되어 자본이 감소하게 된다.

2. 영업이익

영업이익(Operating income)은 사업이익이라고도 하며, 매출총이익에서 판매비와 관리비를 차감하여 산출한다. 만약 판매비와 관리비가 매출총이익을 초과하여 영업이익이 마이너스로 계산된 경우에는 영업손실(Operating loss)이라고 한다.

판매비와 관리비는 상품이나 제품 및 용역의 판매활동과 기업의 존속을 위해 발생하는 비용으로 판매비 및 관리비로 각각 구분된다.

판매비는 상품이나 제품을 판매하기 위해 기업이 부담하는 비용으로 판매를 담당하는 부문의 인건비와 물건비 등 판매를 위해 사용한 비용을 말하며, 관리비는 기업의 일반적인 관리업무를 담당하는 부문의 인건비와 기타 관리비용을 말한다.

3. 당기순이익

당기순이익(Net income)은 기업이 일정기간 동안 벌어들인 수익에서 지출한 모든 비용을 공제하고 순수하게 이익으로 남는 것을 말한다. 이것은 법인세비용차감전순이익에서 법인세비용을 차감하여 계산한다. 그리고 당기순이익이 마이너스로 계산되는 경우 당기순손실로 표시한다.

당기순이익은 세금을 내고 난 후의 이익이라는 의미에서 세후이익이라고도 하며, 법인세비용차감전순이익은 줄여서 세전이익이라고도 한다.

 쉬어가는 이야기 넷

물건 팔고 원가 빼면 남는 것은?

지난번 강의에서 자신이 투자한 자금과 대출금의 흐름이 어떤지를 알아보았던 C대표는 이번에는 회사에서 매출이 일어나면 손익계산서에 어떻게 기재가 되는지가 궁금해졌다. 그리고 당기순이익이 산출되는 과정이 어떻게 되는지 알고 싶어졌다.

그래서 재무제표 중에서 재무상태표에 대하여 공부하면서 많은 궁금증을 해소해 온 C대표는 다음으로 손익계산서에 대하여 공부를 시작하였다. 상공회의소의 최고경영자과정에서 받은 교재를 보면서 손익계산서는 1년

[표 4-1] 제조업의 매출원가 계산구조

손익계산서

(○○○○년 ○월 ○일~○○○○년 ○월 ○일)

(기업체명 : ○○)　　　　　　　　　　　　(단위 : ○)

구 분	금 액
매출액	○○○
- 매출원가	○○○
① 매출총손익	○○○
- ② 판매비와관리비	○○○
영업손익	○○○
+ 영업외수익	○○○
- 영업외비용	○○○
법인세비용차감전순손익	○○○
- 법인세비용	○○○
③ 당기순이익	○○○

제조업의 매출원가	
기초제품재고액	○○○
+ 당기제품제조원가*	○○○
- 기말제품재고액	○○○
제품매출원가	○○○

* 당기제품제조원가는 제조원가명세서 상의 당기제품제조원가임

동안 사업한 결과 얻어지는 성과인 당기순이익이나 당기순손실을 기록하는 재무제표라는 것을 알았다. 그리고 손익계산서를 위에서부터 보면서 어떤 구조로 되어 있는지를 살펴보았다.

먼저 영업부에서 마케팅하여 창고에서 출고가 되면 매출액으로 기재가 된다는 것은 알고 있는 것이다. 제품을 팔고 남는 첫 번째 이익을 ① 매출총손익이라고 하는데, 이것은 매출액에서 매출원가를 빼면 나온다는 것이다.

그런데 이 매출원가는 어떻게 되는가가 궁금해서 봤더니 제조업을 하는 우리 회사의 경우는 제조원가명세서를 작성해야 한다는 것이었다. 공장에서 만들어지는 제품의 제조와 관련된 모든 비용을 기록한 것이 제조원가

제조원가명세서는 생산업체에서 만들어지는 제품의 제조와 관련된 모든 비용을 기록한 것이다. 판매비와관리비는 사무실에서 발생하는 직원급여 등의 비용을 뜻한다.

명세서라는 것이다. 그리고 제조원가명세서상의 제일 아래에 있는 당기제품제조원가가 매출원가로 된다는 것을 처음 알았다.

다음에 또 나오는 이익이 ② 영업손익인데 매출총손익에서 판매비와관리비를 빼면 영업손익이 계산된다는 것을 알 수 있었다. 판매비와관리비는 제조원가명세서와 달리 공장에서 발생하는 비용이 아닌 사무실에서 발생하는 직원급여 등의 비용을 말하는 것이었다.

마지막으로 ③ 당기순이익은 ② 영업손익에서 은행에 예금해서 받는 예금이자 등을 말하는 영업외수익을 더하고 대출을 받고 은행에 납부하는 대출금이자를 이자비용이라는 이름으로 하여 영업외비용을 뺀 금액에서 법인세를 공제하고 나면 제일 마지막으로 계산되는 것이라는 것을 알 수가 있었다.

C대표는 위와 같은 손익계산서의 일련의 내용들을 보면서 이익을 많이 내는 데는 공장에서 제품을 제조하는 과정의 원가와 대출금이자로 지급되는 이자비용이 중요하다는 것을 처음으로 깨닫게 되었다. 사업을 하는 큰 이유 중의 하나가 이익을 많이 내는 것인데, 이번에 손익계산서에 대한 공부를 하면서 이익을 어떻게 하면 많이 낼 수 있는지를 연구해보기로 했다.

제5장
재무제표 보는 방법

재무상태표는 기업이 자금을 어떻게 조달하여 어떻게 운용했는지를 나타내준다. 자금의 조달측면에서 보면 제일 먼저 확인해야 할 사항이 기업의 안정성을 나타내는 부채비율이다. 안정성을 확인하는 것 중 첫 번째가 부채비율이고, 두 번째가 유동비율이다. 부채비율은 타인자본과 자기자본 간의 관계를 나타내는 대표적인 안정성지표로서 부채비율이 낮을수록 안정성이 높다고 볼 수 있다. 유동비율은 단기채무에 충당할 수 있는 유동자산의 규모가 얼마나 되는가를 평가하여 기업의 단기 지급능력을 판단할 수 있는 지표로 유동비율이 높을수록 안정성이 높다고 할 수 있다.

제17절 재무상태표 보는 방법

1. 조달과 운용의 순서로 확인

재무상태표는 기업의 자금을 어떻게 조달하여 어디로 운용하였는가를 나타내어준다. [표 5-1]에서 보는 바와 같이 대변의 조달측면을 보면 타인자본인 부채와 자기자본인 자본으로 나누어져 있음을 알 수가 있다. 조달에서 가장 우선적으로 확인해야 할 사항이 기업의 안정성을 나타내어 주는 부채비율이다. 안정성을 확인하는 것 중에서 중요한 것을 두 개로 나누어 살펴보면 첫 번째가 부채비율이고, 두 번째가 유동비율이다. 뒤에서 자세히 공부를 하겠지만 먼저 부채비율은 타인자본과 자기자본 간의 관계를 나타내는 대표적인 안정성지표로서 부채비율은 낮을수록 안정성이 높다고 볼 수 있다. 다음으로 유동비율은 단기채무에 충당할 수 있는 유동자산의 규모가 얼마나 되는가를 평가하여 기업의 단기지급능력을 판단할 수 있는 지표로써 유동비율은 높을수록 안정성이 높다고 볼 수 있다.

이렇게 기업의 안정성을 파악하는 것은 기업이 단기적으로 도산할 우려가 있는지의 여부를 가장 먼저 확인할 수 있기 때문이다.

[표 5-1] 재무상태표의 운용과 조달

$$유동비율 = \frac{유동자산}{유동부채} \times 100 \qquad 부채비율 = \frac{부채}{자기자본} \times 100$$

[표 5-2] 비교식 재무상태표

제11기 2014년 12월 31일 현재
제10기 2013년 12월 31일 현재

미래기업(주) (단위 : 백만 원)

구분	2013년*	2014년	증감액
유동자산	5,600	7,000	+1,400
(매출채권)	(1,900)	(2,400)	
(재고자산)	(1,400)	(2,000)	
(기 타)	(2,300)	(2,600)	
비유동자산	4,400	5,000	+600
(투자자산)	(700)	(800)	
(유형자산)	(3,200)	(3,500)	
(무형자산)	(190)	(290)	
(기 타)	(310)	(410)	
자산총계	10,000	12,000	+2,000

* 각 항목별 구성비는 2014년 10월 발간한 한국은행 기업경영분석 중소기업 전산업의 평균구성비를 참조함

2. 당기 총투자 규모 확인

1) 투자금액은 자산의 증가

[표 5-2]에서와 같이 비교식 재무상태표를 전기와 대비하여 보면 당기의 기간 중에 당기의 수익창출을 위하여 운전자금인 유동자산에 투자한

규모와 미래의 현금흐름창출을 위하여 시설자금 등의 비유동자산에 투자한 규모를 알 수가 있다. 당기의 전체 투자금액은 자산총계의 증가액이 2,000백만 원이며, 그 내역은 운전자금인 유동자산에 1,400백만 원과 시설자금 등인 비유동자산에 600백만 원이 투자되었음을 알 수가 있다.

[표 5-3]에서와 같이 운전자금에 투자된 금액은 당기의 매출액을 통하여 단기간에 걸쳐서 회수되는 것이며, 시설자금 등에 투자된 금액은 장기의 기간 동안에 매출액 등을 통하여 회수된다고 볼 수 있다.

[표 5-3] 투자금의 회수

구분	투자금액	투자목적	회수 형태
유동자산 (운전자금)	1,400	당기 수익창출	단기간 매출액을 통한 회수
비유동자산 (시설자금 등)	600	장기 수익창출	장기간 매출액 또는 자산매각을 통한 회수
투자금액	2,000		

2) 투자의 적정성 여부

투자의 적정성은 운전자금인 유동자산과 시설자금 등의 비유동자산별로 다르게 적용되는데, 그 이유는 유동자산은 당기의 수익창출을 위한 지출인 반면 비유동자산은 미래의 현금흐름창출을 위한 투자성격의 지출이기 때문이다. 먼저 운전자금인 유동자산에 대한 투자의 적정성 여부를 살펴보면, 유동자산은 당기의 매출실현을 위한 지출로 투자금액의 대부분이 당기의 매출액으로 회수되므로 당기의 매출액에 대한 활동성 지표인 회전율로 적정성 여부를 알아볼 수 있다.

매출채권(재고자산)의 적정성 여부는 매출채권(재고자산)회전율 또는 매출채권(재고자산)회전일수로 알아볼 수가 있다.

$$\text{매출채권(재고자산)회전율} = \frac{\text{매출액}}{\text{매출채권(재고자산)}} \quad \text{[식 5-1]}$$

$$\text{매출채권(재고자산)회전일수} = \frac{\text{매출채권(재고자산)}}{\text{매출액}} \times 365일 \quad \text{[식 5-2]}$$

매출채권(재고자산)회전율이 낮아지거나 매출채권(재고자산)회전일수가 많아지는 것은 매출채권(재고자산)의 보유가 과다해져서 회수되지 않은 현금이 많음을 의미하기 때문에 현금흐름이 양호하지 못한 상태라고 보아야 한다. 그러면 여기서 매출채권(재고자산)의 증감 원인에 대하여 한 번 분석해보기로 한다.

우선 매출채권(재고자산)의 증감원인은 다음의 두 가지 원인의 결과이다. 첫 번째는 매출액의 증가로 인하여 매출채권(재고자산)이 증가하는 경우인데, 이것은 긍정적인 현상이라고 할 수 있다. 두 번째는 매출채권(재고자산)회전일수가 늘어나 매출채권(재고자산)이 증가하는 경우인데, 이것은 부정적인 현상이라고 할 수 있다.

예를 들면 [표 5-4]에서 보는 바와 같이 A사는 하루 매출액이 100,000원이고, 매출채권회전일수는 51일이며, 재고자산 회전일수는 36일이다. 이 경우 매출액이 30% 증가하고, 매출채권회전일수와 재고자산회전일수가 동일한 경우 운전자금에 어떤 영향을 미치는지 살펴보자.

[표 5-4] A사 운전자금 회전일수

(단위 : 천 원)

구분	2013년		2014년		산업평균대비
	회전일수*	금액	회전일수	금액	
하루 매출액	–	100	–	130	+30
① 매출채권	51일	5,100	51일	6,630	+1,530
② 재고자산	36일	3,600	36일	4,680	+1,080
운전자금(①+②)	87일	8,700	87일	11,310	+2,610

* 회전일수는 2014년 10월 발간한 한국은행 기업경영분석 중소기업 전산업의 평균회전율을 참조함

[표 5-4]에서와 같이 매출액이 증가하는데, 매출채권회전일수와 재고자산회전일수가 동일한 경우에 매출채권과 재고자산이 증가하지만 매출액이 늘어난 만큼의 운전자금에 긍정적인 효과가 발생한다.

[표 5-5]에서 보는 바와 같이 B사는 하루 매출액이 100,000원이고, 매출채권회전일수는 51일이며, 재고자산 회전일수는 36일이다.

이 경우 매출액은 동일하고, 매출채권회전일수는 70일, 재고자산회전일수는 50일로 증가되는 경우 운전자금에 어떤 영향을 미치는지 살펴보자.

[표 5-5] B사 운전자금 회전일수

(단위 : 천 원)

구분	2013년		2014년		산업평균대비
	회전일수*	금액	회전일수	금액	
하루 매출액	-	100	-	100	-
① 매출채권	51일	5,100	70일	7,000	+1,900
② 재고자산	36일	3,600	50일	5,000	+1,400
운전자금(①+②)	87일	8,700	120일	12,000	+3,300

* 회전일수는 2014년 10월 발간한 한국은행 기업경영분석 중소기업 전산업의 평균회전율을 참조함

[표 5-5]에서와 같이 하루 매출액이 동일한 상태에서 매출채권회전일수와 재고자산회전일수가 늘어나 매출채권과 재고자산금액이 증가하는 것은 늘어난 금액만큼 운전자금에 부정적인 효과가 발생한다.

A사와 B사의 매출채권과 재고자산의 증감 원인을 구체적으로 분석해 본 결과 B사의 회전일수 증가로 인한 운전자금 증가분이 문제가 되므로 이에 대한 개선대책을 세워야 할 것이다.

다음으로 시설자금 등의 비유동자산에 대한 투자의 적정성 여부를 살펴보면, 비유동자산은 미래의 현금흐름창출을 위한 지출로 투자금액이 장기간에 걸쳐 회수되며 미래에 보다 큰 수익의 창출을 기대하는 투자이기 때문에 단기간에 성과가 발생하지는 않는다. 그러므로 비유동자산은 재무

계획의 예측에 의하여 투자의 적정성을 여부를 판단하는 근거가 되며, 중요한 판단지표는 첫째, 회수기간이 얼마나 짧은가와 둘째, 내부수익률에 의한 투자금액의 수익률이 투자자금을 조달하는 자본비용보다 얼마나 높은가, 그리고 셋째, 순현재가치로 계산하여 투자로 인한 순잉여가치가 얼마인가의 세 가지 판단지표로 요약될 수 있다.

3. 자본의 조달원천 확인

1) 부채와 자본의 증감

비교식 재무상태표의 대변을 보면 자본의 조달이 타인자본인 부채 또는 자기자본인 자본금 중 어떤 자본으로 조달이 되었는가와 자본조달 규모를 알 수가 있다.

[표 5-6] 비교식 재무상태표

제11기 2014년 12월 31일 현재
제10기 2013년 12월 31일 현재

미래기업(주) (단위 : 백만 원)

구분	2013년*	2014년	증감액
유동부채	4,300	5,200	+900
(매입채무)	(1,000)	(1,700)	(300)
(단기차입금)	(1,600)	(2,000)	(400)
(기 타)	(1,700)	(1,900)	(200)
비유동부채	2,000	2,600	+600
(장기차입금)	(1,500)	(2,000)	(500)
(기 타)	(500)	(600)	(100)
부채총계	6,300	7,800	+1,500
자본금	(1,400)	(1,700)	(300)
잉여금	(2,300)	(2,500)	(200)
자본총계	3,700	4,200	+500
부채및자본합계	10,000	12,000	+2,000

* 2013년의 재무상태표 각 항목별 구성비는 2014년 10월 발간한 한국은행 기업경영분석 중소기업 전산업의 평균구성비를 참조함

(1) 자본조달 형태와 규모 확인

[표 5-6]에서의 2014년의 전체 투자금액 12,000백만 원은 타인자본이 7,800백만 원으로 전체 조달금액의 65%를 차지하고 있고, 자기자본이 4,200백만 원으로 전체 조달금액의 35%를 차지하고 있음을 알 수가 있다.

[표 5-7]에서 보는 바와 같이 자본의 조달내역을 자세히 살펴보면 타인자본 조달 중 유동부채가 900백만 원, 비유동부채가 600백만 원이고, 자기자본 조달 중 자본금 300백만 원, 당기순이익인 잉여금으로 200백만 원이 조달되었음을 알 수가 있다.

[표 5-7] 자본조달 및 운용 내역

운용(2,000)	운전자금(1,400)	유동부채(900)	타인자본(1,500)	조달(2,000)
	시설자금(600)	비유동부채(600)		
		자본금(300)	자기자본(500)	
		잉여금(200)		

(2) 조달자본의 구성과 상환

[표 5-8]에서 보는 바와 같이 타인자본인 차입금으로 조달한 비율이 75%이고, 자기자본인 자본금과 이익잉여금으로 조달한 비율이 25%이다.

① 부채비율의 비교

[표 5-9]에서 보는 바와 같이 타인자본으로 조달한 비율이 높아서 2014년도의 부채비율이 185.7%로 전년도 170.3% 대비 15.4%P가 증가하여 재무구조가 전년도와 비교하여 악화되었음을 알 수가 있다.

[표 5-8] 조달자본의 구성과 상환방법

(단위 : 백만 원, %)

구분	금액	비율	상환 기한
단기차입금	400	20.0	단기부채이므로 1년 이내에 상환해야 하며, 운전자금으로 사용
기 타	500	25.0	
장기차입금	500	25.0	장기부채이므로 1년 이후의 장기간 사용이 가능하니 시설자금으로 사용
기 타	100	5.0	
소계	1,500	75.0	
자본금	300	15.0	상환의무가 없는 자본이므로 시설자금으로 사용
이익잉여금	200	10.0	
소계	500	25.0	
계	2,000	100.0	

[표 5-9] 부채비율의 비교

구분	2013년	2014년	증감액
부채비율	170.3%	185.7%	+15.4%P

② 유동비율의 비교

[표 5-10]에서 보는 바와 같이 2014년도의 유동비율이 134.6%로 전년도 130.2% 대비 4.4%P가 높아 단기자금의 상환능력이 전년도와 비교하여 양호해졌음을 알 수가 있다.

[표 5-10] 유동비율의 비교

구분	2013년	2014년	증감액
유동비율	130.2%	134.6%	+4.4%P

[표 5-11] 차입금의존도의 비교

구분	2013년	2014년	증감액
차입금의존도	31%	40%	+9%P

[표 5-12] 자본조달 및 운용 내역

$$비유동비율 = \frac{비유동자산}{자기자본} \times 100 \qquad 비유동장기적합률 \frac{비유동자산}{자기자본 + 비유동부채} \times 100$$

③ 차입금의존도의 비교

[표 5-11]에서 보는 바와 같이 2014년도의 차입금의존도는 40%로 전년도 31%보다 9%P가 높아 총자본에서 차지하는 차입금의 비율이 높아진 것으로 나타나서, 이자비용이 증가하고 상환해야 할 원금도 늘어난 것임을 알 수가 있다.

2) 자본조달의 적정성

기업의 시설자금 등에 투자되는 비유동자산은 장기간 보유하는 자산으로 취득 시에 투자된 금액은 장기간에 걸쳐 회수가 된다. 따라서 시설자금 등의 비유동자산에 투자하는 자금은 장기자본으로 조달해야 한다.

[표 5-12]에서 보는 바와 같이 시설자금 등의 비유동자산에 소요되는 자본조달은 상환의무가 없는 안정적인 자기자본으로 조달해야 하며 이것

을 비유동비율이라고 한다. 그래도 자금이 부족한 경우에는 비유동부채인 장기차입금을 추가하여 조달하는데, 이것을 비유동장기적합률이라고 한다.

3) 합리적인 자본조달

[표 5-13]에서 보는 바와 같이 운전자금 등 유동자산의 소요자금 부족액은 가장 우선적으로 매입채무를 조정하여 충당하고 부족한 자금은 단기차입금으로 조달하는 것이 합리적이다.

그리고 시설자금 등 비유동자산의 소요자금 부족액은 비유동자산의 처분가액, 이익잉여금과 상각액 등의 내부유보금의 순서로 충당하고 부족한 자금은 장기차입금이나 유상증자를 통하여 조달하는 것이 합리적이다.

[표 5-13] 자본조달의 합리성

자금운용		자금조달	
유동자산	현금 및 현금성자산 매출채권 재고자산 기타유동자산	① 매입채무 ② 단기차입금	단기자금 조달
	운전자금 등 유동자산충당 ←		
비유동자산	투자자산 유형자산 무형자산 기타비유동자산	① 비유동자산처분가액 ② 내부유보(잉여금+상각) ③ 장기차입금 ④ 유상증자	장기자금 조달
	시설자금 등 비유동자산 충당 ←		

※ ①~④는 자본조달 우선순위

기업의 운전자금 등 유동자산의 소요자금 부족액은 매입채무를 조정하여 충당하고 부족한 자금은 단기 차입금으로 조달하는 것이 합리적인 방법이다.

4) 재무구조의 악화원인 분석

[표 5-14]에서 보는 바와 같이 재무상태표가 2013년에서 2014년으로 변경되었다면 자산총계는 200백만 원이 증가된 것이라고 볼 수 있다. 증가된 자산의 내역을 조달측면에서 살펴보면 부채는 유동부채 90백만 원과 비유동부채 60백만 원이 증가되었고, 자본은 증자에 의한 자본금 증가액 30백만 원과 당기순이익에 의한 이익잉여금 20백만 원이 증가된 것으로 구성되었다.

증가된 200백만 원 중 부채가 150백만 원으로 전체 조달된 금액의 75%를 차지하고 있어 재무구조가 악화되었다는 것을 알 수가 있다. 따라서 재무구조가 악화된 원인은 매출채권의 회수부진과 재고자산이 늘어난

[표 5-14] 재무상태표의 비교

것에 대한 부족자금을 충당하기 위해 필요한 자금을 자기자본인 증자나 이익잉여금에 의하지 않고, 타인자본인 부채에 과다하게 의존한 결과라고 할 수가 있다.

5) 재무구조 건전화 방안

[표 5-15] 재무구조 건전화 방안

기본적 방안		세부적 방안
1. 적정자산 보유	① 매출채권 축소	- 현금매출 비중 증대 - 매출채권 회수기간 축소 - 거래처별 신용분석 강화
	② 적정 재고자산	- 재고자산별 회전율 점검 - 구매발주 단위의 적정화 - 불용재고 조기 매각 또는 상각
	③ 적정 설비투자	- 투자사업별 수익률 분석 - 투자항목 축소 및 제거 - 장기자금으로 투자
2. 자기자본 확충		- 자본금의 증자 - 자산재평가

제18절 손익계산서 보는 방법

1. 손익계산서의 항목별 구성비

손익계산서는 일정기간 동안 기업경영활동의 성과를 나타내는 보고서인데, 구조는 수익에서 비용을 차감하여 이익 또는 손실을 산출하는 과정으로 되어 있으며, 경영성과를 영업활동과 영업외활동으로 구분하여 차례로 알기 쉽게 요약하는 형태를 가지고 있다.

[표 5-16]에서는 한국은행 기업경영분석에 기술된 2013년과 2011년~2013년의 3년간 우리나라 중소기업 전산업의 손익계산서 각 항목별 구성비를 나타내어주고 있다. 여기서 나타난 손익계산서의 매출액부터 당기순이익까지의 항목별 구성비를 2013년과 최근 3년간을 비교해보면 각 항목의 비율들이 크게 차이가 나지 않는다는 것을 알 수가 있다. 여기서 우리는 재무제표의 항목별 구성비가 매년 크게 변동하지 않고 꾸준하게 일정한 수준을 유지하고 있다는 것을 알 수가 있다.

[표 5-16] 손익계산서의 항목별 구성비

(단위 : %)

구분	2013년	최근 3년간 평균
매출액	100.00	100.00
- 매출원가	78.91	79.64
매출총손익	21.09	20.36
- 판매비와관리비	17.93	17.25
영업손익	3.16	3.10
+영업외수익	2.09	2.22
- 영업외비용	2.64	2.93
법인세비용차감전순손익	2.61	2.39
- 법인세비용	0.61	0.61
당기순이익	1.99	1.78

2. 영업손익과 영업외손익

1) 영업손익과 영업외손익의 구분

(1) 영업손익

[표 5-17]에서 보는 바와 같이 손익계산서상의 영업손익은 기업의 구매활동과 생산활동 및 판매활동의 결과로 나타나는 것이며, 매출액에서 가장 큰 비용인 매출원가와 판매관리비를 차감하면 영업손익에 대한 정보를 얻을 수가 있다.

매출액에서 매출원가를 차감하면 매출총이익이 산출되는데 이것을 영업수익이라고도 한다. 매출원가에는 원자재 매입, 제품생산, R&D비용 등의 제조원가계산서상의 당기총제조비용 등을 모두 포함한다. 그리고 매출원가와 관련이 없는 일반적인 인건비와 판매비 및 관리비는 모두 여기에서 지출이 되기 때문에 매출총이익이 어느 정도인가에 따라 기업의 가

[표 5-17] 손익계산서의 구분별 주요 활동

(2013년 1월 1일~2013년 12월 31일)

미래기업(주) (단위 : 백만 원)

구분	2013년
매출액	10,000
-매출원가	7,891
(재료비)	
(노무비)	
(경 비)	
(감가상각비)	
매출총손익	2,109
-판매비와관리비	1,793
(급여 및 복리후생비)	
(지급임차료)	
(감가상각비)	
(연구개발비)	
영업손익	316
+영업외수익	208
(수입이자)	
-영업외비용	264
(이자비용)	
법인세비용차감전순손익	260
-법인세비용	61
당기순이익	199

기업활동
- 영업활동
  - 생산활동
  - 판매관리활동
- 재무활동
  - 영업 외 활동
  - 세무활동

※ 2013년의 손익계산서 각 항목별 구성비는 2014년 10월 발간한 한국은행 기업경영분석을 참고하여 우리나라 중소기업 전산업의 재무항목별 평균비율을 백분율로 표시한 것임

치가 좌우되기도 한다.

    기업의 연구개발의 결과로 얻어지는 신제품은 수익이 크고 특허권의 등록으로 인하여 시장에서도 일정기간 동안 보호를 받을 수 있기 때문에 일정한 기간 동안은 높은 매출총이익을 낼 수가 있다. 하지만 동종업계의 신제품 출시로 인한 시장의 경쟁이 가속화되면 매출총이익은 점차 하락하는 경향을 띠게 된다. 따라서 지속적으로 높은 수익을 올리기 위해서는 신제품

의 개발을 위하여 끊임없는 연구개발에 대한 투자를 하여야 할 것이다.

매출총이익에서 판매비와관리비를 차감하면 영업손익이 산출되는데 여기에서의 판매비와관리비는 관리분야에서의 인건비와 기타 영업활동을 수행하면서 부담한 경비를 말한다. 아무리 많은 매출총이익을 올리더라도 그 이상의 판매비와관리비가 발생하면 영업손익은 결손으로 전환되며, 이것은 곧 방만한 경영을 하고 있다는 것을 말한다. 이와는 반대로 상대적으로 적은 매출총이익을 내더라도 판매비와관리비를 절감하면 영업이익을 실현할 수가 있다. 다시 말하면 영업이익은 기업의 내부적인 노력으로도 만들어낼 수 있다는 것이다.

(2) 영업외손익

손익계산서상의 영업외손익은 기업의 주된 영업활동이 아닌 영업외의 활동으로 인하여 발생하는 비경상적인 수익과 비용을 말하는 것이다. 일반적으로 영업외수익에서 가장 많은 부분을 차지하는 것이 이자수익과 유형자산처분이익 등이 있고, 영업외비용에서 가장 많은 부분을 차지하는 것이 이자비용과 외환차손 등이 있다. 특히 영업외비용에서 가장 많은 부분을 차지하는 것이 차입금에 대한 이자비용 등의 금융비용이기 때문에 차입금을 줄여서 안정적인 재무구조를 가지고 갈 필요성이 있다. 그리고 영업손익에서 영업외수익은 더해주고 영업외비용은 빼면 법인세비용차감전순손익이 산출되는데 이것은 경영활동의 총체적인 성과라고 말할 수 있다.

2) 영업손익과 영업외손익 구분의 의미

[표 5-18]에서 보는 바와 같이 기업의 영업손익은 기업의 정관과 법인등기부등본에 명시된 기업 설립목적에 부합하는 주된 사업으로 인한 영업성과를 나타내는 손익을 말하는 것으로 주된 영업의 수익인 매출액에서

영업비용인 매출원가와 판매관리비를 차감한 손익이다. 기업의 가치를 높이기 위해서는 영업이익의 규모가 커야 함은 물론 장기적으로 꾸준히 수익성을 높일 수 있어야 한다.

> 영업손익 = 매출액 - (매출원가 + 판매관리비)

기업의 영업외손익인 영업외수익과 영업외비용은 주된 사업으로 인한 영업이외의 수익과 비용으로 비경상적이고 비반복적으로 발생하는 수익과 비용이다. 그리고 영업외손익은 일시적으로는 당기순손익에 영향을 미치지만 장기적이고 지속적으로 손익에 관계되는 것은 아니다. 예를 들어 특정 연도에 일시적으로 영업외손익으로 유형자산처분손익이 발생하여 해당 연도의 당기순손익은 증감되기는 하지만, 이것이 매년 지속적으로 발생하지는 않는다는 것이다.

[표 5-18] 영업손익과 영업외손익의 비교

구분	영업손익	영업외손익
활동구분	주된 사업의 영업활동	재무활동, 투자활동
지속여부	경상적, 지속적	비경상적, 일시적
기업가치	지속적인 영향	일시적인 영향

3. 당기순손익

1) 당기순손익의 산출

손익계산서상의 당기순손익은 영업손익에서 영업외손익을 가감하고 법인세비용을 차감하여 산출한다. [표 5-19]에서 보는 바와 같이 2014년

당기순손익은 214백만 원이며, 이 금액이 재무상태표상에서는 대변의 이익잉여금으로 가산되어 자본이 그만큼 증가한 것이 된다.

[표 5-19] 손익계산서의 당기순손익 산출

(단위 : 백만 원)

구분	2013년*	2014년	증가율(%)
매출액	10,000	12,000	20.00
- 매출원가	7,891	9,557	21.11
매출총손익	2,109	2,443	15.84
- 판매비와관리비	1,793	2,070	15.45
영업손익	316	373	18.04
+ 영업외수익	208	266	27.88
- 영업외비용	264	352	33.33
법인세비용차감전순손익	260	287	10.38
- 법인세비용	61	73	19.67
당기순손익	199	214	7.54

* 2013년의 손익계산서 각 항목별 구성비는 2014년 10월 발간한 한국은행 기업경영분석을 참고하여 우리나라 중소기업 전산업의 재무항목별 평균비율을 백분율로 표시한 것임
* 2014년의 손익계산서 각 항목별 구성비는 2011년~2013년의 3년간 우리나라 중소기업 전산업의 손익계산서 각 항목별 평균치를 적용한 것임

2) 수익성 증대방안

[표 5-20] 수익성 증대방안

기본방안	세부방안
1. 원가 절감	- 원재료 구매단가 절감 - 제품제조원가 감축 - 판매비와 관리비 절감
2. 매출 증대	- 신제품개발 투자 - 마케팅 확대로 신시장 개척 - 시장세분화에 의한 가격 전략

제19절 현금흐름표 보는 방법

1. 순현금흐름의 개념

순현금흐름은 현금흐름표상에서 일정기간 동안 현금의 유입에서 현금의 유출을 차감하여 산출되는 현금흐름을 말한다. 다시 말하면 순현금의 증감액에 대한 재무정보를 제공하는 것이며, 재무상태표와 손익계산서는 발생주의를 기준으로 작성되지만 현금흐름표는 현금주의를 기준으로 작성된다.

[표 5-21]에서 보는 바와 같이 현금흐름표는 영업활동으로 인한 현금흐름, 투자활동으로 인한 현금흐름, 재무활동으로 인한 현금흐름으로 구분해서 표시하여 당기에 현금의 증가 또는 감소를 산출하고 여기에 기초의 현금을 가산하여 기말의 현금을 산출하는 형식으로 표시한다.

여기서 현금흐름표상에서 의미하는 자금의 개념은 현금을 말하는데 이때의 현금은 현금및현금성자산을 말한다. 현금및현금성자산이란 통화 및 타인발행수표 등 통화대용 증권, 당좌예금, 보통예금 및 큰 거래비용 없이 현금으로 전환이 용이하고 이자율 변동에 따른 가치변동의 위험이

[표 5-21] 요약 현금흐름표(간접법)

제○기 ○○○○년 ○월 ○일
제○기 ○○○○년 ○월 ○일

(회사명 : ○○) (단위 : 원)

과목	당기		전기	
Ⅰ. 영업활동으로 인한 현금흐름		000		000
1. 당기순이익(손실)	000		000	
2. 현금의 지출이 없는 비용 등의 가산	000		000	
3. 현금의 수입이 없는 수익 등의 차감	000		000	
4. 영업활동으로 인한 자산·부채의 변동				
Ⅱ. 투자활동으로 인한 현금흐름		000		000
1. 투자활동으로 인한 현금유입액	000		000	
2. 투자활동으로 인한 현금유출액	000		000	
Ⅲ. 재무활동으로 인한 현금흐름		000		000
1. 재무활동으로 인한 현금유입액	000		000	
2. 재무활동으로 인한 현금유출액	000		000	
Ⅳ. 현금의 증가(또는 감소)(Ⅰ+Ⅱ+Ⅲ)		000		000
Ⅴ. 기초의 현금		000		000
Ⅵ. 기말의 현금		000		000

중요하지 않은 금융상품으로서 취득당시 만기일 또는 상환일이 3개월 이내인 것을 말한다.

2. 현금흐름표와 손익계산서의 차이

　기업경영활동의 결과 일정기간 동안 발생한 수익과 비용 그리고 이익 간의 관계를 나타내는 보고서를 손익계산서라고 앞에서 기술하였다. 모든 기업이 매입과 매출을 현금으로 결제한다면 별도로 현금흐름표를 작성할 필요가 없을 것이다. 왜냐하면 손익계산서상의 매출액과 판매비와관리비가 모두 현금으로 계상이 되기 때문에 매출액에서 관련 비용을 차감하면

순이익만큼의 현금이 늘어날 것이기 때문이다.

하지만 손익계산서는 작성기준에 따라 상품을 외상으로도 판매하고 대금이 현금입금이 되지 않았지만 수익으로 계상을 하게 된다. 반대로 원자재를 외상으로 매입하였을 경우에 현금지급이 이루어지지 않았다 하더라도 비용으로 계상을 하게 된다. 이와 같이 수익이나 비용은 외상거래라는 상품거래시점과 현금결제시점의 차이라는 특수성 때문에 손익계산서와 현금흐름표상의 현금흐름은 정확하게 일치하지 않게 된다.

따라서 손익계산서상에서는 높은 수준의 매출액당기순이익률을 실현하였다 하더라도 현금흐름표상에서의 현금흐름은 마이너스를 기록하여 지급불능상태에 직면하여 도산에 이르게 되는 경우도 많이 발생하게 된다. 반대로 손익계산서상에서는 적자를 기록하였지만 현금흐름표상에서의 현금흐름은 지급이 가능할 정도의 플러스 상태를 유지하면서 계속기업으로서의 기능을 유지하는 기업들도 흔히들 볼 수가 있다.

3. 현금의 증감액과 증감의 원천

1) 현금의 증감액

[표 5-22] 현금흐름표

미래기업(주) (단위 : 백만 원)

구분	금액
Ⅰ. 영업활동으로 인한 현금흐름	8,000
Ⅱ. 투자활동으로 인한 현금흐름	-17,000
Ⅲ. 재무활동으로 인한 현금흐름	14,000
Ⅳ. 현금의 증가(Ⅰ+Ⅱ+Ⅲ)	5,000

[표 5-22]에서 보는 바와 같이 현금의 증가는 5,000백만 원으로 기말의 현금이 기초의 현금보다 증가하여 양호한 현금관리를 하였다고 볼 수 있다.

2) 현금증감의 원천별 분석

[표 5-23]에서 보는 바와 같이 현금흐름의 원천을 크게 세 가지 경영활동으로 분류할 수 있다.

[표 5-23] 현금증감의 원천별 분석

현금증감의 원천	영업활동	단기적 영업활동	제품의 생산과 상품·용역의 구매 및 판매활동 등 투자 및 재무활동에 속하지 않는 모든 거래
	투자활동	장기적 영업활동	현금의 대여와 회수활동, 유가증권·투자자산·유형자산 및 무형자산의 취득·처분활동 등 영업활동과 관련이 없는 자산의 증가·감소거래
	재무활동	현금의 조달 상환활동	현금의 차입 및 상환활동, 신주발행이나 배당금 지급 등 영업활동과 관련이 없는 부채 및 자본의 증가·감소거래

(1) 영업활동과 재무활동

영업활동으로 인한 현금흐름은 기업 본연의 주된 사업으로 인하여 외부로부터 수입된 현금흐름이고, 재무활동으로 인한 현금흐름은 소요자금의 부족분을 외부로부터 조달한 현금흐름이다.

구분	내용	성격
영업활동	주된 사업의 현금흐름(자기자본)	긍정적 현금흐름
재무활동	외부조달의 현금흐름(타인자본)	부정적 현금흐름

(2) 현금흐름의 활동별 의미

첫째, 영업활동으로 인한 현금흐름은 당기순이익 중 사외로 유출되는 주주에 대한 배당금 지급액을 제외한 금액은 사내에 유보되어 또 다른 이익창출을 위하여 투자활동의 자금원천으로 활용된다.

둘째, 영업활동으로 인한 현금흐름이 투자활동으로 인한 현금흐름에 얼마나 많이 조달되느냐에 따라 재무활동으로 인한 현금흐름이 결정된다. 다시 말하면 투자하는 금액에 대하여 영업활동으로 인한 현금흐름에서 창출된 현금의 조달비중이 높을수록 외부로부터의 재무활동으로 인한 현금조달부담이 작아져서 재무활동으로 인한 현금조달의 부담이 줄어든다.

셋째, 따라서 영업활동으로 인한 현금흐름인 잉여현금흐름이 크면 클수록 기업의 현금흐름이 양호하고 이에 따라 기업가치도 증가하게 된다.

4. 현금흐름의 질적구조

1) 투자활동으로 인한 현금흐름

(1) 특징

투자활동으로 인한 현금흐름은 기업의 성장을 위하여 연구개발이나 생산설비에 투자를 하는 현금흐름이기 때문에 정상적인 기업의 경우에 현금의 유출액이 현금의 유입액보다 많으므로 마이너스의 현금흐름이 된다는 특징이 있다.

(2) 투자활동의 조달원천

투자활동에 대한 현금의 조달원천은 가장 우선적으로 유휴시설 등 고정자산의 처분 등으로 발생되는 현금으로 충당하고 부족분은 영업활동으로 벌어들인 현금으로 충당해야 한다. 재투자를 위한 재원은 영업활동으로 발생한 잉여현금흐름으로 하는 것이 일반적이다.

2) 재무활동으로 인한 현금흐름

(1) 특징

재무활동으로 인한 현금흐름은 영업활동으로 인한 현금흐름과 투자활동으로 인한 현금흐름을 더한 금액의 결과로 결정된다. 영업활동으로 인한 현금흐름이 플러스이거나 투자활동으로 인한 현금흐름과의 합계가 마이너스인 경우에는 재무활동으로 인한 현금흐름이 증가한다.

(2) 질적구조에 대한 판단

재무활동으로 인한 현금흐름의 금액이 크게 되면 영업활동으로 인하여 창출되는 현금흐름이 부족하기 때문에 현금을 외부로부터 조달하여야 하는 결과가 발생하게 되므로 기업의 안정성에 부정적인 영향을 미치는 현금흐름으로 판단할 수 있다. 그러므로 재무활동으로 인한 현금흐름의 금액이 적을수록 그 기업의 현금흐름에 대한 질적구조는 양호하다고 할 수가 있다.

3) 현금흐름의 질적구조 비교

[표 5-24] 현금흐름의 구조

(단위 : 백만 원)

구분	A	B
Ⅰ. 영업활동으로 인한 현금흐름	8,000	6,000
Ⅱ. 투자활동으로 인한 현금흐름	-17,000	-10,000
Ⅲ. 재무활동으로 인한 현금흐름	14,000	7,000
Ⅳ. 현금의 증감(Ⅰ+Ⅱ+Ⅲ)	5,000	3,000
Ⅴ. 기초의 현금	2,000	2,000
Ⅵ. 기말의 현금	7,000	5,000

[표 5-24]에서와 같은 현금흐름의 구조에서 A와 B 중 어느 쪽의 현금흐름의 질적구조가 양호하다고 할 수 있을까?

(1) 현금증감의 비교

현금의 증감액을 비교하면 A가 5,000백만 원, B가 3,000백만 원으로 양적 측면에서는 A가 B보다 양호한 구조라고 볼 수 있다.

(2) 투자활동에 대한 현금조달 비중

투자활동에 소요되는 현금을 영업활동으로 인한 현금흐름으로 얼마나 충당되었는가를 비교해보면 [표 5-25]와 같다.

[표 5-25] 투자활동에 대한 현금조달 비중

(단위 : 백만 원)

구분	A	B
① 영업활동으로 인한 현금흐름	8,000	6,000
② 투자활동으로 인한 현금흐름	17,000	10,000
[(①/②)] × 100	47.1%	60.0%

투자활동으로의 영업활동으로 인한 현금흐름에서 현금조달비율이 A는 47.1%, B는 60.0%이므로 A가 B보다 비율이 12.9%P가 낮아 재무활동으로 인한 현금흐름의 조달부담이 그만큼 늘어나게 되므로 현금흐름의 질적구조는 B가 더 양호하다고 볼 수 있을 것이다.

4) 현금흐름의 증대방안

현금흐름을 증대시키는 방안은 영업활동으로 인한 현금흐름, 투자활동으로 인한 현금흐름, 재무활동으로 인한 현금흐름의 순서로 현금흐름을 증대시키는 것이 좋다.

먼저 영업활동으로 인한 현금흐름은 기업의 주된 사업으로 인한 제품 등의 매출로 인하여 발생되는 현금흐름이므로 영업활동으로 인한 현금흐름에서의 현금창출에 가장 먼저 우선순위를 두어야 한다. 다음으로 투자활동으로 인한 현금흐름은 미래 성장을 위한 재투자의 개념으로 영업활동으로 인한 현금흐름에 의한 조달비중이 높아지도록 하고, 유휴자산 등의 고정자산은 처분하여 과잉투자를 억제하도록 한다. 마지막으로 재무활동으로 인한 현금흐름은 영업활동으로 인한 현금흐름에서 잉여현금흐름의 비중을 높여 가능한 범위내에서 재무활동으로 인한 현금흐름의 조달을 적게 하는 것이 좋다.

[표 5-26] 현금흐름의 증대방안

기본방안	세부방안
① 매출 증대	- 신제품개발 투자 - 마케팅 확대로 신시장 개척 - 시장세분화에 의한 가격 전략
② 원가 절감	- 원재료 구매단가 절감 - 제품제조원가 감축 - 판매비와 관리비 절감
③ 매출채권 축소	- 현금매출 비중 증대 - 매출채권 회수기간 축소 - 거래처별 신용분석 강화
④ 매입채무 증가	- 원자재 외상 구매 - 매입채무 신용일수 증가
⑤ 적정 재고자산	- 재고자산별 회전율 점검 - 구매발주 단위의 적정화 - 불용재고 조기 매각 또는 상각
⑥ 적정 설비투자	- 투자사업별 수익률 분석 - 투자항목 축소 및 제거 - 장기자금으로 투자
⑦ 불용자산 매각	- 무수익 자산 매각 - 유휴 부동산 매각 - 미사용 설비 매각

제20절 재무상태표와 손익계산서를 함께 보는 방법

1. 재무제표의 연관성

[표 5-27]에서 보는 바와 같이 기업의 손익계산서상의 영업활동은 매출액에서 매출원가를 차감하여 매출총이익이 산출되고 여기서 판매비와 관리비를 공제하면 영업손익이 나오게 된다. 매출원가를 구성하는 것은 재무상태표의 차변에 있는 유동자산의 재고자산인 원자재 등을 비유동자산의 유형자산인 기계장치를 활용하여 제조활동을 한 결과인 것이다.

그리고 손익계산서상의 재무활동은 영업외손익과 관련된 것으로 일반적으로 영업외비용에서 가장 많은 비중을 차지하는 것이 [표 5-27]의 손익계산서에서 나타난 것처럼 이자비용인데 영업외비용 중에서 이자비용이 가장 많은 비중을 차지하고 있다. 이 이자비용은 재무상태표상의 타인자본인 유동부채의 단기차입금과 비유동부채의 장기차입금에 대한 지급이자를 말하는 것이다. 또한 영업이익 이후 당기순이익까지는 기업의 재무활동의 결과를 나타내는 것이다.

이와 같이 재무제표에서 제공하는 여러 재무정보를 이용하여 기업의

[표 5-27] 재무제표의 연관성

영업성과 및 재무상태를 파악하려고 할 때에는 재무제표 상호간의 연관성을 이해하는 것이 매우 중요하다고 할 수 있다.

2. 투자자본의 수익성

[표 5-27]에서 보는 바와 같이 재무상태표상의 대변에 위치한 타인자본과 자기자본 등의 투자자본은 기업경영을 위해 투입한 자금이며, 경영활동의 결과는 손익계산서의 매출액과 당기순이익으로 나타나므로 투입과 산출을 비교하여 분석할 수가 있다.

> 재무상태표상의 자산·부채·자본 ⇨ 투입요소
> 손익계산서상의 수익·비용·이익 ⇨ 산출요소

1) 자본이익률 분석

[표 5-28]에서 보는 바와 같이 2014년에 투입한 자본이 전년대비 증가하였고 당기순이익도 전년대비 증가된 것을 알 수 있다.

[표 5-28] 자본이익률 분석

(단위 : 백만 원)

구분	2013년*	2014년	증감액
총자본(평균)*	10,000	11,000	10.00%
자기자본(평균)*	3,700	3,950	6.76%
당기순이익*	199	214	7.54%
총자본순이익률	2.70%**	1.94%	-0.76%P
자기자본순이익률	7.36%**	5.42%	-1.94%P

* [표 5-2], [표 5-6], [표 5-19]의 자료 참조
** 2013년의 총자본순이익률과 자기자본순이익률은 2014년 10월 발간한 한국은행 기업경영분석을 참고하여 우리나라 중소기업 전산업의 손익관계 평균비율을 표시한 것임

2) 자본이익률 지표의 분석

(1) 총자산순이익률(ROI, Return on investment)

ROI분석은 기업의 손익계산서와 재무상태표를 하나로 집약한 재무비율로써 투자된 총자본에 대한 순이익의 비율을 분석하는 것이다. 이것은 기업의 재무 및 경영성과를 일목요연하게 파악할 수 있는 대표적인 분석이라고 할 수 있다.

$$총자본순이익률 = \frac{당기순이익}{총자본(평균)}$$

- 총자본수익성 0.76%P 하락

(2) 자기자본순이익률(ROE, Return on equity)

ROE분석은 주주에게 귀속되는 당기순이익의 창출에 대한 수익성지표로써 자기자본에 대한 수익성을 판단하는 지표이다.

$$\text{자기자본순이익률} = \frac{\text{당기순이익}}{\text{총자본(평균)}}$$

- 자기자본순이익률 1.94%P 하락

3. 투자자산의 효율성

재무상태표상의 투자자산은 매출액을 증가시키기 위한 투입요소이므로 자산을 얼마나 효율적으로 활용하여 많은 매출을 실현하였는가를 자산과 매출을 비교하여 분석할 수 있다. [표 5-29]에서 보는 바와 같이 기업의 경영성과 중의 하나인 매출액은 전년대비 20% 증가하였지만 투입요소인 총자산, 매출채권, 재고자산 증가율보다 낮아 자산의 효율도가 전년대비 악화되고 있음을 알 수 있다.

[표 5-29] 자산의 회전율 분석

(단위: 백만 원)

구분	2013년	2014년	증감
매출액*	10,000	12,000	20.00%
총자산(평균)*	10,000	11,000	10.00%
매출채권(평균)*	1,900	2,150	13.16%
재고자산(평균)*	1,400	1,700	21.43%
총자산회전율	1.35회**	1.09회	-0.26회
매출채권회전율	7.20회**	5.58회	-1.62회
(매출채권회전일수)	(50.7일)	(65.4일)	(+14.7일)
재고자산회전율	10.11회**	7.06회	-3.05회
(재고자산회전일수)	(36.1일)	(51.7일)	(+15.6일)

* [표 5-2], [표 5-6], [표 5-19]의 자료 참조
** 2013년의 항목별 비율은 2014년 10월 발간한 한국은행 기업경영분석을 참고하여 우리나라 중소기업 전산업의 생산성에 관한 지표의 평균비율을 표시한 것임

자산이나 자본의 회전율은 기업에 투자된 자본이 일정한 기간 동안 얼마나 활발하게 회전되었는가를 나타내는 비율로서 일반적으로 활동성 분석이라고 한다. 기업은 수익증대를 목적으로 투입된 자본을 지속적으로 회전시키는데 이와 관련된 성과로 나타나는 것이 매출액이라고 할 수 있다. 그래서 회전율을 측정하는 기본항목은 매출액이며 활동성은 매출액과 각 자산이나 자본 항목에 대한 회전배수로 측정할 수 있다.

1) 총자산회전율

총자산이 회계기간 동안 몇 번이나 회전하였는가를 나타내는 비율로서 경영활동에 투하된 전체자산 대비 매출액의 운용효율을 총괄적으로 표시하는 지표이다.

$$총자산회전율 = \frac{매출액}{총자본(평균)}$$

- 총자산회전율 0.26회 둔화

2) 매출채권회전율 / 매출채권회전일수

매출채권을 현금화하는 속도를 측정하는 비율로서 이 비율이 높을수록 매출채권이 현금화되는 속도가 빠르다는 것을 의미한다. 그리고 매출채권회전일수의 기간이 짧을수록 매출채권이 효율적으로 관리되어 판매대금이 매출채권으로 오래 묶여 있지 않음을 의미한다. 즉 외상으로 판매한 매출채권의 현금회수가 연간 몇 회인가를 알아보는 지표이다.

$$매출채권회전율 = \frac{매출액}{매출채권(평균)}$$

- 매출채권회전율 1.62회 둔화 → 판매대금회수 지연

3) 재고자산회전율 / 재고자산회전일수

재고자산회전율은 매출액을 재고자산으로 나눈 비율로서 재고자산의 회전속도, 즉 재고자산이 현금 등 당좌자산으로 변화하는 속도를 나타낸다. 일반적으로 이 비율이 높을수록 상품의 재고손실방지 및 보험료, 보관료의 절약 등 재고자산의 관리가 효율적으로 이루어지고 있음을 나타낸다. 그리고 재고자산회전일수의 기간이 짧을수록 재고자산의 관리가 효율적으로 되고 있음을 알 수가 있다. 즉 보유하고 있는 재고자산의 판매회수가 연간 몇 회인가를 알아보는 지표이다.

$$재고자산회전율 = \frac{매출액}{재고자산(평균)}$$

- 재고자산회전율 3.05회 둔화 → 재고자산보유 과다

 쉬어가는 이야기 다섯

재무제표 이 정도만
볼 수 있으면 OK

지방산업단지에서 모터를 제조하고 있는 송사장은 금년 상반기 매출이 전년도와 비슷한 수준을 보이고는 있지만, 수금이 잘되지를 않아서 급하게 운전자금이 필요하게 되었다. 그래서 주거래은행을 방문하여 은행직원과 상담해보니 신용보증서를 담보로 제출해야 대출이 가능하다고 하면서 가까운 보증기관을 소개해주었다.

송사장은 보증기관직원과 통화를 하고 재무제표 등 필요한 서류를 준비하여 신용보증서를 발급받기 위한 상담을 하였다. 필요한 금액이 3억 원이었지만, 재무제표의 내용이 좋지를 않아서 신용등급이 잘 나오지를 않는다고 보증기관직원이 설명을 해주었다. 그러면서 최대한 해도 1억 원이 상한선이라고 이야기를 해주면서 재무제표에 대한 관리를 좀 하셔야겠다고 이야기를 해주었다. 연말이 되기 전에 송사장 개인이 법인에 빌려준 자금을 자본금으로 전환하면 재무구조가 훨씬 좋아져서 내년에는 자본금 증자를 하지 않더라도 신용등급이 나아질 것이라는 조언까지 해주었던 것이다. 사업을 시작한 지 4년째인 송사장은 개인이 법인에 빌려준 자금이 재무제표의 어디에 있느냐고 물었고, 유동부채의 주임종단기차입금으로 되

어 있다는 것을 확인하였다.

공업계고등학교서 기계과를 나온 송사장은 사회에 첫발을 디딜 때 모터제조기업에 입사를 하여 20년이 넘는 기간을 다니다가 독립하여 사업체를 운영해오고 있다. 나름대로 기술력을 인정받아 매출도 늘어나고 사업하는 재미도 좀 붙이고 있었지만 재무제표라는 말만 나오면 어쩐지 좀 주눅이 들곤 했다. 그리고 크게 불편함이 없이 살아왔기 때문이기도 했던 것이다. 하지만 이번에는 상황이 좀 달랐다. 회사자금이 부족해서 내 돈을 회사에 넣었는데 잘 알지를 못해서 제대로 평가를 받지 못한 것이 내심 아쉬웠기 때문이다. 그래서 송사장은 간단하게나마 재무제표를 볼 수 있는 방법을 좀 알아야겠다 싶어서 평소에 좀 친하게 지내던 재무관리 분야의 컨설턴트인 김대표에게 부탁을 하였다.

송사장 회사의 재무제표를 보면서 김대표가 알려주는 재무제표를 쉽게 보는 방법은 다음과 같았다.

아래에서부터 보면 좋은 것은 재무상태표이고 위에서부터 보면 좋은 것은 손익계산서이다. 재무상태표는 대변의 제일 아래에 있는 자본금부터 시작해서 바로 위에 있는 부채를 보는 것이 좋다. 먼저 가장 중요한 것이 기업의 안정성인데, 부채총계에 자본총계를 나누어 부채비율을 살펴보면서 기업이 과다한 부채를 가지고 있는지의 여부를 확인하면서 도산할 위험이 있는지를 확인한다. 그리고 자본금이 얼마인지, 차입금이 얼마인지를 보면 해당기업이 얼마나 안정성이 있는 기업인지의 여부를 파악할 수 있다.

다음으로는 차변의 제일 위쪽과 대변의 제일 위쪽을 보면서 유동자산에 유동부채를 나누어 유동비율을 살펴보면서 기업이 보유한 지급능력으로 원자재대금 및 인건비와 채무상환 등을 감당할 수 있는지를 파악한다. 과다한 외상매출금을 보유하고 있는지, 과다한 재고자산을 보유하고 있는지 등도 안정적으로 기업경영을 할 수 있는지를 확인할 수 있는 중요한 자료가 된다.

그리고 차변의 중간 정도에 비유동자산 항목을 보면 해당기업의 보유설비의 정도를 알 수가 있다. 자가사업장을 보유하고 있는지, 기계설비를 어느 정도 보유하고 있는지 등은 기업의 미래 현금창출 능력을 파악할 수 있는 유용한 자료이다. 하지만 총자산과 비교하여 지나치게 많은 비유동자산을 보유하고 있다면 과다한 설비투자로 인한 투자의 효율성에 문제가 있으므로 중소기업인 경우 유동자산과 비유동자산의 비율을 55대 45정도로 보면 평균적인 비율을 유지하고 있다고 볼 수 있을 것이다.

손익계산서는 먼저 가장 위에 있는 매출액 규모를 보는 것이 우선적이다. 그다음으로는 매출액을 100으로 봤을 때를 기준으로 하여 아래로 내려가면서 어느 정도의 비중을 차지하고 있는지를 보는 것이 좋다. 매출액의 몇 퍼센트를 차지하고 있는지의 방식으로 보는 것이다. 매출액영업이익률은 영업이익을 매출액으로 나눈 비율로 기업의 주된 사업으로 영업을 한 결과 어느 정도의 이익을 낸 것인지를 파악할 수 있는 자료이다. 중소기업인 경우 매출액영업이익률은 3.2% 정도가 평균비율이라고 볼 수 있다. 이자보상비율은 영업이익을 이자비용으로 나눈 비율로 해당기업의 차입금이자를 영업이익으로 커버할 수 있는지를 파악할 수 있는 자료인데, 중소기업인 경우 250% 정도면 평균비율이라고 할 수 있다. 마지막으로는 당기순이익이 매출액과 비교하여 어느 정도의 비중을 차지하는지를 살펴보면 되는데, 이것은 매출액의 2% 정도면 평균비율이라고 할 수 있다.

현금흐름표는 가장 우선적으로 봐야 하는 것이 제일 아래쪽에 있는 현금의 증가에서 음의 숫자로 되어 있지는 않는지를 보면서, 만약 양의 숫자로 되어 있다면 가장 윗쪽의 영업활동으로 인한 현금흐름이 양의 숫자로 되어 있는지를 파악하는 것이 중요하다. 손익계산서에서 당기순이익의 규모가 아무리 양호하다고 할지라도 현금흐름표의 현금의 증가가 음의 숫자 또는 양의 숫자라고 하더라도 그 규모가 아주 작다면 해당기업은 현금흐름에 문제가 있는 기업이라고 볼 수 있기 때문에 주의해서 살펴볼 필요가 있다.

마지막으로 보증기관직원이 알려준 주임종단기차입금은 즉시 자본금의 증자자금으로 전환하기로 했으며, 정말 그렇게 해보니 회사의 부채비율이 양호한 비율이 되는 것을 눈으로 확인할 수 있었다.

평소 많은 것을 알고 있다고 생각했던 김대표는 정말 친절하고 쉽게 재무제표 보는 방법을 간단하게 설명을 해주었다. 김대표의 사무실에서 차 한 잔하면서 1시간 정도를 열띤 강의를 하던 김대표는 송사장이 이 정도만 알면 사업하는 데 전혀 문제가 없을 거라고 너스레를 떨면서 오늘은 삼겹살이 당긴다며 자리에서 일어났다.

제6장
재무분석이란 무엇인가?

재무분석은 기업의 재무제표 등의 회계자료와 기타 계량화된 자료를 바탕으로 과거와 현재의 재무상태와 경영실적을 판단하고 그 원인을 규명하며 미래를 예측하기 위한 분석 작업을 말한다.

기업의 과거와 현재의 운영상태가 어떠하며 문제점이 무엇인가를 알아보고 앞으로 어떠한 방향으로 경영을 해야 할 것인지를 판단할 수 있게 하는 기업에 대한 일종의 건강진단분석을 재무분석이라고 할 수 있다.

제21절 재무분석의 의의

재무분석(financial analysis)은 기업의 재무제표 등의 회계자료와 기타 계량화된 자료를 바탕으로 과거와 현재의 재무상태와 경영실적을 판단하고 그 원인을 규명하며 미래를 예측하기 위한 분석이다. 다시 말하면 기업의 과거와 현재의 운영상태가 어떠하며 문제점이 무엇인가를 알아보고 앞으로 어떠한 방향으로 경영을 해야 할 것인지를 판단할 수 있게 하는 기업에 대한 일종의 건강진단분석을 재무분석이라고 말할 수 있다.

재무분석은 [그림 6-1]에서와 같이 그 분석 범위에 따라서 재무제표분석과 경영분석이라는 용어로 구별해볼 수가 있다. 재무제표분석은 재무상태표나 포괄손익계산서 등의 재무제표를 자료로 기업의 경영실적과 재무상태를 분석하는 것인데, 이것은 재무분석에서 재무제표만을 분석의 대상으로 하는 것을 말한다. 그리고 경영분석은 기업의 전반적인 경영활동, 즉 구매·생산·판매·재무 등의 모든 경영활동에 대한 효율성을 분석하기 위한 분석이다. 경영분석의 분석대상 자료는 재무제표 등의 회계관련 자료와 기타 계량화된 자료인 주가·거래량·시장점유율뿐만 아니라 비계량적인 질적자료인 경쟁상황·제품의 품질과 경영자의 경영능력 등도 함께 포함이 된다. 이러한 경영분석은 기업의 경영활동과 관련된 광범위한 내용을 분석하는 것을 말한다.

본서의 재무분석에서는 주로 기업의 재무제표를 통하여 유동성·안전성·수익성·성장성·활동성·생산성 등에 대한 분석을 해보고자 한다. 그리고 회계기준에 의해 작성된 재무제표를 재무 이론적 입장에서 해석하고 의미를 찾기로 한다.

여기에 나와 있는 재무비율분석은 재무자료를 일정한 공식에 대입하기만 하면 누구나 손쉽게 계산할 수 있다. 그러나 재무분석은 재무비율을 기계적으로 계산하여 숫자만 알아내는 것만으로 원하는 분석의 목적을 달성할 수 없다. 재무분석의 결과로 도출된 비율을 재무 이론적으로 어떻게 종합적으로 해석할 것인가를 정확하게 알아야 재무분석의 목적을 달성할 수 있을 것이다.

[그림 6-1] 재무분석의 범위

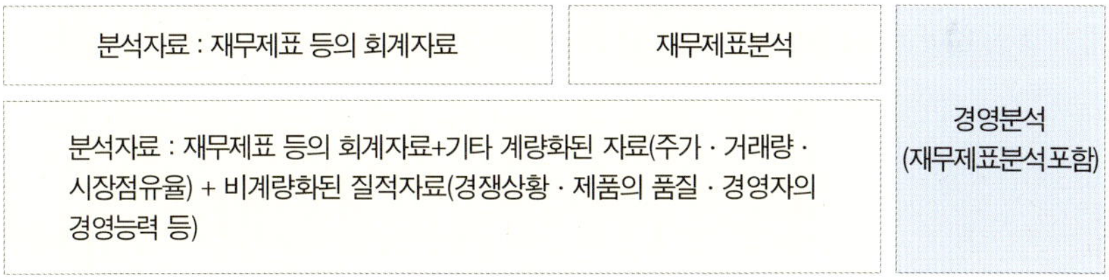

분석자료 : 재무제표 등의 회계자료	재무제표분석	경영분석 (재무제표분석포함)
분석자료 : 재무제표 등의 회계자료+기타 계량화된 자료(주가·거래량·시장점유율) + 비계량화된 질적자료(경쟁상황·제품의 품질·경영자의 경영능력 등)		

제22절 재무분석의 역사

　　재무분석이 학문적 연구대상이 된 역사는 길지 않지만 발전 속도는 어떤 분야에 못지않게 빠르게 진행되어 오고 있는데, 전통적인 비율분석에서 시작한 재무분석은 오늘날에는 정교한 예측모형을 이용한 분석에 이르기까지 광범위하게 발전되어 왔다.

　　현대적 의미의 재무분석은 20세기 초 미국에서 은행이 자금신청자의 단기채무지급능력을 판단하는 신용분석의 수단으로 사용하면서 본격화되기 시작한 것으로 알려지고 있다. 오늘날의 재무분석은 기업내부의 자체 경영평가, 투자자의 안정성 및 수익성 예측, 금융기관의 신용분석, 신용평가회사의 신용등급평가, 기업의 부실예측 등 다양한 목적으로 사용하기 위하여 이용되고 있다.

　　전통적인 재무분석은 기업의 재무제표만을 가지고 기업의 과거 및 현재의 재무상태와 경영성과만을 분석하는 데 그쳤으나 오늘날의 재무분석은 재무제표를 기초로 한 기업의 재무자료와 주가 및 시장점유율 등 계량적인 자료와 경영환경, 제품의 질 등 비계량적인 자료까지도 분석하여 계속기업으로의 미래를 예측하기 위한 정보를 제공하는 데까지 그 범위가 확대되어 가고 있다.

　재무비율분석은 기업의 재무상태와 경영성과를 쉽게 알아볼 수 있는 가장 광범위하게 이용되는 분석의 중요한 수단이다. 이러한 재무비율분석은 재무제표의 관련된 항목에서 원하는 재무비율을 산출하고, 이것을 선택된 표준비율의 유동성, 안정성, 수익성, 성장성, 생산성 등과 비교, 분석하는 작업이다.

　한편 재무비율을 분석한 정보를 가지고 기업을 전체적으로 평가하는 데에는 한계가 있다. 그래서 기업의 재무상태와 경영성과를 종합적으로 평가할 수 있는 종합적 비율분석 방법이 개발되었는데 ROI분석, ROE분석, 지수법, 기업체종합평가표 분석법 등이 그것이다.

　이러한 종합적 비율분석방법을 살펴보면 첫째, ROI(return on investment) 분석은 1930년대 미국 듀퐁Dupont사에 의하여 최초로 개발된 분석 기법으로 기업을 종합적으로 평가할 수 있는 방법으로 가장 많이 이용되고 있는 분석법이다. 이것은 기업을 전체적인 입장에서 계획 및 통제의 수단으로 요긴하게 사용할 수 있는 비율분석기법이다. 둘째, ROI에 주주에게 귀속되는 자기자본순이익률까지를 가미한 ROE(return on equity)분석도 많이 이용되고 있다. 셋째, 지수법(index method)은 가중비율종합법(weighted ratio method)이라고도 하며 월A. Wall 에 의해 최초로 제시된 재무비율의 종합적인 비율분석방법이다. 일반적으로 많이 이용되고 있는 지수법은 월의 지수법과 트랜트J.B. Trant 및 브리체트F.F. Brichett 의 지수법이 있다. 넷째, 우리나라 은행에서 가장 많이 이용되고 있는 평가방법은 기업체종합평가표 분석법이다. 기업체종합평가제도는 금융기관마다 그 기관의 상황에 맞게 평가방법을 달리하여 시행되고 있으며, 대체로 재무항목과 비재무항목으로 분류하고 평가비중을 달리하면서 평점을 부여하고 있다.

현대적 의미의 재무분석은 20세기 초 미국에서 은행이 자금신청자의 단기채무지급능력을 판단하는 신용분석의 수단으로 사용하면서 본격화되기 시작한 것으로 알려지고 있다.

　　최근 대내외 경기의 변동이 빨라지고 경제의 불확실성이 심화되면서 재무분석은 기업의 미래 상황을 예측하기 위하여 여러 가지 기법을 개발하는 데까지 분석영역을 넓혀나가고 있으며, 기업의 부실화 가능성을 사전에 예측하는 기법을 개발하는 데 많은 관심이 집중되고 있다.

　　그래서 기업부실을 예측하는 모형이 개발되었는데 알트만E. I. Altman은 1968년에 몇 개의 재무비율로 추정된 판별함수를 이용하여 정상기업과 부실기업을 판정하는 방법인 Z-Score모형을 처음으로 개발하였다. 이후에는 Z-Score모형을 약간 변형한 Z'-Score모형, 그리고 1977년에는 알트만Altman, 할드만Harldeman, 나라야만Narayaman이 Zeta모형을 개발하여 기업의 부실예측모형은 더욱 다듬어지고 있다.

　　그러면 우리나라의 재무분석의 역사는 얼마나 되었을까? 우리나라에서 재무분석은 1950년대 후반에 금융기관에 의하여 처음으로 소개되었으며, 1960년대부터 비교적 체계적인 재무분석 관련 서적이 발행되기 시작하였다.

우리나라의 재무분석 발전과정에서 가장 중요한 것은 한국은행이 1962년부터 발행하기 시작한 기업경영분석이다. 한국은행의 기업경영분석은 표본기업의 업종과 기업규모별 재무제표와 평균재무비율들을 담고 있으며, 현재에는 많은 금융기관과 기업들이 재무상태와 경영성과를 나타내는 업종별 표준치로 삼고 있다

기업공개촉진정책이 실시된 1970년대에는 많은 투자자들이 주식투자에 참여하게 됨에 따라 한국증권거래소와 한국상장회사연합회는 1974년부터 상장회사총람을 발행하여 주식투자자들에게 상장회사의 사업내용과 재무제표를 요약하여 제공하게 되었다. 이처럼 공공통계와 공시자료를 기업외부의 이해관계자들이 폭넓게 이용할 수 있게 되면서 재무분석은 실무에서도 널리 활용하게 되었는데, 그것은 은행들이 융자대상기업의 재무비율들을 표준산업 평균비율과 비교하여 평점을 주어서 그 결과를 여신지원 결정에 반영하는 것 등이었다. 그리고 주식투자부분에서도 상장기업의 재무상황 분석결과의 많은 부분이 일반투자자들에게도 제공되기 시작한 것이었다.

우리나라의 재무분석 발전과정에서 주목할 만한 것은 1980년대에 3개의 신용평가회사가 설립되어 기업어음과 무보증회사채의 신용등급을 매기게 되었다는 것이다. 기업의 재무분석은 신용등급평가에서 가장 중요한 사항으로 신용평가회사의 설립은 곧 재무분석의 전문기관설립이라는 의미를 갖고 있다고 할 수 있다. 그러면서 신용평가회사들은 신뢰성 있는 신용등급평가의 기초자료인 재무분석에 대한 자료들을 축적하게 되었으며, 그 결과 현재처럼 기업들의 재무분석관련 자료들을 외부의 이해관계자들도 이용할 수 있게 되었다.

제23절 재무분석의 필요성

재무분석(financial analysis)은 기업의 과거 경영 성과와 현재 및 미래의 재무상태에 관한 정보를 알아보기 위하여 재무자료를 분석하는 것이다. 다시 말하면 재무분석은 과거의 경영 성과와 현재의 재무상태, 그리고 미래의 재무정보를 수집하기 위하여 재무자료를 투입하여 산출하는 일련의 분석 작업을 말한다.

이러한 재무분석은 기업의 경영활동에서 필수적인 사항인데 이를 구체적으로 명시하면 다음의 네 가지로 요약을 해볼 수 있다.

첫째, 기업을 경영하는 경영자의 의사결정에 필요한 자료이다. 기업의 경영자는 기업의 장·단기 경영계획을 세우고 내부통제에 필요한 정보와 기타 각종 경영의 의사결정에 필요한 자료를 얻기 위한 목적으로 재무분석을 필요로 한다. 경영자는 정확하고 효율적인 경영활동을 수행하기 위하여 기업의 과거실적과 현재의 상황뿐만 아니라 경쟁기업과 비교한 경영상의 강점과 약점 등을 상세하게 분석할 필요가 있다. 일반적으로 경영자는 기업의 여러 재무현황 중 기업의 안정성과 수익성에 많은 관심을 가지고 있는데 이러한 정보를 재무분석 자료를 통하여 객관적이고 체계적인 의사결정을 하게 되는 것이다.

둘째, 기업의 자금을 차입하기 위해 필요한 자료이다. 창업 이후의 기업은 성장을 거듭하면서 원자재 구매를 위한 소요운전자금과 기계 설비와 공장 신축을 위해 시설자금을 필요로 하게 된다. 금융기관은 기업의 상환능력을 평가하기 위해 재무제표를 징구하고 이 재무제표를 평가하여 미래의 상환능력을 평가하게 되는데, 여기에 사용되는 것이 재무분석자료인 것이다. 일반적으로 금융기관은 기업의 여러 재무분석 자료 중에서 안정성과 성장성, 그리고 수익성을 평가하여 그 기업의 원리금 상환능력이 있는지를 객관적으로 판단하여 대출을 결정하게 되는 것이다.

셋째, 과세당국이 세금을 매기는 데 필요한 자료이다. 과세당국은 기업의 담세능력을 평가하고 적정과세의 여부와 탈세방지 등의 목적으로도 재무분석을 실시한다. 그리고 과세당국은 기업의 계상된 손익금액이 적정한 지를 조사하기 위하여 수익성 위주로 분석을 실시한다. 또한 탈세를 방지하기 위하여 재산상속, 관계회사에 대한 출자 등을 조사하기 위해 재무분석을 필요로 하기도 한다.

넷째, 기업 간에 거래를 하는 데 필요한 자료이다. 기업의 지속적인 성장을 위해서는 안정적으로 원자재를 공급받아야 하고, 제조과정을 거쳐 완성된 제품을 판매하고 나서 매출채권을 원활하게 회수하는 것은 기업의 존폐와 직결되는 중대한 사안이다. 그래서 매입처나 매출처의 건전성 여부를 판단하게 되는데, 재무분석은 채권의 회수가능성 여부를 판단하는 데 유용한 정보를 제공할 수 있는 자료로 활용된다. 따라서 거래를 위해서는 타 업체의 신용상태를 분석하기 위한 재무제표가 필요하다.

제24절 재무분석의 목적

　재무분석은 기업에 관련된 이해관계자가 경제적 의사결정을 효율적이고 합리적으로 하기 위해 필요한 유익한 정보를 제공하는 데 목적이 있다. 재무분석의 이해관계자는 기업의 경영자뿐만 아니라 금융기관·주주·신용평가기관·회계감사인·세무당국 등을 말하며 이들이 필요로 하는 정보의 내용은 목적에 따라 차이가 있다. 재무분석의 목적도 분석대상에 따라 다르며 이해관계자에 따른 목적과 대상을 구체적으로 살펴보면 [표 6-1]과 같다.

1. 주주

　투자에 대한 위험성과 수익성에 관심을 갖고 있는 주주는 소유주식의 구입과 처분, 위험분산 및 수익성 증대를 위한 주식의 구성 등에 필요한 정보를 얻기 위한 목적으로 재무분석을 실시한다.

　주주는 일반적으로 채권자보다 위험을 더 부담하게 되는데 이유는 투자한 자본을 상환받는 데 있어서 채권자가 주주보다 우선권을 갖기 때문

[표 6-1] 이해관계자에 따른 재무분석의 목적과 대상

이해관계자	분석목적	분석대상
1. 주주	투자 및 수익성 정보 획득	투자위험과 수익성 분석
2. 경영자	기업의 경영계획수립과 경영의사결정	기업 내·외부의 강약점 분석
3. 금융기관	차입기업의 미래상환 능력	기업신용분석 (유동성·안정성·수익성 등)
4. 신용평가기관	이해관계인을 위한 기업신용평가	기업신용등급 분석
5. 회계감사인	이해관계자에게 재무상황과 경영성과 공시	재무상황과 경영성과 분석
6. 세무당국	과세의 적정성 여부	담세능력 및 수익성 분석

이다. 주주는 자신이 투자한 자본을 기업으로부터 직접 상환받지 못하며, 부실 등의 이유로 기업이 정리될 때에도 채권자가 주주보다 먼저 상환을 받고 나머지 재산이 있을 경우에 주주가 잔여재산분배청구권을 행사할 수 있을 뿐이기 때문이다.

그리고 투자에 대한 수익도 채권자는 주주에 우선하여 지급을 받는데 기업은 영업활동으로 얻은 수익으로 사전에 약정한 이자비용을 채권자에게 지급하고, 이자비용을 지급한 후에 잉여수익으로 주주에게 투자금의 일정한 배당률로 지급한다.

따라서 주주는 기업의 경영활동인 영업활동과 투자활동 및 재무활동에 대하여 채권자보다 더욱 민감할 수밖에 없으며 주주는 자신들이 사전에 예상했던 수익률을 얻을 수 있는지에 대해 관심을 가지고 자신들이 원하는 이익이 보상될 수 있을지를 알려주는 경영성과에 관한 분석에 관심을 갖는다.

2. 경영자

기업경영의 책임을 지고 있는 경영자는 기업의 경영계획을 수립하고 경영에 대한 의사결정에 필요한 유익한 정보를 얻기 위한 목적으로 재무분석을 실시한다.

경영자는 기업의 가치를 높일 수 있는 효율적인 경영을 위하여 기업의 과거와 현재의 경영실적뿐만 아니라 이를 바탕으로 미래를 예측하여야 하고 또한 타 기업과의 경쟁에 대비한 경영상의 강약점 등을 상세히 분석할 필요성이 있다.

우리나라 기업들은 과거 경제개발 이후 무차별 차입을 통한 외형위주의 경영정책으로 1990년대 후반에 외환위기를 겪어야 하는 문제가 발생하기도 하였기 때문에 기업경영의 안정성과 수익성을 중시하는 경영정책이 요구되고 있다. 따라서 기업의 경영자는 자신이 경영하고 있는 기업의 재무상황과 경영성과에 대하여 보다 세밀한 분석을 통하여 기업의 부실을 사전에 예방해야 하는 책임과 의무를 지고 있다고 볼 수 있다.

따라서 기업의 경영자는 차입을 통한 무리한 사업 확장보다는 기업의 내부 체질을 강화할 수 있는 수익성을 기초로 계속기업으로서의 안정성을 유지할 수 있도록 장기적인 경영계획을 수립하고 기업의 미래를 결정하는 데 유용한 정보의 취득 경로로 재무분석을 활용할 수 있어야 한다.

그리고 재무분석은 경영자가 단기적인 경영의사결정에 필요한 정보도 제공하는데 기업의 가격정책과 자금조달정책·인력수급정책 등을 수립하는 데에도 유용한 정보를 주기도 한다. 그러므로 기업의 경영자는 재무분석으로 산출된 여러 가지의 결과를 기업경영의 전반적인 관점에서 이해할 수 있는 능력을 갖추고 있어야 하며, 재무분석의 결과로 도출된 상황에 대한 경영자의 정확한 판단은 기업의 성공에 대한 성패도 좌우할 수 있을 만큼 매우 중요하다고 할 수 있다.

3. 금융기관

　기업에 대출을 해주는 금융기관은 대출기관의 입장에서 차입자인 기업의 대출원금 상환과 이자지급능력을 판단하기 위한 목적으로 재무분석을 실시한다. 금융기관의 재무분석은 기업의 미래상환능력을 평가하기 위한 신용분석이 중심이 되는데 단기여신은 유동성, 장기여신은 유동성과 수익성을 함께 분석하는 데 중점을 둔다.

　특히 은행은 재무분석을 통하여 기업의 신용분석을 할 뿐만 아니라 기업체종합평가를 통한 은행 자체의 신용등급 판정으로 우량기업을 선정하여 대출한도의 증액과 금리우대혜택을 주기도 한다.

　과거 우리나라의 금융기관 대출은 부동산을 담보로 한 대출이 대부분을 차지하였는데, 이러한 담보대출 위주의 대출관행으로 기업의 신용평가를 소홀히 해온 결과 금융기관들은 감당하기 어려운 부실채권을 떠안아야 했던 경험을 가지고 있다.

　그래서 최근에는 기업의 과거와 현재의 재무자료를 철저하게 분석하여 미래의 상환능력을 예측할 수 있는 능력을 배양하여 자체적으로 산정한 신용등급을 바탕으로 한 신용대출을 늘려나가는 추세로 옮아가고 있다. 선진국의 사례를 보더라도 담보위주의 대출로 기업이 부실화될 경우 부동산의 처분을 통한 대출금 회수보다 철저한 신용조사를 통한 우량기업에 대한 대출이 부실을 적게 양산하게 되어 결과적으로는 부동산 담보대출보다 은행의 손실을 줄여줄 수 있다는 것을 알 수 있기 때문이다. 이와 같이 기업의 과거와 현재 재무자료들을 분석하여 얻은 재무분석의 결과를 기초로 미래상환능력을 평가할 수 있는 대출심사가 철저히 이루어질 때, 금융기관이 부실채권 문제로부터 좀 더 자유로울 수 있고 금융기관의 건전한 신용대출관행이 정착될 수 있을 것이다.

4. 신용평가기관

신용평가기관은 투자자들에게 유용한 투자정보를 제공하기 위하여 재무분석을 실시한다. 예를 들면 유가증권의 원리금을 정해진 조건대로 상환될 가능성을 정도에 따라 일정등급으로 표시하여 개인이나 기관투자가 등의 이해관계자에게 공시하는 역할 등을 수행한다.

우리나라의 신용평가기관은 한국신용정보(주), 한국신용평가정보(주), 한국기업평가(주), 서울신용평가정보(주) 등이 있고, 세계 3대 신용평가회사로는 미국계의 무디스Moody's, 스탠더드앤드푸어스Standard & Poor's와 영국계의 피치IBCAFitch-IBCA가 있다.

신용평가기관의 유가증권 평가결과는 개인이나 기관투자가 등의 이해관계자들에게 지대한 영향을 미치는데, 신용평가기관의 평가결과에 의해 유가증권의 신용등급이 결정되며, 평가등급에 의해 유가증권의 가격이 결정된다. 신용평가기관의 신용등급은 유가증권의 리스크를 나타내는 자본시장의 지표를 등급으로 객관화한 것이다. 이해관계자들은 신용평가기관이 평가한 신용등급에 따라 투자를 하기 때문에 신용평가기관은 공정한 신용평가시스템을 운용해야 하는 책임과 의무를 지게 된다. 공정하고 객관적인 신용평가시스템의 운용은 신용평가기관의 생명력이며 이러한 공정한 신용평가시스템은 정확한 재무분석의 토대 위에서 구축된다. 그러므로 신용평가기관들은 기업의 안정성과 수익성, 성장성 그리고 자본구조와 유동성 등 기업의 신용위험에 관한 종합적인 평가가 이루어질 수 있도록 광범위한 재무분석을 실시하고 있다.

5. 회계감사인

공평무사한 독립의 제3자임을 요건으로 하는 회계감사인은 회계처리의 적정성과 계속기업의 가능성을 평가하기 위한 목적으로 재무분석을 실시한다. 회계감사인은 전통적인 비율분석뿐만 아니라 필요에 따라서 기업 부실의 예측모형과 표본감사모형 등 계량적 분석기법을 통해 분석을 하기도 한다.

회계감사인은 기업의 재무상황이나 경영성과를 기업의 이해관계자에게 객관적으로 보고해야 할 의무를 가지며 이러한 감사의무를 성실히 수행하기 위해 공정한 입장에서 기업의 경영상태를 분석해야 한다.

6. 세무당국

소득에 근거하여 과세를 해야 하는 세무당국은 과세대상기업의 담세능력평가, 적정과세, 탈세방지 등의 목적으로 재무분석을 실시한다. 세무당국이 과세를 해야 하는 과세대상은 소득세는 개인의 소득, 법인세는 법인의 소득, 부가가치세는 재화·용역의 공급 및 재화의 수입이다. 세무당국은 대상기업의 계상된 손익금액의 적정성을 조사하기 위하여 수익성 위주의 분석을 한다.

제25절 재무분석의 유용성과 한계성

　　재무비율분석은 기업의 재무상태와 경영성과를 파악하기 위하여 가장 광범위하게 이용되어 온 재무분석의 중요한 수단이다. 이것은 재무제표상의 관련된 항목을 선택하여 필요한 재무비율을 산출하고, 이를 표준비율 또는 기업 간의 비율과 비교하여 해당기업의 유동성, 안정성, 수익성, 성장성 등을 판단하는 것이다.

　　이러한 재무비율분석은 은행, 보험회사, 증권회사 등과 같은 금융기관에서는 물론 일반 기업에서도 많이 이용하고 있다. 그리고 다른 재무분석의 방법들도 병행하여 쓰고 있으며 분석의 목적에 따라서 사용하는 비율의 종류도 다를 수 있다.

　　기업에서 재무분석을 할 때에 비율분석을 가장 많이 이용하는 이유는 무엇일까? 다른 분석방법도 많이 개발되어 있지만 비율분석을 사용하는 이유는 첫째, 재무제표를 기초로 한 비율분석은 자료수집이 용이하다는 것이다. 둘째, 재무비율의 산출이나 해석에 특별한 기법이나 전문지식이 필요하지 않고 간단하며, 또한 이해가 쉬워 경영학이나 재무관리를 공부

재무분석의 근본목적은 이해관계자들이 기업의 미래에 대한 의사결정을 하는 데 도움을 주기 위한 것인데, 재무비율분석은 과거의 회계정보에 의존하고 있다.

하지 않은 사람도 쉽게 이용할 수 있기 때문이다. 셋째, 복잡하고 다양화된 기업을 분석하기 전의 예비적 분석으로서의 가치가 있기 때문이다. 재무분석의 기초단계에서 재무비율분석을 해봄으로써 재무상의 문제점을 손쉽게 발견할 수 있으며, 또한 문제점을 분석하고 평가할 때는 좀 더 차원이 높은 분석방법을 이용함으로써 보다 더 효율적인 분석을 할 수 있는 것이다.

재무비율분석은 앞에서 살펴본 것처럼 쉽고 간단하다는 것이 그 유용성이라 할 수 있다. 그러나 재무비율분석에 지나치게 의존하는 것은 위험한 태도인데 이유는 다음과 같은 문제점과 한계점에서 찾아볼 수 있다.

첫째, 재무분석의 근본목적은 이해관계자들이 기업의 미래에 대한 의사결정을 하는 데 도움을 받기 위한 것인데, 재무비율분석은 과거의 회계정보에 의존하고 있다. 시간이 지남에 따라 경제상황과 생산방식도 변화하며, 경영기법들이 날로 발전하게 되는데 과거자료를 기준으로 미래를 예측한다는 것은 많은 한계점을 가지고 있다는 것이다.

둘째, 재무비율분석은 재무제표를 기초자료로 하여 계산되어 평가되는데, 재무제표는 일정시점에서 하나의 회계기간을 기준으로 작성되므로 회계기간 동안의 계절적인 변화를 충분히 나타내지 못하고 있다. 예를 들어, 의류업체의 경우 수영복 등 여름이 성수기인 기업과 겨울용 점퍼 등 겨울이 성수기인 기업은 회기가 12월에 마감되는 경우 재고량과 외상매출금에서 정반대되는 숫자를 보이기 때문에 겨울이 성수기인 의류업체의 재고는 재무상태표의 다른 항목과 비교하여 볼 때 많은 비중을 차지할 것이다. 이는 성수기인 겨울을 대비하여 많은 완제품, 원재료를 준비해놓았기 때문이다. 이때의 재고량을 기준으로 재고자산회전율을 산출한다면 이 기업은 활동성을 올바르게 측정하기가 어려울 것이다.

셋째, 어느 기업의 회계 처리방법은 다른 기업의 회계 처리방법과 다를 수가 있다는 것이다. 회계 처리하는 방법이 어느 기업에나 동일한 것은 아니며, 일반적으로 인정된 기업회계기준에서는 똑같은 현상에 대해 여러 가지의 회계에 대한 처리방법이 사용될 수 있음을 기억해야 한다. 이렇게 서로 다른 회계의 처리방법으로 작성된 재무제표에서 산출된 재무비율들을 직접 비교하는 것은 올바른 비교가 되지 못할 수도 있다.

넷째, 효율적인 기업경영을 하는 동일한 업종에 속하는 기업들 사이에서도 경영자의 경영방침이나 기업의 성격에 따라 재무비율에는 커다란 차이가 생길 수 있다. 예를 들어 고가의 제품을 취급하는 기업은 신용거래가 많으며 저가의 제품을 취급하는 곳은 현금거래가 많으므로, 두 기업의 외상매출금에 대한 회수기간을 비교하여 좋고 나쁨을 평가할 수 있는 것은 아니기 때문이다.

다섯째, 재무분석의 평가기준이 되는 표준비율을 설정하는 데 어려움이 있다. 어떤 기업이 비율을 정확하게 산출하여 표준비율로 산업평균비율을 선택하여 비교한다 하더라도 산업평균비율이 그 기업과 비교할 수 있는 최선의 기준이라고 단언할 수는 없다. 다시 말해서 표준비율로 정한 비율이 진정한 의미의 기준이 될 수 있는가 하는 것이다. 표준비율이 되는 것은 과거평균비율, 일반적 경험비율, 경영정책상의 목표비율 등도 있으나 이들 중 어느 것을 선택하는가도 문제이고 선택된 표준비율이 가장 적합한 비교기준이 되는가도 문제가 된다.

그래서 이러한 재무비율분석의 한계점을 보완하기 위하여 추세분석, ROI분석, ROE분석 등의 보다 더 종합적인 비율분석방법을 이용하고 있다.

 쉬어가는 이야기 여섯

사람은 건강검진,
기업은 재무분석

플렉시블PCB을 생산하고 있는 정사장은 지난주에 받았던 정기건강검진 결과를 보기 위해 병원을 방문하였다. 담당의사는 건강검진 결과서를 가지고 고지혈증이 있으며 수치가 높으니 육류의 섭위를 좀 줄이고 술도 좀 줄이면서 꾸준히 운동을 할 것을 권했다. 그러면서 당뇨도 올 수가 있으니 조심하라고 하면서 식이요법을 실천할 것을 권했다. 나머지들은 모두 이상없이 건강한 상태이니 지적했던 내용들만 좀 조심하면서 꾸준히 관리를 해나가면 좋아질 것이라고 했다.

정사장은 요즈음 재무관리를 공부해오면서 재무분석에 대하여 연구를 하고 있다. 본인 회사의 재무제표를 가지고 유동성, 안정성, 수익성, 성장성, 활동성 등에 대한 재무분석을 해보니 재무비율 중 어떤 것이 미흡하고 어떤 것이 양호한지를 알 수가 있어서 참으로 뿌듯함을 느낄 수 있었다. 그러면서 미흡한 부분을 개선하기 위해서 어떻게 회사를 경영해야 하는지 해답을 찾아서 꾸준하게 실천에 옮기기로 했다. 그러다 보니 앞으로 어떠한 방식으로 회사를 경영해야 할지 답을 찾을 수가 있었다.

정사장은 문득 사람의 건강검진이 기업의 재무분석과 비슷하다는 생각

이 들었다. 건강검진은 사람의 건강상태를 체크하여 문제점을 발견하고 질병에 걸리지 않도록 적절한 처방으로 좋은 건강상태를 유지할 수 있게 하는 것이고, 재무분석은 기업의 재무비율을 분석해 비율이 좋지 않은 부분을 체크하여 양호한 수준으로 끌어올릴 수 있게 하여 도산을 사전에 방지함으로써 건강한 기업으로 성장 발전할 수 있게 하는 것이라는 생각이 들었기 때문이다.

　그래서 자신의 몸에 대한 건강관리를 하면서 회사의 재무비율도 함께 관리를 해나가기로 마음을 먹으면서 회사의 경영에 대한 자신감이 생기는 것을 느낄 수가 있었다.

제7장
재무상태표를 이용한 재무분석

재무제표를 이용해 기업의 자산·부채·자본의 균형상태를 분석하면 재무적 안정성을 파악할 수 있다. 일반적으로 안정성이 높으면 반대로 수익성을 저해할 수도 있기 때문에 수익성을 확보하면서 안정성을 증대시켜야 한다. 기업의 안정성 분석은 수익성 분석과 연결하면서 유기적으로 행할 필요가 있다. 기업의 성장성 분석은 총자산이나 자본금 등의 경영규모와 기업경영의 성과가 얼마나 증가되었는가를 나타내는데, 기업의 경쟁력이나 미래의 수익창출 능력을 객관적으로 살펴볼 수 있는 지표가 된다.

제26절 유동성 분석

1. 유동비율

유동비율은 단기적인 채무에 충당할 수 있는 유동자산의 규모가 얼마나 되는가를 산출하여 기업의 단기적인 지급능력을 평가할 수 있는 지표로서 유동비율이 높을수록 단기적인 지급능력이 양호하다고 볼 수 있다. 하지만 과다한 유동자산의 보유는 자산운용의 효율성을 떨어뜨려 기업의 수익성을 저해할 수도 있다. [표 2-1]의 자료를 사용하여 유동비율을 구해보면 129.91%이다.

$$유동비율 = \frac{유동자산}{유동부채} \times 100 \quad \text{[식 7-1]}$$

$$= \frac{55.55억\ 원}{42.76억\ 원} \times 100$$

$$= 129.91\%$$

2. 당좌비율

당좌비율은 유동부채에 대한 당좌자산의 비율로서 유동자산 중에서 현금화가 되는 속도가 늦고 현금화의 불확실성이 높은 재고자산 등을 차감한 당좌자산을 유동부채에 대응시킴으로써 단기적인 채무에 대한 기업의 지급능력을 파악하기 위하여 사용된다. 다른 용어로는 산성시험비율(Acid test ratio) 또는 신속비율이라고도 하는 이 비율은 기업의 유동성분석을 위한 보조지표로 사용되고 있다. [표 2-1]의 자료를 사용하여 당좌비율을 구해보면 98.78%이다.

$$당좌비율 = \frac{당좌자산}{유동부채} \times 100$$

$$= \frac{42.24억\ 원}{42.76억\ 원} \times 100$$

$$= 98.78\%$$

[식 7-2]

3. 현금비율

현금비율은 유동부채에 대한 현금 및 현금성자산의 비율로서 당좌자산 중에서 현금 및 현금성자산으로 유동부채를 상환할 수 있는 초단기의 채무상환능력을 파악하는 지표를 말한다. [표 2-1]의 자료를 사용하여 현금비율을 구해보면 18.45%이다.

$$현금비율 = \frac{현금\ 및\ 현금성자산}{유동부채} \times 100$$

$$= \frac{7.76억\ 원}{42.76억\ 원} \times 100$$

$$= 18.45\%$$

[식 7-3]

제27절 안정성 분석

안정성 분석은 일정한 시점에서 자산·부채·자본의 균형 상태를 분석하여 기업의 재무적 안정성을 파악하는 기법을 말한다. 일반적으로 안정성이 높으면 수익성을 저해할 수도 있기 때문에 수익성을 확보하면서 안정성을 증대시켜야 하며, 안정성 분석은 수익성 분석과 연결하면서 유기적으로 행할 필요성이 있다.

1. 자기자본비율

자기자본비율은 총자본 중에서 자기자본이 차지하는 비중을 나타내는 안정성 분석의 대표적인 재무구조 지표이다. 자기자본은 기업이 이자비용을 부담하지 않고 운용할 수 있는 자본이므로 자기자본비율이 높을수록 안정성이 높다고 할 수 있는 분석지표이다. [표 2-1]의 자료를 사용하여 자기자본비율을 구해보면 37.27%이다.

$$자기자본비율 = \frac{자기자본}{총자본} \times 100 \qquad [식\ 7-4]$$

$$= \frac{37.27억\ 원}{100억\ 원} \times 100$$

$$= 37.27\%$$

2. 부채비율

부채비율은 타인자본과 자기자본 간의 관계를 비율로 나타내는 대표적인 안정성지표로서 부채비율이 낮을수록 재무구조가 건전하다고 볼 수 있다. 그리고 부채비율은 자기자본비율과는 역의 관계를 가지고 있기 때문에 자기자본비율이 높을수록 부채비율은 낮아지게 된다. 타인자본은 상환기일이 결산일로부터 1년 이내에 도래하는 부채는 유동부채이고, 1년 이후에 도래하는 부채는 비유동부채이며, 차입금·회사채·매입채무·부채성충당금 등의 부채를 말한다.

기업의 입장에서 볼 때 채무의 상환에 대한 압박을 받지 않으면서 투자수익률이 이자율을 상회하는 경우에는 타인자본을 계속 이용하는 것이 유리할 수 있으나 채권을 안전하게 회수해야 하는 채권자는 부정적일 수 있다. 왜냐하면 기업의 부채비율이 지나치게 높아지면 영업이익으로 이자비용을 감당하기 어려워질 수가 있기 때문에 지급불능이 될 수 있는 가능성이 높아지기 때문이다. [표 2-1]의 자료를 사용하여 부채비율을 구해보면 168.28%이다.

$$부채비율 = \frac{부채}{자기자본} \times 100 \qquad [식\ 7-5]$$

$$= \frac{42.76억\ 원 + 19.96억\ 원}{37.27억\ 원} \times 100$$

$$= 168.28\%$$

자기자본비율이 높을수록 부채비율은 낮아지게 된다. 상환기일이 결산일로부터 1년 이내에 도래하는 것이 유동부채이고, 1년 이후에 도래하는 것은 비유동부채이다.

3. 비유동장기적합률

비유동장기적합률은 시설투자에 소요되는 자금을 자기자본과 장기차입금인 비유동부채를 포함해서 자본배분의 안정성을 평가하는 비율이다. 기업의 입장에서는 보면 자기자본이 가장 위험이 작은 자본이지만 성장을 추구하는 기업은 시설투자에 소요되는 자금을 부채에 의존하는 경우가 많다. 장기간의 내용연수를 가지고 있는 시설투자에 소요되는 자금을 부채로 조달할 때 단기차입금과 장기차입금 중 어떤 종류의 자금이 더 적절할 것인가 하는 데 대한 물음이 생긴다. 이런 경우에는 당연히 장기차입금이다.

일반적으로 공장이나 시설 등의 비유동자산 투자는 자기자본의 범위 내에서 이루어지는 것이 가장 바람직하다고 할 수 있으나 거액의 설비투자를 필요로 하는 경우에는 소요되는 모든 자금을 자기자본만으로 조달한다는 것은 현실적으로 불가능하다고 할 수 있다. 이때 설비투자에 소요되는 자금 중 부족한 부분을 타인자본으로 충당하면서 단기부채보다는 장기부채에 의존하는 것이 기업의 안정성을 도모하는 데 유리할 것이다. 왜냐하면 설비투자로부터 회수되는 수익은 비교적 장기간 발생하므로 설비투자에 소요되는 타인자본도 장기적으로 이용할 수 있는 자금이 되어야 하기 때문이다. 그래서 비유동자산 투자는 자기자본과 비유동부채를 합한 장기자본 범위 내에서 이루어져야 한다는 것이며 따라서 비유동장기적합률은 100% 이하를 유지하는 것이 합리적이다.

[표 2-1]의 자료를 사용하여 비유동장기적합률을 구해보면 77.67%이다.

[식 7-6]
$$비유동장기적합률 = \frac{비유동자산}{비유동부채 + 자기자본} \times 100$$
$$= \frac{44.45억\ 원}{19.96억원 + 37.27억\ 원} \times 100$$
$$= 77.67\%$$

4. 차입금의존도

차입금의존도는 총자본 중에서 외부로부터 조달한 차입금의 비중을 나타내는 지표로서 차입금의존도가 높은 기업일수록 이자비용의 부담이 가중되어 수익성이 저하되고 안정성도 낮아지게 된다.

[식 7-7]
$$차입금의존도 = \frac{장 \cdot 단기차입금 + 회사채}{총자본} \times 100$$

제28절 성장성 분석

성장성 분석은 당해연도 기업의 총자산이나 자본금 등의 경영규모와 기업경영의 성과가 전년도와 대비하여 얼마나 증가되었는가를 나타내는 지표로서 기업의 경쟁력이나 미래의 수익창출 능력을 객관적으로 살펴볼 수 있는 지표가 된다.

[표 7-1]에서는 미래기업(주)의 성장성비율을 측정하기 위해 2012년도와 2013년도의 성장성과 관련된 회계자료를 제시하였다.

[표 7-1] 미래기업(주)의 회계자료

(단위 : 억 원)

회계연도	매출액	당기순이익	총자산	매출채권	재고자산	매입채무
2012	94.70	1.80	92.71	13.26	9.65	7.58
2013	100.00	1.99	100.00	13.89	9.89	7.65

1. 총자산증가율

총자산증가율은 기업에 투자된 총자산이 전기말 대비 얼마나 증가하였는가를 나타내는 비율로서 기업의 전체적인 성장성을 측정하는 지표이다.

[표 7-1]의 자료를 사용하여 총자산증가율을 구해보면 다음과 같다.

$$\text{총자산증가율} = \frac{\text{당기말 총자산} - \text{전기말 총자산}}{\text{전기말 총자산}} \times 100 \quad [\text{식 7-8}]$$

$$= \frac{100억\ 원 - 92.71억\ 원}{92.71억\ 원} \times 100$$

$$= 7.86\%$$

2. 재고자산증가율

재고자산증가율은 기업이 매출이나 생산을 목적으로 보유하고 있는 상품·제품·원재료·재공품 등의 재고자산이 전년말 대비 얼마나 증가되었는가를 나타내는 지표이다.

[표 7-1]의 자료를 사용하여 재고자산증가율을 구해보면 다음과 같다.

$$\text{재고자산증가율} = \frac{\text{당기말 재고자산} - \text{전기말 재고자산}}{\text{전기말 재고자산}} \times 100 \quad [\text{식 7-9}]$$

$$= \frac{9.89억\ 원 - 9.65억\ 원}{9.65억\ 원} \times 100$$

$$= 2.49\%$$

제29절 생산성 분석

생산성은 투입량과 산출량을 비교하여 기업의 경영활동에 대한 성과와 효율을 측정하고 개별적 생산요소의 기여도나 성과배분의 합리성 여부를 규명하기 위한 지표이다. 그리고 생산성에 관한 지표는 생산성 향상으로 얻은 성과에 대한 분배의 기준이 되고 있다. 최근에는 기업의 경영성과를 부가가치 생산성이라는 개념으로 측정하는 것이 일반적이며, 기업경영합리화의 척도라고 할 수 있다.

$$\text{생산성} = \frac{\text{산출량}}{\text{투입량}} \qquad \text{[식 7-10]}$$

1. 부가가치의 구성

부가가치는 영업잉여(영업손익 + 대손상각비 – 이자비용)·인건비·이자비용·세금과공과·감가상각비 등으로 구성되어 있으며, 손익계산서와 제조원가명세서의 해당항목들을 합산하여 계산한다. 부가가치는 기업의 이익을 주주에게 귀속되는 순이익뿐만 아니라 광범위한 이해관계자에게 귀속되는 이익을 측정한 것이라고 할 수 있다. 아래의 자료를 이용하여 미래기업(주)의 부가가치를 계산해 보기로 한다.

[표 7-2] 미래기업(주)의 부가가치

(단위: 억 원)

구분	영업잉여	인건비	이자비용	세금과공과	감가상각비	부가가치
금액	4.18	21.49	2.09	0.61	2.58	30.95
비율	13.51%	69.43%	6.75%	1.97%	8.34%	100.00%

2. 부가가치율

부가가치율은 기업이 일정한 기간 동안 창출한 부가가치를 같은 기간 중의 산출액으로 나눈 비율을 말한다. 부가가치는 산출액에서 다른 기업이 생산한 중간투입물인 재료비 등을 차감한 것이므로 기업의 생산효율성이 높을수록 부가가치율도 높아지게 된다. 그리고 부가가치율이 높다는 것은 기업의 경영활동과 관련한 이해관계자들에게 분배되는 몫이 크다는 것을 의미한다.

[표 7-2]를 이용해서 부가가치율을 구해보면 30.95%가 된다.

[식 7-11]

$$부가가치율 = \frac{부가가치}{매출액} \times 100$$

$$= \frac{30.95억\ 원}{100억\ 원} \times 100$$

$$= 30.95\%$$

3. 종업원 1인당 부가가치(노동생산성)

종업원 1명이 창출한 부가가치를 산출한 지표를 말하는 것이며, 부가가치기준에 의한 노동생산성을 산출한 것으로 임금을 결정하는 기준이 되기도 한다. 노동생산성이 높다는 것은 기업이 보유하고 있는 노동력을 효율적으로 이용하여 보다 많은 부가가치를 창출했음을 나타낸다. 기업의 경영활동은 노동과 자본의 결합에 의하여 이루어지므로 그 성과도 노동으로 인한 요인과 자본으로 인한 요인으로 구분해볼 수 있다. 그리고 노동생산성만을 기준으로 생산성을 평가할 수는 없고 자본생산성도 함께 고려하여 평가하여야 한다. 종업원 1인당 부가가치를 구하기 위해 종업원수를 80명이라고 할 경우 종업원 1인당 부가가치는 3,869원이 된다.

[식 7-12]
$$\text{노동생산성} = \frac{\text{부가가치}}{\text{종업원수}} = \frac{30.95억\ 원}{80명} = 3{,}869만\ 원$$

4. 총자본투자효율

총자본투자효율은 기업에 투자된 총자본이 1년 동안 어느 정도의 부가가치를 창출하였는가를 나타내는 비율을 말하는 것으로 자본생산성을 측정하는 지표로 사용되며 총자본투자효율이 높으면 총자본이 효율적으로 운용되었음을 의미한다.

[식 7-13]
$$\text{총자본투자효율} = \frac{\text{부가가치}}{\text{총자본(평균)}} \times 100$$

쉬어가는 이야기 일곱

이런 방식의
설비추가는 무서워?

자동차부품을 생산하여 30억 원의 매출을 올리고 있는 J사의 H사장은 그동안은 제품을 프레스로 찍어서 도장은 외주가공을 하여 납품을 하고 있었다. 외주가공으로 처리하고 있는 도장작업은 전체 매출액의 20%를 차지하고 있으며, 회사에서 직접 작업을 하게 되면 운송비의 절감은 물론이고 원가도 훨씬 절감할 수 있어 많은 수익을 올릴 수 있을 것으로 판단하였다. 그리고 이번 기회에 도장라인을 설치하면서 도장작업도 수주를 받아서 하게 되면 사업영역의 확장으로 인한 매출도 20% 정도는 늘어날 것으로 예상하였다.

동사는 전년도에 자가사업장을 신축하면서 대출금이 늘어나서 25억 원의 대출금을 보유하고 있으며, 도장라인의 설치에 필요한 자금은 총 4억 원인데 1억 원은 회사가 보유하고 있는 운영자금 2억 원에서 인출하여 사용하고 나머지 3억 원은 은행의 대출금으로 충당하기로 하였다. 그리고 도장라인의 설치장소는 동사의 공간이 부족하여 주차장을 마주하고 있는 앞의 공장을 임대하여 사용하기로 했다. 그런데 은행에서는 도장라인이 자가사업장에 설치된 것이 아니라는 이유로 담보설정을 할 수 없다고 하여

하는 수 없이 시설자금이 아닌 운영자금으로 대출을 받아 어렵게 도장라인을 설치할 수가 있었다.

도장라인 설치 후 처음에는 그런대로 운영이 잘되었고 도장작업 관련 매출이 늘어나면서 운영자금이 전보다 더 많이 투입이 되고 있었다. 그런데 기존의 운영자금 1억 원을 도장라인 설치비용으로 충당을 하였으니 운영자금 부족에 대한 압박은 더욱 심하게 되었다. 추가로 받은 대출금 3억 원에 대한 이자도 부담스러워지기 시작하였다.

자금부족에 시달리면서 힘들게 1년이 다 되어갈 즈음 은행에서 도장라인 설치비용으로 받은 대출금에 대한 상환을 요구하였다. 공장을 신축할 때에는 3년 거치 5년 분할상환의 조건으로 시설자금 대출을 받아 3년까지는 대출금 상환 요구가 없는 것으로 알고 느긋하게 있었지만 운영자금은 만기일이 1년이라서 상황이 달랐다. 그러지 않아도 운영자금이 부족하여 힘들게 경영을 해왔는데, 원금상환 요구까지 받으니 심각하지 않을 수가 없었다.

추가로 더 운영자금이 조달되지 않으면 심각한 상황에까지 봉착할 수밖에 없는 상황이 되어 어쩔 수 없이 은행에 운영자금과 기존 대출금 상환을 위한 추가 운영자금을 요청하였다. 은행직원은 동사의 재무제표를 검토한 결과 기업의 유동성비율이 너무 낮고, 또 차입금이 많아 부채비율도 높아 더 이상은 대출이 어렵다는 통보를 해왔다. H사장은 이 위기 상황을 어떻게 극복해야 할지 힘들어하고 있다.

제8장
손익계산서를 이용한 재무분석

수익성 분석은 일정기간 동안 기업의 경영성과를 측정하는 비율로서 투자된 자산 또는 자본과 매출액에 상응하여 창출한 이익의 정도를 나타내는 지표를 말한다. 또한 수익성분석은 자산이용의 효율성, 이익창출능력 등에 대한 평가는 물론 영업성과를 요인별로 분석, 검토하기 위한 지표로도 사용된다.

제30절 수익성 분석

　　수익성 분석은 일정기간 동안 기업의 경영성과를 측정하는 비율로서 투자된 자산 또는 자본과 매출액에 상응하여 창출한 이익의 정도를 나타내는 지표를 말한다. 또한 수익성 분석은 자산이용의 효율성, 이익창출능력 등에 대한 평가는 물론 영업성과를 요인별로 분석, 검토하기 위한 지표로도 사용된다. 그리고 수익성비율에는 자본수익성비율과 매출수익성비율이 있으며, 재무상태표 항목과 손익계산서 항목을 동시에 고려하는 혼합비율의 경우에는 재무상태표 항목을 기초잔액과 기말잔액을 평균하여 사용한다.

1. 총자산순이익률

　　총자산순이익률(ROA : Return on assets)은 기업이 일정기간 동안 벌어들인 당기순이익의 총자산에 대한 비율로서 자산을 얼마나 효율적으로 운용했는가를 나타내는 지표이다. 이것은 기업의 계획과 실적 간 차이 분석을 통한 경영성과 평가나 경영전략수립 등에 많이 사용되는 분석지표이다.

$$\text{총자산순이익률} = \frac{\text{당기순이익}}{\text{자기자본(평균)}} \times 100 \qquad \text{[식 8-1]}$$

2. 자기자본순이익률

자기자본순이익률(ROE : Return on equity)은 기업이 일정기간 동안 벌어들인 당기순이익의 자기자본에 대한 비율을 나타내는 지표이다. 이것은 투자된 자기자본의 효율적 이용도를 측정하는 것으로 같은 기간의 정기예금 금리와 비교함으로써 주주는 자본의 효율성을 측정한다. 따라서 주주의 입장에서는 수익성 비율 중에서 자기자본순이익률이 가장 중요시되는 비율이라고 할 수 있다.

$$\text{자기자본순이익률} = \frac{\text{당기순이익}}{\text{자기자본(평균)}} \times 100 \qquad \text{[식 8-2]}$$

3. 매출액영업이익률

매출액영업이익률은 기업의 주된 영업활동으로 벌어들인 성과를 판단하기 위한 지표로서 영업이익을 매출액으로 나눈 것으로 기업의 영업에 대한 효율성을 측정하는 분석지표로 활용된다. [표 2-2]의 자료를 사용하여 매출액영업이익률을 구해보면 3.16%이다.

$$\begin{aligned}\text{매출액영업이익률} &= \frac{\text{영업이익}}{\text{매출액}} \times 100 \\ &= \frac{3.16억\ 원}{100억\ 원} \times 100 \\ &= 3.16\%\end{aligned} \qquad \text{[식 8-3]}$$

4. 이자보상비율

이자보상비율은 영업이익을 이자비용으로 나눈 비율로서 기업의 주된 영업활동으로 벌어들인 이익으로 이자비용을 감당할 수 있는가를 측정하는 지표이다. 이것은 이자지급에 필요한 수익을 창출할 수 있는 능력을 측정하기 위한 것으로 영업이익으로 이자부담능력을 판단하는 데 유용한 자료이다. [표 2-2]의 자료를 사용하여 이자보상비율을 구해보면 250.79%이다.

$$\text{이자보상비율} = \frac{\text{영업이익}}{\text{이자비용}} \times 100$$

$$= \frac{3.16억\ 원}{1.26억\ 원} \times 100$$

$$= 250.79\%$$

[식 8-4]

5. 매출액순이익률

매출액순이익률은 매출액에 대한 당기순이익의 비율을 나타내는 지표로서 기업의 전체적인 경영효율성을 판단하는 데 이용되는 비율이다. 다시 말해서 매출액순이익률은 영업활동과 재무활동을 총망라한 기업경영의 성과를 최종적으로 평가하는 비율이라고 할 수 있다. [표 2-2]의 자료를 사용하여 매출액순이익률을 구해보면 1.99%이다.

$$\text{매출액순이익률} = \frac{\text{당기순이익}}{\text{매출액}} \times 100$$

$$= \frac{1.99억\ 원}{100억\ 원} \times 100$$

$$= 1.99\%$$

[식 8-5]

제31절 성장성 분석

성장성 분석은 기업의 자산이나 자본 등 경영규모와 경영활동의 성과가 전년도와 비교하여 당해연도에 얼마나 증가되었는가를 나타내는 지표로서 기업의 경쟁력이나 미래의 수익창출 능력을 간접적으로 알 수 있는 지표가 된다.

[표 7-1]에서는 미래기업(주)의 성장성비율을 측정하기 위해 2012년도와 2013년도의 성장성과 관련된 회계자료를 제시하였다.

1. 매출액증가율

매출액증가율은 기업의 전기매출액에 대한 당기매출액의 증가율로서 외형적인 신장세를 판단할 수 있는 대표적인 지표이다. 경쟁기업과 비교하여 더 나은 매출액증가율은 그 기업의 시장점유율이 증가하였음을 의미하기 때문에 매출액증가율은 기업의 경쟁력에 대한 변화를 나타내는 척도이기도 하다.

[표 7-1]의 자료를 사용하여 매출액증가율을 구해보면 5.60%이다.

$$매출액증가율 = \frac{당기\ 매출액 - 전기\ 매출액}{전기\ 매출액} \times 100$$

[식 8-6]

$$= \frac{100억\ 원 - 94.70억\ 원}{94.70억\ 원} \times 100$$

$$= 5.60\%$$

2. 순이익증가율

순이익증가율은 기업의 전기순이익에 대한 당기순이익의 증가율로서 기업활동의 최종성과인 순이익이 당해연도에 얼마나 증가하였는지를 알 수 있는 비율이다. 매출액증가율이 외형적인 성장세를 보여준다면 순이익증가율은 실질적 증가세를 보여주는 지표라고 할 수 있다.

[표 7-1]의 자료를 사용하여 순이익증가율을 구해보면 10.56%이다.

$$순이익증가율 = \frac{당기\ 순이익 - 전기\ 매출액}{전기\ 순이익} \times 100$$

[식 8-7]

$$= \frac{1.99억\ 원 - 1.80억\ 원}{1.80억\ 원} \times 100$$

$$= 10.56\%$$

제32절 활동성 분석

활동성 분석은 기업에 투자된 자산이나 자본 등의 자원을 얼마나 효율적으로 운용하고 있는지를 나타내는 비율로서 매출액은 투입된 자원의 금액으로 나눈 회전율로 측정된다. 즉, 기업은 수익을 최대한으로 증대하기 위하여 투입된 자산을 반복적으로 회전시키게 되는데, 이에 따른 성과로 나타나는 것이 매출액이다. 따라서 회전율은 매출액을 기본항목으로 측정하게 되며, 기업의 활동성은 매출액과 각 자산이나 자본항목의 기초와 기말의 평균에 대한 회전율로 측정하게 된다.

1. 총자산회전율

총자산회전율은 총자본회전율이라고도 하며 매출액을 총자산으로 나눈 비율로서 총자산이 1년 동안 몇 번이나 회전하였는가를 나타내는 비율이다. 이것은 기업에 투자한 총자산의 운용효율을 총괄적으로 표시하는 분석지표이다.

[표 2-1]와 [표 2-2]을 사용하여 총자산회전율을 구해보면 1회전이다.

$$총자산회전율 = \frac{매출액}{총자산}$$

$$= \frac{100억\ 원}{100억\ 원}$$

$$= 1회전$$

[식 8-8]

위의 [식 8-8]에 의하면 총자산회전율은 1회전으로 계산이 되었는데 총자산회전율이 1회전이란 것은 이 기업의 1년간 매출액이 보유하고 있는 총자산의 규모와 같다는 것이다. 이것은 기업이 보유한 총자산 규모만큼의 매출액을 1년 동안 실현했음을 말한다. 그리고 총자산회전율이 1회전이므로 총자산회전기간은 1년으로 계산된다. 다시 말하면 이 기업은 총자산 규모만큼을 매출액으로 실현하는 데 1년이 걸린다고 보면 된다. 위의 총자산회전율로 총자산회전기간을 구하면 다음과 같다.

$$총자산회전기간 = \frac{매출액}{총자산회전기간}$$

$$= \frac{1}{1}\ 년$$

$$= 1년(또는\ 365일)$$

[식 8-9]

2. 매출채권회전율

매출채권회전율은 매출액을 매출채권으로 나눈 비율로서 매출채권을 현금화하는 속도를 나타내는 비율이다. 매출채권회전율이 높을수록 매출채권을 현금화하는 속도가 빠르다는 것을 알 수 있다. 매출채권회전율의 역수를 가지고 365일을 곱하면 평균적인 매출채권 회수기간을 계산할 수 있는데, 이 기간이 짧을수록 효율적으로 매출채권이 관리되어 판매대금이 매출채권에 오래 묶여 있지 않는다는 것을 알 수가 있다. 하지만 기업이 시장점유율을 확대하기 위하여 판매전략을 강화하는 경우에는 매출채권회전율이 낮게 나타날 수가 있으므로 기업이 목표한 회수기간이나 판매조건과도 비교하여 평가해야 한다.

[표 7-1]의 자료를 사용하여 매출채권회전율을 구해보면 다음과 같다.

$$\text{매출채권회전율} = \frac{\text{매출액}}{\text{매출채권}} = \frac{100억\ 원}{13.89억\ 원} = 7.20회전 \quad [식\ 8\text{-}10]$$

위의 [식 8-10]에 의하면 미래기업(주)의 매출채권회전율은 7.20회전으로 계산되었는데, 이것은 1년 동안 매출채권의 7.2배만큼이 매출액으로 실현되고 있다는 것으로 매출채권 규모만큼 매출액으로 실현되는데 1/7.2년(0.139년)의 기간이 걸린다는 의미이다. 이 0.139년을 매출채권평균회수기간이라고 하며 매출채권평균회수기간은 매출채권회전율의 역수로 구한다. 미래기업(주)의 매출채권평균회수기간을 구하면 51일이 된다. 매출채권평균회수기간이 길어질수록 기업은 자금압박을 많이 받게 된다.

$$\text{매출채권평균회수기간} = \frac{1}{\text{매출채권회전율}} = \frac{1}{7.2}\ 년 = 0.139년 = \frac{1}{7.2}\ 년 \times 365일 = 51일 \quad [식\ 8\text{-}11]$$

3. 재고자산회전율

재고자산회전율은 매출액을 재고자산으로 나눈 비율로서 재고자산의 회전속도, 즉 재고자산이 현금 등의 당좌자산으로 변화하는 속도를 나타내는 비율이다. 일반적으로 재고자산회전율이 높을수록 상품의 재고손실 방지와 보험료 및 보관료의 절약 등 재고자산의 관리가 효율적으로 이루어지고 있다는 것을 알 수가 있다. 하지만 재고자산의 보유를 정상적인 영업활동에 소요되는 적정수준 이하로 유지하여 수요변동에 적절히 대처하지 못하는 경우에도 재고자산회전율이 높게 나타날 수가 있으므로 해석에 유의할 필요가 있다. 그리고 원재료의 가격이 상승하는 추세에 있는 기업이나 재고자산의 보유가 크게 높아지는 기업들의 경우에는 후입선출법에 의하여 재고자산을 평가하면 재고자산회전율이 높게 나타날 수가 있다. 따라서 재고자산회전율의 상대적인 차이는 실제로 재고자산의 효율적 관리와 생산기간의 단축에 따른 재공품의 감소, 기업의 재고보유방침 및 재고자산 평가방법의 변경 등이 있었는지를 비교·분석하여 판단하여야 할 것이다.

[표 7-1]의 자료를 사용하여 재고자산회전율을 구해보면 다음과 같다.

$$\text{재고자산회전율} = \frac{\text{매출액}}{\text{재고자산}} \qquad \text{[식 8-12]}$$

$$= \frac{100억 원}{9.89억 원}$$

$$= 10.11회전$$

위의 [식 8-12]에 의하면 미래기업(주)의 재고자산회전율은 10.11회전으로 계산되었는데, 이것은 1년 동안 재고자산의 10.11배만큼이 매출액으로 실현되고 있다는 것으로 재고자산 규모만큼이 매출액으로 실현되는데 1/10.11년(0.099년)의 기간이 걸린다는 의미이다. 이 0.099년을 재고자산회전기간이라고 하며 재고자산회전기간은 재고자산회전율의 역수로 구한다. 미래기업(주)의 재고자산회전기간을 구하면 36일이 된다.

재고자산회전율의 보조비율로 재고자산회전기간이 사용되는데 이것은 보유 재고자산이 매출액으로 실현되는 데 걸리는 기간을 의미하는 것으로 여기에서는 연간 재고자산의 10.11배가 매출액으로 실현되고 있으므로 재고자산 규모만큼이 매출액으로 실현되는 데 평균적으로 1/10.11년이 소요된다. 위의 재고자산회전율로 재고자산회전기간을 구하면 다음과 같다.

$$\text{재고자산회전기간} = \frac{1}{\text{재고자산회전율}} \qquad \text{[식 8-13]}$$

$$= \frac{1}{10.11} \text{년} = 0.099\text{년}$$

$$= \frac{1}{10.11} \text{년} \times 365\text{일} = 36\text{일}$$

4. 매입채무회전율

매입채무회전율은 매출액을 매입채무로 나눈 비율로서 매입채무를 지급하는 속도를 나타내는 비율이다. 이것은 기업이 보유하고 있는 유동부채 중 매입채무가 원활하게 지급되고 있는가의 여부를 나타낸다. 매입채무회전율이 높을수록 유동부채를 지급하는 속도가 빠르다는 것을 의미한다. 하지만 기업의 신용도가 저하되어 매입처로부터 신용 매입기간을 짧게 제공받는 경우에도 매입채무회전율이 높게 나타날 수 있음을 유의하여야 하며, 매출채권회전율과 함께 분석하여 운전자금의 압박 가능성 등을 검토해야 한다.

[표 7-1]의 자료를 사용하여 매입채무회전율을 구해보면 다음과 같다.

$$\text{매입채무회전율} = \frac{\text{매출액}}{\text{매입채무}}$$

$$= \frac{100억 원}{7.65억 원}$$

$$= 13.07회전$$

[식 8-14]

위의 [식 8-14]에 의하면 미래기업(주)의 매입채무회전율은 13.07회전으로 계산되었는데, 이것은 1년 동안 매입채무의 13.07배만큼이 매출액으로 실현되고 있다는 것으로 매입채무 규모만큼이 매출액으로 실현되는데 1/13.07년(0.077년)의 기간이 걸린다는 의미이다. 이 0.077년을 매입채무회전기간이라고 하며 매입채무회전기간은 매입채무회전율의 역수로 구한다. 미래기업(주)의 매입채무회전기간을 구하면 28일이 된다. 매입채무회전기간이 길어질수록 기업은 자금압박을 덜 받게 된다.

$$\text{매입채무회전기간} = \frac{1}{\text{매입채무회전율}}$$

$$= \frac{1}{13.07} \text{년} = 0.077\text{년}$$

$$= \frac{1}{13.07} \text{년} \times 365일 = 28일$$

[식 8-15]

쉬어가는 이야기 여덟

기술만 좋아하는 사장님!

바이오 의료진단기기 제조를 목적으로 창업한 M사는 사업을 시작한 지 9년이 넘었고 특허가 10개를 넘는 기술력 있는 기업이다. 대학교에서 미생물학과를 졸업한 K대표는 동사의 기술력에 대한 상당한 자부심으로 지금까지 기업을 경영해오고 있으며, 직원이 7명인 이 기업은 매년 정부과제를 수행하면서 기술개발자금을 지원받아 직원들의 급여를 충당하면서 그런대로 빠듯하게 기업을 운영해오고 있었다. 그러다 보니 매출액과 수익성에 대한 관심을 크게 가지지 않아서 9년이 넘는 기술력 기업이 아직도 3억 원대의 매출액밖에 올리지를 못했다.

제품관련 특허는 10개가 넘지만 사업화로 연결된 것은 특허의 절반도 되지 않았고, 기술개발만을 위주로 하는 연구개발기업으로 안주하고 있었다. 그러던 중에 미생물 관련 측정시스템을 개발하여 특허를 내고 양산화에 들어가기 위한 자금이 필요하여 은행을 방문하였다. 매출액 규모가 3억 원 정도로 작았던 만큼 동사의 재무구조는 취약하였고, 매출액영업이익은 적자를 기록하고 있었으며, 기술개발자금으로 겨우 현상유지를 하

고 있었던 상황이었다.

K대표는 은행에서 요구하는 재무제표와 법인등기부등본 등을 제출하여 대출을 받기 위한 상담을 진행하였으나 신용등급이 낮아서 신용으로는 대출을 해줄 수가 없다고 보기 좋게 거절을 당하였고 보증기관의 신용보증서를 담보로 요구하였다. K대표는 본인의 회사가 업력도 오래되었고 기술력도 뛰어난데 왜 은행에서 대출을 해주지 않는지 도저히 이해를 할 수가 없었다. 창구에서 설전을 벌이다가 결국 신용보증서를 발급받아서 대출을 받기로 하고 한 발 물러날 수밖에 없었다.

다음 날 보증기관을 방문하여 신용보증서 발급관련 상담을 하였으나 은행과 비슷한 이유인 매출액이 적고 영업손실이 발생하여 신용등급이 낮아 보증서 발급이 어렵다는 것이었다.

K대표는 그동안 본인의 회사에 대하여 뛰어난 기술력기업으로 큰 자부심을 가지고 있었으나 이번에 대출건으로 은행과 보증기관을 방문하면서 자존심에 매우 큰 상처를 입었다. 이번 특허제품 양산화 작업은 잠시 뒤로 미루기로 하면서 기업의 매출액 규모나 매출 후 이익을 내는 것이 얼마나 중요한가를 처음으로 뼈저리게 알 수 있었다. 그래서 은행이나 보증기관에서 대출거절 사유로 내세운 매출액을 증가시키는 방법과 이익을 낼 수 있는 방법에 대하여 연구를 해보기로 하였다.

제9장
부실에 대한 이해와 예측

경영자의 능력이나 경험이 부족하여 합리적이고 체계적인 경영이 이루어지지 못하는 방만한 경영은 직접적인 도산의 원인이 될 수 있다. 방만한 경영은 불필요한 경비지출이 많고 비효율적인 생산과 판매부진, 재고과다에 따른 덤핑 등의 현상이 나타나는 것이 특징이다. 솔선수범하면서 합리적으로 직원들을 이끌어나가는 경영활동보다는 정치적 관계를 과시하면서 이것을 사업에 이용하려는 경영자들이 이러한 유형의 도산을 맞게 되는 경우가 많다.

제33절 부실원인과 유형

1. 기업부실의 개념

　기업의 부실은 기업을 경영하는 기업인들이 가장 듣기 싫어하고 또 두려운 단어이기도 하다. '지피지기면 백전백승'이라는 말이 있듯이 부실의 개념을 정확히 알고 부실의 원인과 부실징후를 파악할 수 있으며 나아가 부실을 예측할 수 있다면 부실의 원인을 사전에 제거할 수가 있을 것이다. 그리하여 계속기업으로서의 지위를 굳건히 하면서 성장의 발판을 마련하여 우량기업으로 거듭날 수 있는 계기를 마련할 수 있을 것이라는 기대를 하면서 본 장을 마련하였다.

　그리고 다음 장에서는 부실예방을 위하여 어떻게 하면 안정적으로 기업을 관리할 수 있는지에 대하여 알아보면서 나아가 기업의 가치를 높일 수 있는 길로 안내를 해보고자 한다.

　기업부실이란 기업이 보유하고 있는 자금이 채무를 상환하지 못하여 채무불이행 위험에 놓이는 상황을 말한다. 이러한 기업부실을 초래하는 원인은 다양하겠지만, 일반적으로는 기업의 수익성이 낮을수록, 유보이

익이 작을수록, 순 운전자본이 작을수록, 그리고 부채비율이 높을수록 그 기업은 부실의 가능성이 높아진다고 할 수 있다.

일반적으로 기업부실과 관련하여 사용되는 용어로는 기업이 경제적 실패(economic failure), 지급불능상태(insolvency), 파산선고(bankruptcy)를 받은 경우를 말한다. 기업 간의 경쟁이 갈수록 치열해지면서 기업의 가장 우선적인 목표가 계속기업으로서의 위치를 유지하는 것이 되어가고 있다. 그러면서 기업이 도산의 위험에 처하지 않고 생존하면서 성장의 기회를 가지기 위한 전략이 요구되며 이러한 필요성에 의하여 기업부실을 예측하고 사전에 예방하는 기법을 발전시키게 되었다.

1) 경제적 실패

기업의 부실은 경제적 실패에서 시작되는 것으로 보고 있는데 경제적 실패는 기업의 수익성이 떨어지는 것을 의미하며 이런 경우를 대체로 다음과 같이 세 가지 경우로 논의를 할 수 있겠다. 첫째 기업의 총수익이 총비용에 미달하는 경우, 둘째 기업의 투자수익률이 자본비용보다 낮은 경우, 셋째 기업의 투자수익률이 동업종의 평균투자수익률보다 낮은 경우이다.

2) 지급불능상태

경제적 실패의 상황이 더욱 악화되어 부실이 심화되면 기업이 자금이 부족하여 대출의 원리금이나 매입채무를 정해진 기한 내에 상환하지 못하게 되는 경우를 맞게 되는데 이를 지급불능상태라고 말한다.

지급불능상태에는 그 성격상 기술적 지급불능상태와 실질적 지급불능상태의 두 가지가 있다. 기술적 지급불능상태는 일시적으로 자금이 부족하여 정해진 기한 내에 채무를 상환하지 못하는 경우를 말하는데, 여기까지는 아직도 자산이 부채를 초과하는 상태를 유지하고 있다. 하지만 실질적 지급불능상태는 만성적으로 결손이 누적되어 부채가 자산을 초과하는 상태로써 순자산의 가치가 마이너스 상태가 되면서 만기가 도래되는 채무를 상환하지 못하는 상태를 말한다.

3) 파산선고

파산선고는 법원의 파산선고로 인하여 기업이 법률적인 도산을 맞게 되는 경우를 말한다. 일반적으로 우리나라에서는 지급불능상태가 되면 법정관리를 신청하는 경우가 많다. 이것은 기업의 회생이 가능할 것이라고 법원이 판단하여 채권자와의 이해를 조정한 후 기업을 다시 회생시키

[그림 9-1] 기업의 부실화 과정

는 제도이다. 하지만 법정관리신청이 기각되면 즉각 파산절차에 들어가게 되고 기업의 보유자산은 청산의 과정을 밟게 된다.

2. 기업부실의 원인

기업부실의 원인을 살펴보면 여러 가지 내용이 있지만 부실을 있게 하는 근본적인 환경을 먼저 알아보는 것이 이해력을 높이는 데 더 도움이 될 것이다. 그래서 여기서는 기업이 부실까지 이르게 되는 요인을 내부요인과 외부요인을 구분해서 알아보고자 한다.

아래의 [표 9-1]에서 보는 바와 같이 내부요인은 경영자, 기술, 판매, 재무, 사업구조 등의 요인으로 나누어 볼 수 있고, 외부요인은 국내외 경기, 국내외 정치, 시장 등의 요인으로 나누어서 생각해볼 수가 있다.

[표 9-1] 기업부실의 내부요인과 외부요인

구분	요인	세부내용
내부요인	경영자	자질, 경험, 기술 및 지식부족, 자기과신, 경영방임, 정치참여 등
	기술	제품개발노력 미흡, 인력난, 생산설비의 노후, 원재료 미확보 등
	판매	판매처 개척노력 미흡, 경쟁심화, 홍보부족 등
	재무	현금흐름악화, 판매대금 회수부진, 거래처 부도, 차입능력 미흡 등
	사업구조	과잉투자, 유휴설비 증가, 사업전환 실패 등
외부요인	국내외 경기	국내외 경기의 침체, 구매력 감소 등
	국내외 정치	수출입 규제, 관세 상승, 전쟁 등
	시장	원자재 가격상승, 대체품 출현, 소비구조 변화, 출혈경쟁 등

앞의 기업부실의 내·외부요인의 결과로 나타나는 것이 기업의 부실인데, 대한상공회의소에서 우리나라 기업의 실패에 대한 사례분석을 통한 기업실패의 원인을 제시한 것을 중요도의 순서에 따라 다섯 가지만 살

펴보면 첫 번째가 무리한 사업 확장, 두 번째가 방만한 자금관리, 세 번째가 최고경영자의 독단적인 기업경영, 네 번째가 경영자의 사업경험부족, 다섯 번째가 족벌경영의 심화인 것으로 나타났다.

　　결론적으로 말하면 기업을 계속 유지하는데 있어서 경영자의 경영능력과 적정한 수준의 투자활동 및 이를 뒷받침할 수 있는 자금관리가 가장 중요한 변수임을 알 수 있다.

3. 기업부실의 유형

앞의 기업의 부실원인에 따라서 부실의 유형도 달라지게 되는데 일반적으로 [그림 9-2]에서 보는 바와 같이 네 가지 유형으로 분류해볼 수 있다.

[그림 9-2] 기업부실의 유형

자본부족 → 기업부실 ← 방만경영
연쇄도산 → 기업부실 ← 확장붕괴

1) 자본부족형

자본부족형은 기업을 설립하는 초기부터 회사의 규모에 비하여 지나치게 적은 자본으로 사업을 시작한 기업으로 자기자본이 절대적으로 부족한 유형을 말한다. 이런 경우에는 사업을 계속하면서 금융기관이나 사채 등에 의한 고금리의 불리한 조건을 가진 자금조달에 급급하면서 만성적인 자금부족을 겪다가 도산하게 되는 가장 많은 부실의 형태이다. 획기적인 기술을 가지고도 자본 부족으로 도산한 많은 벤처기업들이 여기에 해당한다.

2) 방만경영형

방만경영형은 경영자의 능력이나 경험이 부족하여 합리적이고 체계적인 경영이 이루어지지 못한 것이 직접적인 도산의 원인이 되는 유형을 말한다. 이런 경우에는 기업을 방만하게 운영하기 때문에 불필요한 경비지출이 많고 비효율적인 생산과 판매부진, 재고과다에 따른 덤핑 등의 현상이 나타나는 것이 특징이다. 솔선수범하면서 합리적으로 직원들을 이끌어 나가는 경영활동보다는 정치적 관계를 과시하면서 이것을 사업에 이용하려는 경영자들이 이러한 유형의 도산을 맞게 되는 경우가 많다.

3) 연쇄도산형

연쇄도산형은 재벌 또는 계열기업이 많은 기업에 빈번하게 발생하는 부실유형으로 모회사가 부실화되면서 연쇄적으로 자회사와 하청업체 등이 도산하게 되는 유형을 말한다. 이것은 우리나라에서 특징적으로 많이 나타나는 현상으로 특히 우리나라의 중소기업들이 도산하는 유형 중에서 가장 높은 비중을 차지한다.

4) 확장붕괴형

확장붕괴형은 무리한 시설투자와 M&A를 통한 인수·합병 등을 통하여 사세를 계속 확장해나가면서 내실을 다지지 않아 결국 경영상태가 부실해져서 도산하는 유형을 말한다. 과거 우리나라의 많은 대기업들의 부실이 이러한 유형에 해당한다고 볼 수 있다.

제34절 부실징후 발견

1. 기업부실의 징후

기업은 부실화되어 가는 과정에서 여러 가지 부실징후가 나타나게 된다. 그리고 기업의 부실은 점차적으로 진행이 되기 때문에 정도가 더 깊어지기 전에 부실화의 징후를 잘 관찰할 필요가 있다.

위에서 살펴본 것처럼 기업이 부실해지는 원인은 다양하지만 이로 인해서 나타나는 징후는 그 기업의 재산상태, 영업실적, 현금흐름 등을 알 수 있는 재무적 징후에서 발견할 수도 있고, 경영진이나 종업원의 태도에서도 알 수 있는 비재무적 징후에서도 발견할 수 있다. 재무적 징후는 재무제표의 분석을 통해서 알 수가 있고, 비재무적 징후는 기업의 실태조사 등으로 발견할 수가 있는데, 이러한 징후들을 정리하면 다음과 같다.

2. 재무적 징후

재무적 징후는 재무제표를 분석하는 등의 방법으로 부실징후를 포착할 수 있는 방법으로 중요한 징후는 다음과 같다.

1) 재무상태표

① 현금및현금등가물과 예금 등 유동성이 급격하게 감소한다.
② 매출채권과 재고자산이 급증하고 채권회수가 늦어진다.
③ 고정자산에 대한 과다한 투자로 이자비용을 부담하기가 어려워진다.
④ 고금리 대출이나 차입조건이 불리한 차입금이 증가한다.
⑤ 부채비율의 증가 및 유동비율의 하락이 급격하게 이루어진다.

2) 손익계산서

① 매출액이 지속적으로 감소한다.
② 매출원가가 계속적으로 상승한다.
③ 매출이 부진한 가운데서도 판매비와 관리비는 지속적으로 증가한다.
④ 이자비용이 급격하게 증가하면서 수익성 저하로 당기순손실이 발생한다.
⑤ 지속적인 적자로 결손의 누적이 심화된다.

3) 현금흐름표

① 영업활동에서 유입된 현금흐름이 감소한다.
② 현금흐름이 악화되어 장기차입금을 단기차입금으로 대환한다.
③ 단기차입금으로 고정자산에 투자한다.
④ 영업실적이 부진한데도 최근 2~3년간 과도한 배당을 실시한다.
⑤ 현금예금의 보유액이 급격하게 줄어든다.

3. 비재무적 징후

재무적 징후로 발견할 수 있는 부실징후는 회계정보의 한계점으로 인하여 충분하지 못한 경우가 많기 때문에 다음과 같은 비재무적 징후를 통해서도 부실징후를 관찰하여야 한다.

1) 경영자

① 경영진이 빈번하게 교체되거나 갑작스럽게 교체된다.

② 외출이 늘어나고 행선지를 알 수 없는 경우가 많다.
③ 낯선 사람의 전화나 방문이 많아진다.
④ 경영자 간의 불화가 잦고 친인척임원이 사임한다.
⑤ 경영자 또는 대주주가 보유주식을 대량으로 매각한다.

2) 종업원
① 유능한 종업원들이 계속해서 퇴직한다.
② 기강이 해이해지고 회사분위기가 침체됨을 느낄 수 있다.
③ 경비원이나 안내원들의 행동이 불친절해진다.
④ 직장을 옮길 생각을 자주 이야기한다.
⑤ 임금체불에 대한 항의가 행동으로 나타난다.

3) 생산부
① 생산설비의 가동률이 급격하게 감소한다.
② 제품 불량률이 증가하고 작업환경이 지저분하다.
③ 재고품이 거의 없거나 반대로 급증한다.
④ 고장난 기계를 즉시 수리하지 않고 장기간 방치해두는 경우가 많다.

4) 영업부
① 현금마련을 위해 덤핑판매를 실시한다.
② 내부거래가 급증하고 직원에게 강제판매를 실시한다.
③ 무리한 수주와 고객에 대한 불친절 등이 나타난다.
④ 광고횟수가 크게 감소한다.

5) 경리부

① 대출금 만기 며칠 전부터 담당자가 면담이나 통화를 기피한다.
② 대출금의 연체가 자주 발생한다.
③ 영업손실을 특별이익으로 커버해서 순이익을 만든다.
④ 차입이자율이 급등하고 차입금상환을 연기하는 경우가 빈발한다.
⑤ 자금담당자가 하루 종일 외출하여 자리를 지키는 시간이 별로 없다.

4. 부실징후 자가진단 점검

위와 같이 외부에서도 재무적 징후와 비재무적 징후를 통하여 기업의 부실징후를 파악할 수가 있다. 하지만 위와 같은 부실징후를 기업 스스로가 체크하여 부실을 사전에 예방하는 것이 계속기업으로의 지위를 유지하면서 성장할 수 있는 기회를 마련하는 것이 또 한편으로는 중요하다고 할 수 있다.

중소기업진흥공단에서는 자기 기업의 경영을 채점해볼 수 있는 간단한 기법을 개발하여 기업체 CEO가 직접 체크해서 채점해볼 수 있도록 표를 만들었는데 [표 9-2]와 같이 소개하고자 한다.

이것은 총 18개 항목으로 구성되어 있는데 모두를 체크해서 5개 이상의 항목이 해당되면 극히 위험한 상태, 4개가 해당되면 불안한 상태이고, 3개 이하가 해당될 경우에는 아직은 건강한 상태지만 주의해야 할 수준이라고 한다. 이익감소, 자금난 악화, 차입금 과다상태 3개 부문으로 나누어진 이 항목은 매출, 금융비용, 외상회수 등 전반적인 항목에 대해 체크를 하게 한다.

한편 이 경영진단항목 18개와는 별개로 5개 항목을 만들어 이들 항목 중 2개 이상이 해당되면 부도 또는 도산 직전에 있다고 경고를 하고 있으므로 주의해야 한다.

[표 9-2] 중소기업 자가진단 항목

경영진단항목	도산 직전상태
1. 매출(수주거래처 단가)이 점점 줄어든다.	1. 능력있는 사원이 계속 그만둔다.
2. 금융부담이 계속 늘어난다.	2. 자금조달을 위해 분식결산을 했다.
3. 대손이 증가한다.	3. 주거래은행이 대출을 거절했다.
4. 가동률(인원, 설비, 자재)이 감소한다.	4. 어음을 남발했다.
5. 경비가 갈수록 증가한다.	5. 어음을 지급기일 전에 회수했다.
6. 순이익률이 감소한다.	
7. 차입금이 늘어 변제가 어려워졌다.	
8. 지급어음, 외상매입지급을 연장했다.	
9. 외상매출어음이 부도났다.	
10. 종업원 임금 지급이 늦어졌다.	
11. 차입금 때문에 은행에 자주 드나든다.	
12. 원천세, 보험료 납부가 더욱 늦어진다.	
13. 소액이지만 사채를 이용하고 싶었다.	
14. 외상채권회수지연으로 운전자금을 차입했다.	
15. 채권회수불능이 일어났다.	
16. 과다한 설비투자로 운영자금을 빌려 쓴다.	
17. 직자가 생겨 자금을 빌렸다.	
18. 재고누적으로 돈을 빌려 쓴다.	

제35절 부실예측

1. 기업부실의 일반적 예측방법

기업의 부실은 경영자와 기업의 직원뿐만 아니라 거래 중인 거래처, 금융기관, 투자자 등의 많은 이해관계자들은 물론 국가와 사회적으로도 심각한 피해를 끼친다. 기업의 부실예측을 통하여 사전에 기업의 부실증가를 파악할 수 있다면 부실원인을 미리 차단하여 기업부실에 따른 피해를 예방할 수가 있을 것이다. 그리고 나아가서는 계속기업으로서의 지위를 굳건히 하면서 성장의 발판을 마련할 수 있는 계기를 만들 수도 있을 것이다. 금융기관은 기업의 부실을 예측하고 원리금의 상환능력을 평가하여 기존 대출의 사후관리나 신규 대출지원의 의사결정에 활용하기도 한다.

기업부실의 일반적 예측방법으로는 재무제표 분석, 현금흐름 분석, 시장정보 분석, 산업구조 및 동향 분석 등이 있으며, 상호 보완적으로 이러한 방법들을 이용하면 비교적 양호한 부실예측을 할 수 있다.

1) 재무제표 분석

재무제표 분석방법은 기업부실을 예측하기 위하여 가장 널리 사용하는 방법으로 기업의 재무제표를 이용한 재무분석을 통하여 기업의 부실을 예측하는 것을 말한다. 그런데 이 방법은 재무제표가 해당 기업의 재무상태와 경영성과를 정확하게 반영해야 한다는 전제가 필요하다.

2) 현금흐름 분석

현금흐름 분석방법은 현재의 상황에서 기업의 현금흐름을 분석하여 현금부족이나 미래 현금창출능력이 떨어짐을 예측하는 방법을 말한다. 손익계산서에서는 당기순이익이 발생하는 흑자기업이라고 하지만 현금흐름이 좋지 않아 부실화되는 경우는 주변에서도 많이 발견할 수 있다. 현금흐름 분석은 현금의 유입과 유출을 중심으로 분석을 할 수 있기 때문에 기업의 자금사정이 악화되는 것을 잘 알 수가 있어 사전에 부실예측을 할 수가 있다.

3) 경영전략 분석

경영전략 분석방법은 경영자의 자질부족, 해당기업의 경쟁력 약화, 산업경쟁력 열세, 국내외 경제환경의 침체 등으로 기업부실을 예측하는 방법을 말한다. 이와 같이 급변하는 환경에 대응하는 기업의 경영전략 내용을 분석함으로써 그 기업의 부실 가능성을 예측할 수 있다는 것이다. 그러나 이러한 세부적인 기업정보는 획득하기가 쉽지 않을뿐더러 주관적인 분석이 될 가능성이 있기 때문에 주의를 할 필요가 있다.

4) 시장정보 분석

시장정보에 의한 분석방법은 기업의 가치를 표시하는 시장지표인 주가나 채권가격의 변화를 분석함으로써 기업부실을 예측할 수가 있다는 것이다. 상장기업이 부실화가 진행되고 있거나 예상되는 경우에는 그 정보가 주가나 채권가격에 부실이 발생되기 전에 미리 반영이 되기 때문이다. 하지만 거시경제상황의 변화에 따른 주가의 변동은 개별기업의 부실예측에 왜곡된 신호를 보낼 수 있기 때문에 분석에 각별히 주의해야 한다. 이와 같은 시장정보는 재무제표 분석에 의한 부실예측보다 시기적으로 사전 예측의 정확성이 높기 때문에 재무제표 분석에 의한 부실예측의 약점을 일부 보완해준다고 할 수 있다.

2. 기업부실의 계량적 예측방법

앞에서 살펴본 재무제표의 비율분석 방법 등을 통하여 기업의 파산을 예측하려는 학문적인 연구가 많이 진행되어 왔다. 기본적으로 이러한 연구는 기업의 부실을 어떻게 하면 정확하게 예측을 할 수 있는가의 문제인데, 앞에서 제시한 부실예측방법에 더하여 계량적으로 사용되는 부실예측모형도 그 기업의 상황에 맞게 적용을 해보면 기업의 부실을 예방하는데 도움을 주고 있다. 그래서 기업부실의 계량적 예측 방법을 몇 가지 소개해 보고자 한다.

1) 프로필 분석

비율분석의 결과로 얻게 되는 여러 가지 재무비율을 갖고 다양한 방법을 통해서 기업부실을 예측할 수 있다. 이때에 특정한 재무비율을 개별적으로 이용해서 기업부실을 예측할 수도 있고 여러 재무비율을 함께 이용할 수도 있다. 먼저 특정한 재무비율을 개별적으로 이용하는 방법인 프로필 분석에 대하여 알아보겠다.

프로필 분석은 기업의 특정한 재무비율이 변화되는 추세를 확인하여

[그림 9-3] 프로필 분석 시계열 추세

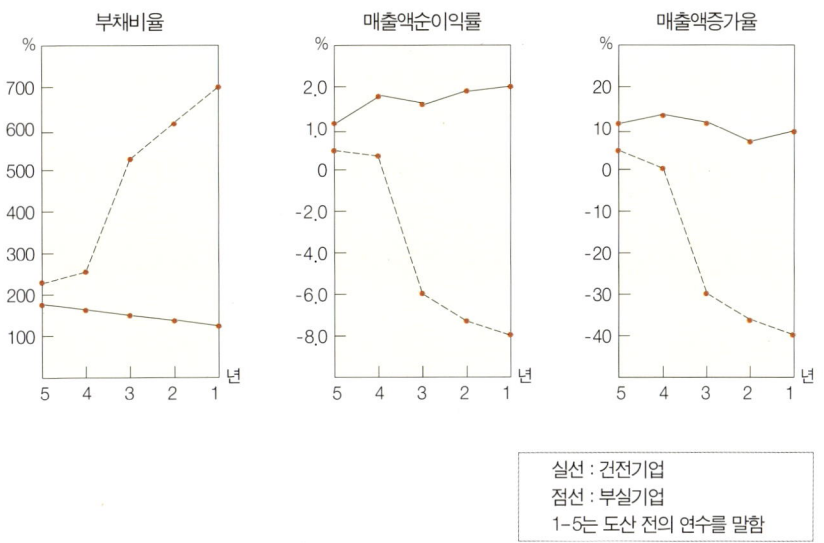

실선 : 건전기업
점선 : 부실기업
1-5는 도산 전의 연수를 말함

그 기업이 부실의 신호를 보이고 있는지 관찰하는 것을 말하는데 구체적으로 다음과 같은 절차를 이용한다.

첫 번째 부실기업군과 건전기업군의 재무비율에 대한 자료를 수집해서 이 두 집단을 유의적으로 구별할 수 있는 재무비율을 선택한다.

두 번째 위에서와 같이 유의적인 재무비율이 선택되면 부실기업과 건전기업의 비율을 산출하여 [그림 9-3]에서 보는 바와 같이 그 차이를 시계열자료로 정리하여 이것을 그림으로 나타내면 시각적인 확인이 가능하다.

세 번째 첫 번째의 분석대상기업의 재무비율을 시계열 추세로 나타내고 다음으로 동일한 업종의 우량기업의 시계열 추세와 비교하면 분석대상기업의 문제점을 파악할 수 있다.

네 번째 그 결과 분석대상기업의 재무비율을 산업평균비율의 시계열 추세와 비교했을 때 만약 이것으로부터 크게 이탈되는 비율이 있으면 특별한 주의를 기울여야 한다.

2) 프로필 분석 사례

[그림 9-3]에서는 부채비율, 매출액순이익률, 매출액증가율의 세 가지 재무비율을 건전기업과 부실기업을 구별하는 유의적인 재무비율로 선택하였다.

먼저 부채비율을 보면 부실기업이 부실화되기 5년 전에는 부실기업이나 건전기업이 크게 차이를 보이지 않았지만 부실화되기 3년 전부터는 부실기업의 부채비율이 급격하게 높아지는 것을 알 수 있다.

매출액순이익률을 보면 부실기업이 부실화되기 5년 전에는 부실기업이나 건전기업이 모두 플러스 값을 갖고 성장을 하고 있다. 그러나 도산 3년 전부터 부실기업의 매출액순이익률은 급격하게 하락하여 마이너스의 값을 나타내는 것을 알 수 있다.

매출액증가율을 보면 부실기업이 부실화되기 5년 전에는 부실기업이나 건전기업이 모두 플러스 값을 갖고 성장을 하고 있다. 그러나 도산 3년 전부터 부실기업의 매출액증가율은 급격하게 하락하여 마이너스의 값을 나타내는 것을 알 수 있다.

3) 판별분석

(1) 판별분석의 개요

기업의 개별적인 재무비율에 의해서 부실예측을 하는 경우 각각의 비율에 의한 평가결과가 상반되게 나타날 수도 있다. 예를 들어 부채비율로 분석하면 건전기업으로 판단할 수 있는데 매출액순이익률로 분석하면 부실기업으로 판단되는 경우이다. 이런 경우 부실에 대한 판단이 모호하게

[그림 9-4] 판별분석 그래프

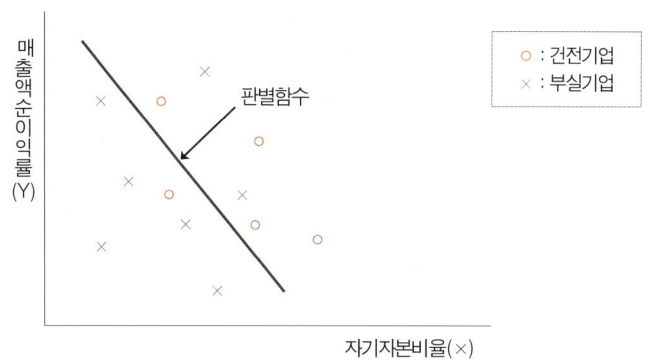

되는데 이러한 문제점을 해결하기 위하여 여러 종류의 재무비율을 종합적으로 이용할 수가 있다.

판별분석은 여러 종류의 재무비율을 종합적으로 이용하여 기업부실을 예측할 수 있는 대표적인 방법을 말한다. 판별분석의 원리는 [그림 9-4]를 보면 잘 알 수가 있다. 이것은 건전기업과 부실기업을 가장 잘 구분할 수 있도록 판별함수를 추정하여 이 함수를 가지고 기업의 부실화를 예측하는 것이다.

그러나 [그림 9-4]에서도 보듯이 판별함수에 의해서 부실기업과 건전기업이 완전하게 구분되는 것은 아니다. 그림의 판별함수는 위쪽을 건전기업, 아래쪽을 부실기업으로 분류하고 있는데 이 분류에 따르면 건전기업 1개가 부실기업으로 잘못 분류되고, 부실기업 2개가 건전기업으로 잘못 분류되고 있음을 알 수 있다. 그래서 판별함수를 도출할 때에는 분류오차가 가장 작도록 하여 예측력을 높이는 것이 중요하다.

(2) 판별분석의 모형

① 미국의 모형

기업부실을 정확하게 예측하기 위해서는 무엇보다도 예측력이 높은 판별함수를 개발하는 것이 가장 중요한 일이다. 그래서 많은 학자들과 연구기관에 의해 여러 가지 판별함수가 개발되어 왔는데 그중 가장 많이 이용되고 있는 판별함수를 살펴보고자 한다.

Z-score Model은 기업부실의 예측 전문가인 미국의 알트만 E.I. Altman 이 1968년에 개발한 판별함수로서 여기에서는 5개의 재무비율을 이용하는데 이 중에는 증권시장자료가 포함되어 있으므로 상장기업에 적용하기 적합한 모델이라고 할 수 있다.

ZETA Model 역시 알트만에 의해서 1977년에 소개된 판별함수로서 7개의 재무비율을 이용하지만 증권시장자료를 사용하지 않아도 되기 때문에 비상장기업에까지 적용할 수 있어서 그 적용범위가 넓은 모형이다. 또한 Z-score Model보다 정확도가 높은 것으로 알려져 있다.

② 한국의 모형

한국은행 모형은 기업 여신관리의 효율성을 높이고 정확한 평가를 위하여 1982년에 KAIST와 공동으로 개발한 모형이다. 이것은 7개의 재무비율을 종합적으로 이용하여 기업의 부실 여부를 판단한다.

K-score Model모형은 알트만이 한국기업의 도산을 예측할 수 있도록 1996년에 개발한 판별모형이다. 이것은 재무비율은 4개뿐이지만 정확도가 높기 때문에 자주 이용되는 모형으로 구체적인 산출 공식을 소개하면 다음과 같다.

$$K_1 \text{ Score} = -17.682 + 1.472X_1 + 3.041X_2 + 14.839X_3 + 1.516X_4$$

여기서 X_1 : $\log_e$(총자산)

X_2 : $\log_e$(매출액/총자산), 즉 $\log_e$(총자산회전율)

X_3 : 이익잉여금/총자산

X_4 : 자기자본/총부채(부채비율의 역수)

이 모형으로 분석대상기업의 부실 여부를 판정하려면 먼저 위 4개의 비율을 산출식에 대입하여 K_1 Score값을 구해야 하며, 여기서 산출된 값을 아래 [표 9-3]과 같은 기준으로 판단한다.

[표 9-3] K_1 Score의 판정 범위와 내용

K_1	판정 내용
$0.75 < K_1$	부실가능성 없음
$-2.00 < K_1 < 0.75$	판정유보
$K_1 < -2.00$	부실가능성 심각

(3) 판별분석의 유용성과 한계점

판별분석은 기업의 부실예측 외에도 신용평가, 주식평가, 채권의 등급평가 등으로 적용범위가 점차 확대되어 가고 있다. 이렇게 판별분석의 적용범위가 점점 확대되어 가는 이유는 첫째, 분석대상기업의 재무변수를 개별적으로 검토하는 것이 아니라 여러 재무변수를 동시에 고려하는 종합적인 재무분석 기법이기 때문이다. 둘째, 동일한 기준으로 많은 수의 기업들을 동시에 평가할 수 있고, 분석자의 주관이 개입할 여지가 없어서 객관적인 기준을 제공할 수 있기 때문이다. 셋째, 판별분석은 미래에 대

판별분석은 여러가지 유용성이 있음에도 불구하고 기업의 환경이 변화하거나 경영패턴이 변화하게 되면 모형의 예측력이 떨어질 수 있는 한계점도 가지고 있다.

한 예측을 가능하게 하므로 재무의사결정자에게 유용한 정보를 제공해주기 때문이다.

한편 판별분석은 위에서 언급한 것과 같은 유용성이 있음에도 불구하고 다음과 같은 한계점을 가지고 있다.

첫째, 판별분석은 이미 발표된 과거의 재무자료를 가지고 사후적으로 판별함수를 추정하여 미래를 예측하는 기법이기 때문에 기업의 환경이 변화하거나 경영패턴이 변화하게 되면 모형의 예측력이 떨어질 수 있다는 것이다. 둘째, 판별함수를 추정하는 데 사용되는 재무비율의 산정에서 객관적인 기준과 이론적 근거가 없다는 것이다. 셋째, 판별분석은 기업의 가치에 영향을 미치는 비회계적인 자료를 고려하지 않고 재무제표 자료가

지니고 있는 한계점을 그대로 지닌다는 것이다. 예를 들어 표본기업들 사이의 회계처리방법이 상이할 경우에는 판별함수의 예측력이 감소할 수 있다는 것이다.

3. 판별분석 응용분야

판별분석은 앞에서 설명한 것과 같이 주로 기업의 재무분석을 통하여 부실화의 가능성을 판단하는 데 이용된다. 그 이외에도 다음과 같은 경우에도 유용하게 사용할 수 있다.

첫째, 기업의 내부통제에도 이용된다. 판별분석은 경영자가 사업부서나 자회사 등을 분석하고 재무상의 문제점을 발견하여 필요한 조치를 할 수 있다. 둘째, 금융기관의 신용평가에도 이용된다. 판별분석은 금융기관에서 거래하는 기업이나 개인에 대한 신용평가에도 이용된다. 따라서 기업이나 개인에 대한 자료가 전산화되어 있는 경우에는 크게 도움이 될 수 있다. 셋째, 채권의 등급평가에도 이용된다. 미국의 무디스와 스탠더드앤드푸어스, 영국의 피치IBCA와 우리나라의 한국신용평가, 한국기업평가, 한국신용정보 등의 신용평가기관이 특정한 기업이 발행한 채권의 원금과 이자를 상환할 수 있는 가능성을 평가하는 경우에도 이러한 판별분석기법이 이용될 수 있다.

 쉬어가는 이야기 아홉

부실기업의
자가진단 항목 체크

자동차부품 제조업을 하면서 공단에서 지역 CEO 모임에 나가고 있는 A대표는 모임에서 함께 술도 마시고 이런저런 이야기를 하면서 그런대로 친하게 지냈던 K대표가 두어 달 보이지 않는다는 것을 알았다. 그러다 차입금이 많은 상태에서 경기하락으로 매출액이 감소하고 엎친데 덮친 격으로 받은 어음이 부도가 나서 자금회전이 되지 않아 더 이상 사업을 지탱하기가 어려워 문을 닫았다는 이야기를 들었다.

함께 오래하고 싶었던 참 좋은 사람이었는데 하는 생각에 마음이 아프면서도 나도 잘못되면 그런 상황이 되지 말라는 법도 없다는 생각이 불현듯 들었다. 다음 날 사무실로 출근한 A대표는 전에 책에서 보고 스크랩을 해 두었던 중소기업 자가진단항목을 살펴보면서 K대표에게서 들은 이야기들을 참고하여 체크를 해보았다.

'매출이 줄어들고, 금융부담이 늘어나고, 순이익율이 감소하고, 외상매출대금으로 받은 어음이 부도나고, 차입금 때문에 은행에 자주 드나든다.'
신기하게도 K대표에게서 들었던 내용만으로도 총 18개 자가진단항목을 체크한 결과 5개 항목이 체크가 되어 극히 위험한 상태라는 것을 알 수 있

었다.

자신이 경영하는 회사도 설비를 추가로 들여오면서 은행에서 대출을 받았기 때문에 '금융부담이 계속 늘어난다'고 하는 항목이 눈에 들어왔다. 그래서 매출을 늘리고 수익성을 높여서 대출금을 조기에 상환할 수 있도록 하면서, 중소기업 자가진단항목을 가끔 보면서 스스로가 도산위험을 체크하면서 리스크를 줄여나가야겠다고 결심하였다.

제10장
부실방지를 위한 안정적 기업관리

국내·외를 불문하고 기업의 경제활동에서 기업 신용등급에 대한 적용범위가 갈수록 확대되어 가고 있고, 우량기업과 그렇지 못한 기업을 판단하는 기준도 기업의 신용등급으로 바뀌어 가고 있다. 이러한 신용사회에서 특히 중소기업은 스스로가 자기의 신용을 관리하고 유지하는 데 전력을 기울여야 한다.

제36절 자본구성과 자본비용

1. 자본구성과 자본비용

앞에서도 설명했듯이 기업의 자본은 크게 타인자본인 부채와 자기자본인 자본금으로 구성된다. 타인자본인 부채는 조달비용이 당기순이익을 산출하기 전에 비용으로 지출이 되고, 자기자본인 자본금은 잉여금으로 배당을 하는 형식으로 비용으로 지출이 된다.

일반적으로 차입금에 대한 이자비용은 자금을 조달하는 시점에 미리 정해지고 정해진 기일에 이자나 원금을 상환하지 못하면 채무불이행으로 도산하게 된다. 기업이 도산하게 되면 주주는 기업이 모든 부채에 대한 원리금을 상환한 후 남는 재산에 대해서만 잔여재산청구권을 가지게 된다. 대체로 기업이 도산하여 부채를 충당하고 나면 주주에게 귀속되는 분배금액은 거의 없기 때문에 주주가 채권자에 비해 위험이 크다고 할 수 있다. 하지만 주식은 상환기일이 없기 때문에 주주는 본인이 소유하고 있는 주식을 처분하지 않는 한 영원히 현금화가 되지 않는다. 이처럼 주주는 큰 위험을 부담하게 되기 때문에 주주가 기업에 대해 기대하는 수익률은 더 높을 수 밖에 없는 것이다. 이러한 주주가 투자의 대가로 원하는 수익률을 기대수익률이라고 하며 기업의 입장에서는 자기자본비용이 되는 것이다.

타인자본인 부채에 대하여는 뒤의 제39절 자산 및 부채의 관리에서 다시 자세히 설명하기로 하고 여기서는 자기자본에 대하여 자세히 알아보기로 하겠다.

먼저 자기자본을 구성하는 자본금을 출자하는 자본주를 주주(stockholder)라고 한다. 주주는 주식회사의 사원인 주주로서의 지위를 가지는 주식의 소유자를 말한다. 주주는 주식의 취득만으로 그 자격이 얻어지며 기업의 실질적인 소유자로서 회사의 최고의사결정 기관인 주주총회를 구성하는 구성원이다.

주주가 가지는 의무는 출자의무뿐이며 그 범위는 그가 가지고 있는 주식의 인수가액을 한도로 한다. 이러한 주주가 가지는 권리로는 주식회사의 총회에 출석하여 질문할 권리와 1주에 대하여 1개의 의결권을 가지고 있으며, 이익배당청구권·잔여재산분배청구권·신주인수권 등이 있다. 주식을 개인이 소유하고 있으면 개인투자자라 하고 금융기관이나 각종 단체 및 법인이 주식을 소유하는 경우에는 법인주주 또는 기관주주·기관투자가라고 한다.

자기자본은 기업의 자본 중에서 원천에 따라 주주에게 귀속되는 자본 부분을 말한다. 즉, 위에서 언급한 주주가 출자한 금액은 출자를 받은 기업의 입장에서 볼 때는 납입자본금으로서 자기자본이 되는 것이다. 이것은 채권자에게 귀속되는 타인자본에 상대되는 개념으로 총투하자본인 총자본에서 부채를 차감한 것이다.

재무제표상으로는 자본금, 법정준비금과 잉여금을 합계한 것으로 순자산이라고도 하며, 기업자본의 기초를 이루는 것으로서 기업이 계속되는 한 상환되지 않는 것이 원칙이다.

자기자본을 구성하는 자본금을 출자하는 자본주를 주주라고 하는데, 주주는 주식회사의 사원인 주주로서의 지위를 가지는 주식의 소유자이자 주주총회의 구성원이 된다.

  이러한 자기자본은 주주가 출자한 납입자본금과 자본활동을 통해 발생한 자본준비금 및 경영활동의 성과를 사내에 적립한 이익잉여금으로 구성된다.
  기업이 자기자본을 증가시키는 데에는 두 가지 방법이 있다. 첫 번째는 증자를 통하여 주주로부터 자금을 추가로 조달하는 것이다. 두 번째는 기업의 경영성과인 순이익을 사내에 유보하여 적립금을 늘려나가는 것이다.
  일반적으로 기업이 보유하고 있는 총자산 중에서 자기자본의 비중이 많으면 많을수록 재무상황이 안정적인 기업이라고 한다.
  한편 기업은 경영활동을 통하여 순이익이라는 성과를 내어야 이것을 잉여금으로 하여 주주들에게 배당을 해줄 수 있다. 그러나 순이익이 발생했다 하더라도 주주들이 배당을 원하지 않는다면 배당금을 지급하지 않아도 된다. 즉, 타인자본인 차입금의 경우에는 정해진 기한 내에 원리금을 상환하지 않으면 채무불이행으로 기업이 도산하게 되는 위험에 처하는 반면, 자기자본인 주주에 대한 배당금의 경우에는 비록 지급되지 않는다 하더라도 기업이 도산하지도 않지만 큰 위험에 처하지도 않는다.

하지만 상장기업이 더 큰 수익과 지속적인 성장을 목적으로 재투자를 위해 일시적으로 주주들에게 배당을 하지 않는 것은 용인이 되지만, 지속적으로 과다한 적자를 기록하면 주주들은 배당은 물론이고 기업이 유지되기도 어렵다고 판단하게 된다. 따라서 보유하고 있던 기업의 주식을 매각하게 되고 결과적으로 주가가 떨어져 기업의 가치는 떨어지게 된다. 따라서 기업의 소유자는 주주라는 시장경제의 기본원리와 자기자본비용의 중요성을 인식하여 기업의 경영자로 하여금 주주와 기업의 가치를 위한 경영활동을 수행하도록 해야 한다.

결론적으로 기업은 타인자본인 차입금에 대한 이자비용을 지불하고

[그림 10-1] 자본구성과 자본비용

자기자본인 자본금에 대한 기대수익률인 일정한 수준의 배당금을 지불할 수 있는 수익을 창출할 수 있는 경영활동을 해야만 계속기업으로서의 가치를 지니는 것이다.

2. 자기자본비용

자기자본비용(cost of equity capital)은 기업이 주주로부터 조달한 자기자본의 가치를 유지하기 위하여 최소한 벌어들여야 하는 수익률을 말한다. 자본비용과 동일한 의미를 갖는 용어로는 요구수익률, 필수수익률, 자본환원율, 보상률, 이자율, 거부율 등이 있다. 자본의 이용에 대한 대가인 자기자본비용이 이렇게 다양한 명칭으로 불리는 이유는 동일한 대상을 자본 공급자와 자본 이용자가 서로 다른 각도에서 보기 때문이다. 자본 공급자는 요구수익률, 보상률, 이자율 등이라 하고, 자본 이용자는 자본비용, 필수수익률, 자본환원율, 거부율 등이라 한다.

재무관리에서 자기자본비용이 중요한 이유는 다음 두 가지 정도로 설명할 수가 있다. 첫째 실물자산의 가치를 계산할 때 자기자본비용이 자본환원율로 사용된다는 것인데, 이것은 자기자본비용은 투자를 하는 의사결정 시에 가치기준의 경제적 판단을 가능하게 한다는 것이다. 둘째 실물투자의 경제성을 검토할 때 필수수익률 또는 거부율로 사용된다는 것인데, 이것은 어떠한 투자이든 투자에 대한 기대수익률이 자본의 자본비용보다 커야 투자할 가치가 있는 것으로 평가된다는 것이다.

자기자본비용을 계산할 때에는 자본자산가격결정모형(CAPM : capital asset pricing model)을 이용하는 방법이 가장 보편적으로 사용된다. 이것은 주식이나 채권 등의 자본자산들의 기대수익률과 위험과의 관계를 도출해내는 모형으로 투자자들이 투자활동을 통해서 시장이 균형상태에 있을 때, 주식이나 채권 등의 자본자산의 균형가격이 어떻게 결정되는지를 설명해주는 모형이다. 이 이론은 1960년대 이후 샤프Sharpe, 린트너Lintner, 모신Mossin 등에 의하여 거의 동시에 개발되었다.

자본자산가격결정모형은 특정한 어떤 자산의 수익률은 무위험수익률(r_f)과 시장위험프리미엄[$E(r_M) - r_f$], 그리고 체계적위험인 베타(β_i)에 의해서 결정된다는 것을 보여주고 있다.

$$E(r_i) = r_f + [e(r_M) - r_f]\beta_i$$ [식 10-1]

$E(r_i) = i$ 주식의 기대수익률

$E(r_M)$: 시장포트폴리오의 기대수익률

위 [식 10-1]을 이용하여 주식의 수익률(r_e)을 다음의 [식 10-2]로 나타낼 수 있다.

$$r_e = r_f + (r_M - r_f)\beta_i$$ [식 10-2]

예를 들어 무위험이자율(r_f)이 4%이고 시장수익률(r_M)이 10%라고 할 때 베타계수(β_i)가 1.3인 기업의 자기자본비용(r_e)은 얼마가 될까?

$r_e = r_f + (r_M - r_f)\beta_i$

　　$= 4 + (10 - 4) \times 1.3$

　　$= 11.8$

따라서 이 기업의 자기자본비용은 11.8%가 된다.

자기자본비용을 추정할 때 증권시장선을 이용하면 경우 다음과 같은 장점이 있다.

첫째, 명시적으로 위험을 고려한다. 둘째, 배당성장률이 일정하지 않은 기업에도 적용할 수 있으므로 유용하다.

하지만 다음과 같은 단점도 있다. 첫째, 시장위험프리미엄과 베타계수를 추정해야 하는데 이들의 추정이 정확하지 못하면 추정된 자기자본비용도 잘못되게 된다. 둘째, 미래를 예측하기 위하여 과거자료를 이용하는데 경제환경은 너무나 빨리 변하기 때문에 과거자료가 미래를 예측하는데 적절하지 않을 수도 있다는 것이다.

그러므로 실제로 자기자본비용을 추정할 때에는 CAPM모형과 배당성장모형을 함께 이용하는 경우가 많다. 이들 두 방법에 의해 추정된 자기자본비용의 크기가 비슷하다면 추정된 자기자본비용이 어느 정도 정확하게 계산되었다고 할 수 있다.

사례

미래기업(주)은 무위험이자율이 5%이고, 시장위험프리미엄이 4%라고 하며, 베타계수가 1.5라고 한다. 그리고 이 기업은 지난해 주당 600원의 배당금을 지급했는데, 앞으로 매년 10%의 배당성장률이 기대된다고 하며, 현재 이 기업의 주식가격은 10,000원이라고 가정할 경우. 이 기업의 자기자본비용을 배당성장모형과 자본자산가격결정모형을 이용하여 산출하면 얼마인가?

풀이

먼저 증권시장선을 이용하여 자기자본비용을 계산해보면 12.6%가 된다.

$$r_e = r_f + (r_M - r_f)\beta_i$$
$$= 0.05 + 0.04 \times 1.4 = 0.126$$

그리고 배당성장모형을 이용해서 자기자본비용을 계산하면 16.6%가 된다.

$$D_1 = D_0(1+g)$$
$$= 600원(1+0.10)$$
$$= 660원$$

$$r_e = \frac{D_1}{P_0} + g$$
$$= \frac{660원}{10,000원} + 0.10$$
$$= 0.166$$

위의 두 방법에 의한 자기자본비용의 평균은 14.6%가 되므로, 이 기업의 자기자본비용은 대략 14.6%로 추정을 할 수 있다.

3. 타인자본비용

타인자본비용은 부채의 자본비용(cost of debt)을 말하는데, 이는 기업이 부채, 즉 타인자본을 사용한 대가로 지불하는 비용으로 새로 부채를 조달하고자 할 때 채권자들이 요구하는 수익률을 말한다. 부채의 자본비용은 조달한 부채에 대한 이자율이라고 할 수 있으므로 추정해야 하는 기업의 자기자본비용과는 달리 정상적으로 측정이 가능하다.

일반적으로 이자는 타인자본인 부채를 조달하면서 특별한 조건이나 기업신용에 문제가 발생하지 않으면 만기까지 일정한 금액을 지급하는 것으로 하고 있다. 따라서 부채의 자본비용은 부채의 총액에 대하여 매년 지급하는 일정한 비율의 이자율을 적용하여 산출할 수가 있다. 즉 부채의 자본비용은 타인자본 사용액에 대한 대가로 지급하는 이자율로서 법인세를 감안하지 않은 차입금의 자본비용식은 [식 10-3]과 같이 표시할 수 있다.

한편, 기업의 영업활동으로 얻는 수익에서 비용을 차감한 세전이익은 법인세의 과세대상이 되는데, 이때 부채의 대가로 채권자에게 지급되는 지급이자는 비용에 속하므로 과세대상에서 제외되어 차감하게 된다. 따라서 부채비용을 산출할 때 영업이익에서 이자비용을 차감하는 감세효과(tax shield effect)가 발생하는데, 이와 같이 법인세를 감안한 경우의 차입금에 대한 자본비용식은 [식 10-4]와 같이 표시할 수 있다.

$$k_d = i = \frac{I}{B} \qquad \text{[식 10-3]}$$

$$k_d = i(1-t_c) = \frac{I}{B}(1-t_c) \qquad \text{[식 10-4]}$$

k_d : 부채의 자본비용

i : 이자율

I : 이자지급액

B : 부채

t_c : 조달액

사례 1

강남전자는 A은행으로부터 20억 원의 대출을 받아 사용하면서 연 1억 원의 이자를 지급하고 있다. 법인세율을 30%라고 하면 이 회사의 차입금에 대한 자본비용은 얼마인가?

풀이

$k_d = I/B(1-t_c) = 1/20(1-0.3) = 3.5(\%)$

기업이 발행한 회사채는 회사채의 만기수익률이 부채에 대한 비용으로 작용한다. 회사채의 부채비용은 타인자본을 조달하는 기업의 입장에서는 부담이지만, 채권자의 입장에서는 만기수익률은 회사채에 대한 대가이기 때문이다. 그러나 기업의 입장에서 보는 자본비용과 채권자들의 요구수익률인 만기수익률에 차이가 있다는 것을 알 수가 있는데, 이유는 기업은 회사채의 사용 대가로 지급하는 이자는 비용으로 처리되어 세금공제가 되기 때문이다. 회사채를 조달하는 데 대한 부채비용은 이자비용으로 감세대상임을 감안한 세후 부채비용은 [식 10-5]와 같이 표시할 수 있다.

회사채 세금 지급 후 부채비용 = $k_b(1-t_c)$ [식 10-5]

k_b : 만기수익률

t_c : 법인세율

사례2

미래기업(주)는 액면가 100억 원, 표면이자율 4%, 만기일 3년의 회사채를 발행하였다. 강남전자의 영업이익이 20억 원이고 법인세율이 30%라고 하면, 강남전자의 부채비용은 얼마인가?

(단위 : 억 원)

구분	금액
영업이익	20
지급이자	4
세전순이익	16
법인세	4.8
순이익	11.2

> 풀이

회사채 세금 지급 후 부채비용 = $k_b(1-t_c)$ = 0.04(1-0.30) = 2.8%
강남전자는 부채에 대한 이자를 손실로 비용 처리하여 1.2억 원(4억 원×0.3)의 절세효과를 볼 수가 있었다.

4. 가중평균자본비용

기업이 타인자본인 차입금이나 자기자본인 유상증자를 통하여 부족한 자금을 조달할 경우 자본구성의 측면에서 차입금과 자기자본과의 비중을 어떻게 구성할 것인가 하는 문제는 재무관리뿐만 아니라 전체적인 기업의 경영측면에서도 중요한 과제라고 볼 수 있다.

기업의 경영자는 경영활동을 수행하면서 자금을 조달할 경우 항상 조달에 따르는 비용을 생각해야 한다. 이것은 타인자본인 차입금에 대하여 부담해야 하는 이자비용뿐만 아니라, 자기자본에 대한 조달비용까지도 감안하여 최적의 경영의사결정을 수행해야 한다는 것이다. 다시 말해서 차입금에 대한 이자비용과 자기자본의 조달비용을 개별적으로 조달된 금액을 감안하여 가중평균한 비용을 계산할 필요가 있는 것이다.

일반적으로 개별적인 자금조달의 원천별 구성비와 조달비용을 가중평균하여 계산된 비용을 가중평균자본비용(WACC : Weighted Average Cost If Capital)이라고 하는데, 이것은 차입금의 조달비용인 지급이자와 자기자본 조달비용의 가중평균치를 말한다.

기업경영에서 자본비용과 관련된 수익성 분석에서 가중평균자본비용의 활용은 현대재무관리의 기본으로 간주되고 있다. 그리고 세금공제 전의 채산성을 계산하기 위하여 차입금의 이자비용은 그대로 사용하고, 자기자본비용은 (1+세율)을 곱하여 계산하는 경우도 있다. 이렇게 하면 다음과 같이 세금공제 전의 가중평균자본비용을 계산할 수 있다.

가중평균자본비용(WACC)

$$= \frac{D}{D+C} \times rD(1-T) + \frac{E}{D+E} \times rE$$

D : 차입금
rD : 이자비용
E : 자기자본액
rE : 자기자본비용
T : 세율

※ 이자비용에는 절세효과가 있기 때문에 이자비용(rD)에는 '(1−세율)'을 곱하는 것에 주의한다.

5. 자본구조

기업의 경영활동을 하면서 부족한 자금을 조달할 때에 타인자본인 차입금의 비율이 높아질수록 자기자본에 대한 수익률은 높아진다. 그런데 총자본에서 타인자본인 차입금이 차지하는 비중이 적정 수준을 초과할 경우에는 기업의 지급불능으로 인한 도산 확률도 그만큼 높아지는 문제점이 발생하게 된다.

기업은 자금을 조달할 때에 최대의 수익을 기대하면서 투자를 하지만 이러한 투자에는 항상 위험이 따르고 또한 반드시 성공을 보장할 수는 없다. 예를 들어 신제품을 개발하여 기업을 설립하였으나 원하는 제품이 생산되지 않을 수도 있고, 또 생산된 제품이 제대로 판매가 되지 않아 과다한 재고를 보유할 수도 있으며, 판매가 된 매출채권의 회수가 제대로 되지 않을 수도 있기 때문이다.

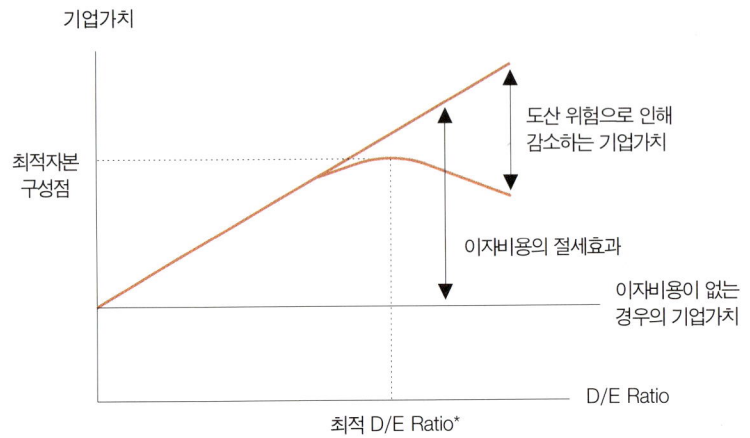

[그림 10-2] 최적자본구성점

따라서 기업의 자금은 언젠가는 상환을 해야 하는 차입금보다는 상환위험이 없는 자기자본으로 조달해야 기업의 도산 위험을 줄일 수 있다. 그리고 기업이 보유하고 있는 총자본에서 자기자본이 차지하는 비중이 지나치게 낮은 경우 상환불이행에 대한 리스크 부담이 커져서 금융기관이 대출을 회피함으로써 소요자금의 조달이 불가능하여 도산에 이르게 되는 경우도 많이 발생한다.

[그림 10-2]의 그래프에서 가로축은 부채비율을 나타내고 세로축은 기업가치를 표시하고 있다. 이 표를 살펴보면 부채비율이 높으면 높을수록 기업의 가치는 증대되어 가지만 일정한 단계를 넘어서면 이자비용으로 인한 절세의 효과보다는 도산위험이 높아진다는 것을 알 수가 있다. 따라서 기업가치가 최고가 되는 시점의 부채비율이 바로 타인자본과 자기자본의 최적 구성점이라고 할 수 있는데, 이를 최적자본구성점이라고 한다.

[그림 10-2]에서 보이는 최적자본구성점은 수식을 풀어서 정답이 나오는 성질의 것은 아니다. 왜냐하면 기업마다 속해 있는 업종의 특성에 따라서 다르고, 또 개별기업의 특성에 따라서도 다르기 때문이다. 따라서 최적자본구성점은 개별기업의 상황을 감안하고, 동일한 업종을 영위하고 있는 경쟁사의 자산구성 비율이나 영업상황 등을 참고하여 그 기업에 맞는 자본구조의 최적자본구성점을 찾아나가야 할 것이다.

제37절 자산 및 부채의 관리

1. 자산의 관리

1) 자산의 개념

　기업은 경영활동을 수행하면서 필요에 따라 여러 종류의 자산을 보유하게 된다. 먼저 기업의 설립을 위해 사무실을 마련해야 하며, 신제품을 개발하여 특허를 등록하면서 투입되는 개발비용도 있어야 한다. 제조업의 경우에는 제품의 생산을 위하여 공장과 제조설비가 있어야 하며, 유통업의 경우에는 상품의 보관을 위한 창고가 있어야 한다. 이러한 사무실과 공장 및 제조설비와 창고, 그리고 개발비용은 비유동자산으로 분류가 된다.

　그리고 제조업의 경우에는 제품을 생산하기 위하여 원재료를 매입해야 하고, 이 원재료로 생산된 제품을 매출하여 결제 대금을 현금이나 외상으로 받게 되며 외상인 경우는 외상매출금으로 처리를 한다. 이러한 상황 속에서 자금회수의 시차로 인하여 기업은 자금부족으로 인한 대출을 금융기관을 통하여 받게 되고, 이 대출금의 상환자원으로 충당하거나 미래의 투자를 위해 예·적금에도 가입하게 된다. 이러한 원재료와 현금 및 외상매출금과 예·적금은 유동자산으로 분류가 된다.

　이처럼 기업의 자산은 재산적 가치의 유무와는 무관하게 기업이 소유하고 있음으로 해서 미래에 경제적인 효익을 받을 가능성이 존재할 경우에는 회계상의 자산이 되는 것이다.

　아래의 [표 10-1]에서 보는 바와 같이 우리나라는 일반기업회계기준에서 자산은 유동자산과 비유동자산으로 분류하고 유동자산은 다시 당좌자산과 재고자산으로 구분한다. 비유동자산은 다시 투자자산·유형자산·무형자산 및 기타비유동자산으로 구분하여 재무상태표에 표시하도록 하고 있다. 이와 같이 자산을 유동성의 정도에 따라 구분하여 분류하면 투자자 등의 회계정보이용자들은 재무상태표를 통하여 그 기업의 유동성에 관한 기본적인 정보를 얻을 수 있게 된다.

[표 10-1] 자산의 분류

유동자산	당좌자산	현금및현금성자산, 단기금융상품, 단기매매증권, 매도가능증권(1년 이내), 만기보유증권(1년 이내), 매출채권, 단기대여금, 미수금, 선급금, 선급비용
	재고자산	상품, 제품, 반제품, 재공품, 원재료, 저장품
비유동자산	투자자산	장기금융상품, 매도가능증권(1년 이후), 만기보유증권(1년 이후), 지분법적용투자주식, 장기대여금, 투자부동산
	유형자산	토지, 건물, 구축물, 기계장치, 선박, 차량운반구, 건설 중인 자산
	무형자산	산업재산권, 영업권, 개발비
	기타비유동자산	임차보증금, 장기매출채권(미수금), 이연법인세자산

　여기서의 유동성이란 단기부채에 대한 지불능력을 말하는 것으로 기업이 보유하고 있는 유동자산으로 어느 정도의 유동부채를 감당할 수 있는가를 측정하는 것이다.

앞에서 자산을 미래의 경제적 효익이라고 정의했듯이 자산은 미래의 특정한 시기에 그 효익을 얻게 됨으로써 가치가 없어지게 된다. 예를 들면 제품이나 상품과 같은 재고자산은 보유하고 있을 때에는 자산으로서의 가치를 지니는 것이지만, 매출이 발생하면 매출수익이라는 경제적 효익을 얻게 되면서 소멸한다.

그리고 공장이나 기계설비와 같은 자산은 일정기간 동안 기업의 생산활동을 통한 수익을 창출하는 데 사용되면서 매년 그 가치가 감소하게 된다. 이것은 감가상각비라는 항목으로 매년 일정한 비율로 비용으로 계상이 되는데, 법에서 정한 내용연수를 다하게 되면 장부상으로의 자산금액은 모두 사라지게 된다.

2) 자산의 관리

기업의 생산 및 영업활동을 위해 필수적인 자산을 어떻게 관리하느냐에 따라 기업의 경쟁력 및 가치가 많은 차이를 나타낼 수 있다. 따라서 여기서는 기업의 신용평가를 위해 각 자산의 항목을 어느 정도 보유하는 것이 적정한 것인가에 대하여 살펴보고자 한다. 여기서 사용한 자산의 각 항목에 대한 수치는 국내의 각 은행들이 기업신용평가의 기준으로 삼고 있는, 한국은행이 발행한 기업경영분석에 수록된 중소기업 전산업 평균비율을 기준으로 하였다.

영업활동을 위해 보유하는 유동자산은 위에서 살펴본 바와 같이 크게 당좌자산과 재고자산으로 구성되어 있다. 2014년 10월 발행한 한국은행 기업경영분석의 중소기업 전산업 평균비율에 의하면 기업이 보유하고 있는 총자산 중에서 당좌자산이 차지하는 비율은 42.24%, 이 중에서 현금및현금성자산은 7.76%, 매출채권은 18.72%를 차지하고 있으며, 매출채권은 매출액의 14.32%인 것으로 나타났다. 그리고 재고자산이 차지하는 비율은 총자산의 13.30%, 이 중에서 상(제)품및반제품은 6.60%, 원재료는 4.31%를 차지하고 있으며, 재고자산은 매출액의 10.23%인 것으로 나타났다.

한편 생산활동을 위한 공장 및 생산설비 등을 주로 하여 구성되어 있는 비유동자산은 크게 투자자산·유형자산·무형자산·기타비유동자산으로 구성되어 있다. 중소기업 전산업의 평균비율에 의하면 기업이 보유하고 있는 총자산 중에서 비유동자산이 차지하는 비율은 44.45%, 이 중에서 투자자산이 차지하는 비율은 7.03%이고, 유형자산이 차지하는 비율은 32.10%이며, 무형자산이 차지하는 비율은 1.92%인 것으로 나타났다. 이러한 평균비율은 매년 크게 변하지 않으므로 비슷한 수준을 유지하도록 하는 것이 바람직하다 하겠다.

앞에서 살펴본 바에 의하면 유동자산 중에서 가장 큰 비중을 차지하는 것이 당좌자산이고, 비유동자산에서 가장 큰 비중을 차지하는 것이 유형자산인 것을 알 수 있다. 이것은 기업의 경영활동에서 단기부채를 상환할 수 있는 지불능력을 표시하는 가장 중요한 현금흐름의 근원이 당좌자산이라는 것과 또 매출을 발생시킬 수 있는 제품을 생산하기 위한 유형자산의 보유가 일정 수준 이상이 되어야 계속기업으로서의 지위를 가질 수 있다는 것을 말해주는 것이다.

2. 부채의 관리

1) 부채의 개념

부채는 기업이 장래에 갚아야 할 채무를 말하며, 회계에서의 부채는 법률적인 채무보다는 그 범위가 훨씬 넓다. 그 이유는 과거에 발생한 거래로 인하여 기업이 현재 보유하고 있는 자산이 장래에 유출될 가능성이 존재할 경우 회계에서는 이를 모두 부채로 인식하기 때문이다.

예를 들어 냉장고를 1년간 무상으로 수리를 해주는 조건으로 판매한 경우 당기의 매출액에서 향후 1년 동안 예상되는 무상수리비용은 당기에 확정된 채무는 아니지만 장래에 자원의 유출이 뒤따를 것이 거의 확실시되므로 회계에서는 이를 부채로 계상한다는 것이다.

그리고 부채의 금액은 추정에 의해서도 계상될 수 있다. 예를 들어 매년 늘어나는 직원에 대한 퇴직급여도 당기에 확정되지 않은 채무이지만 회계에서는 부채로 계상한다. 즉, 부채는 법률상의 채무와는 달리 부채의 계상시점에서 반드시 채권자와 상환시기가 확정되어야 할 필요는 없다는 것이다. 다만, 부채를 인식하는 요건에서 중요한 것은 과거에 부채의 원인이 된 거래의 결과로 현재의 의무가 존재하고 그로 인하여 장래에 기업의 자산이 유출될 가능성이 매우 높아야 하며, 또한 그 금액을 신뢰성 있게 추정할 수 있어야 한다는 사실이다.

[표 10-2] 채무와 부채

구분	법률상 채무	회계상 부채
채권자	확정	불특정인 가능
채무금액	확정	추정에 의한 부채도 가능
이행시기	확정	미확정 가능

부채도 자산처럼 상환기간에 따라 유동부채와 비유동부채로 나누어지고, 화폐가치변동에 따라 영향을 받는가의 여부에 의해 화폐성 부채와 비화폐성 부채로 구분할 수가 있다.

일반적으로 부채는 기업의 자금을 조달하는 것이므로 그 사용에 따른 대가를 이자라는 비용의 형태로 지불하는 경우가 대부분이지만, 매입채무나 퇴직급여충당금 등과 같이 이자비용을 수반하지 않는 경우도 있다.

부채도 자산처럼 금액을 평가하는 것이 중요한 문제인데, 그 이유는 부채로 인하여 발생하는 자원의 유출이 대부분 미래에 일어나는 것이므로 재무상태표의 부채금액을 현재시점의 가치로 표시해야 할 필요가 있기 때문이다. 기업회계기준에서는 장기후불 지급조건의 매매거래나 금전대차 거래에서 발생된 채무는 반드시 현재가치에 의해 평가하도록 하고, 명목가액과 현재가치의 차이는 현재가치할인차금으로 계상하여 부채의 상환기간 동안에 이자비용으로 배분하도록 하고 있다

[표 10-3] 부채의 분류와 평가기준

구분	분류	기업회계기준의 평가기준
원화표시 부채	유동부채 비유동부채	기업이 부담하는 채무액 장래 지급할 금액의 현재가치
외화표시 부채	화폐성 외화부채 비화폐성 외화부채	보고기간 말 현재의 마감환율 부채 부담 당시의 환율

2) 부채의 관리

기업의 생산 및 영업활동을 위한 자금조달에서 외부로부터의 차입은 거의 필수적인 것으로 이해할 수가 있으며, 문제는 이러한 부채를 어떻게 관리하느냐는 기업의 경쟁력 및 미래가치를 결정하는데도 많은 차이를 나타낼 수 있다. 따라서 여기서는 기업의 신용평가를 위해 각 부채의 항목을 어느 정도 보유하는 것이 적정한 것인가에 대하여 살펴보고자 한다. 여기서 사용한 자산의 각 항목에 대한 수치도 자산에서와 같이 국내의 각 은행들이 기업신용평가의 기준으로 삼고 있는, 한국은행이 발행한 기업경영분석에 수록된 중소기업 전산업 평균비율을 기준으로 하였다.

영업활동을 위해 원재료 구입비 및 인건비 등의 소요운영자금의 부족

분을 충당하기 위해 외부로부터 조달하였던 단기자금인 유동부채는 위에서 살펴본 바와 같이 크게 매입채무와 단기차입금 등으로 구성되어 있다. 중소기업 전산업의 평균비율에 의하면 기업이 보유하고 있는 총자산 중에서 유동부채가 차지하는 비율은 42.76%, 이 중에서 매입채무가 차지하는 비율은 10.18%이고, 단기차입금은 15.84%이며, 매입채무는 매출액의 7.77%인 것으로 나타났다.

한편 생산활동을 위한 공장 및 생산설비 등 시설자금의 부족분을 충당하기 위해 외부로부터 조달한 장기자금인 비유동부채는 크게 장기차입금 등으로 구성되어 있다. 중소기업 전산업의 평균비율에 의하면 기업이 보유하고 있는 총자산 중에서 비유동부채가 차지하는 비율은 19.96%, 이 중에서 장기차입금이 차지하는 비율은 15.28%인 것으로 나타났다.

앞에서 살펴본 바에 의하면 유동부채 중에서 가장 큰 비중을 차지하는 것이 단기차입금이고, 비유동부채에서 가장 큰 비중을 차지하는 것이 장기차입금인 것을 알 수 있다. 여기서 유의해야 할 것은 기업이 공장 및 생산설비 등의 시설을 도입하면서 소요되는 부족자금은 반드시 장기차입금으로 조달해야 한다는 것이다. 왜냐하면 한꺼번에 많은 자금이 투입되는 생산설비의 경우 장기간에 걸쳐서 자금이 회수되는데, 이러한 설비를 마련하기 위해 단기차입금을 사용하게 되면 1년 이내에 상환을 해야 하므로 유동성부족으로 인한 지급불능의 상태가 되어 기업을 더 이상 운영하기가 어려워지기 때문이다.

제38절 기업의 신용관리

1. 신용관리의 필요성

현대사회는 정보통신의 발달로 인해 정보화 사회로 변화해 가면서 신용사회라고 불릴 만큼 신용평가에 관한 관심이 늘어나고 있다. 세계적으로도 한 국가 신용등급의 등락이 그 나라의 채권가격뿐만 아니라 경제에도 많은 영향을 미치게 되고, 기업에 대한 신용평가도 그 기업의 여신규모와 금리에 영향을 주게 되며, 개인에 대한 신용평가도 그 개인의 금융생활에 많은 영향을 주고 있다. 특히 1995년 WTO의 협약에 의하여 인력과 물자, 그리고 지식이 세계시장을 자유롭게 이동할 수 있게 되면서 국내외 금융시장에서는 국가뿐만 아니라 기업과 개인도 경제활동에서 신인도에 대한 평가가 자연스럽게 요구되고 있다. 따라서 경제주체인 국가, 기업, 개인은 모두 각자의 신용등급을 가지고 경제활동을 하고 있는 것이다.

우리나라는 신용관리능력의 부재로 1997년 말 외환부족으로 인한 경제위기를 맞이하였고 IMF의 관리체계에 놓인 적이 있다. 이후 우리나라에서 금융기관들도 리스크 관리를 하기 위하여 거래기업에 대한 신용평가 기능을 강화하게 되었다. 따라서 우리가 이러한 신용사회에서 생존하기 위해서는 신용평가와 신용등급에 대한 지식과 관심이 절대적으로 필요하다고 할 수 있다.

2. 기업의 신용관리 기법

국내와 국외를 불문하고 기업의 경제활동에서 기업 신용등급에 대한 적용범위가 갈수록 확대되어 가고 있고, 우량기업과 그렇지 못한 기업을 판단하는 기준도 기업의 신용등급으로 바뀌어 가고 있다. 이러한 신용사회에서 특히 중소기업은 스스로가 자기의 신용을 관리하고 유지하는 데 전력을 기울여야 한다.

중소기업이 신용관리를 하는 목표는 신용등급의 상향을 통하여 부도위험을 낮추면서 계속기업으로서 성장과 발전을 거듭하는 것이며, 이러한 목표 달성을 위하여 평소에도 끊임없는 연구개발과 경영혁신을 강화해 나가야 할 것이다.

다음에서는 기업의 신용등급 상향에 대한 방안을 기술하고자 한다. 아래에서 기술한 내용들은 금융기관과 각 신용평가기관에서 기업의 신용평가에서 중요한 평가 잣대로 삼고 있는 요소들이다.

첫째, 재무제표 분식을 하지 않는 것이다. 재무제표의 분식결산은 특정한 의도나 목적을 위하여 재무제표의 내용을 사실과 다르게 작성하는 것을 말한다. 예를 들면 적자가 났는데도 이를 회피하기 위해 마치 이익이 난 것처럼 결산 결과를 거짓으로 작성하거나, 높은 부채비율을 감추기 위해 허위 증자를 통하여 부채비율을 낮추는 것 등이다. 우리나라의 중소기업은 일반적으로 회계업무를 공인회계사나 세무사 등의 외부 회계전문가에게 위탁하고 있다. 이는 중소기업을 운영하는 경영자 대부분이 이공계 또는 마케팅관련 출신으로 기업의 경영이론이나 회계업무에 대한 전문적인 지식이 부족하기 때문이다. 그래서 재무제표의 투명성에 대한 중요성을 잘 인식하지 못하고 자의반 타의반으로 재무제표 분식에 대한 유혹에 쉽게 노출이 된다. 금융기관과 각 신용평가기관에서는 기업의 수많은 재무제표를 분석하기 위하여 재무제표의 분식을 쉽게 판별할 수 있는 기업신용평가 시스템을 잘 갖추어놓고 있다. 재무제표의 신뢰성에 문제가 있는 경우 금융기관 등에서는 그 재무제표에 대한 신용평가에서 평가제외를 하게 되어 신용등급을 받을 수가 없게 된다. 따라서 기업신용평가에서 재무제표를 기초로 하는 정량분석이 전체의 신용평가비중에서 40~60%를 차지하고 있기 때문에 신용평가의 기초가 되는 진실한 재무제표의 작성은 정말 중요하다고 할 수 있다.

둘째, 기업재무관리의 중요성에 대한 인식제고가 필요하다. 재무관리는 합리적으로 적기에 자금을 조달하여 이를 효율적으로 운용하여 기업의 가치를 극대화하는 것이라 할 수 있다. 그러나 중소기업의 현실은 재무관리의 중요성을 잘 인식하지 못하여 재무관리와 관련된 여러 가지 기능을 수행하는 데 어려움을 겪고 있다. 중소기업은 자금동원력에서 대기업에 비하여 월등히 떨어지고, 회사의 재무분석 능력도 취약하여 도산의 징후를 사전에 파악하지 못하므로 대기업에 비하여 도산하는 비율이 높다. 따라서 중소기업이 계속기업으로서 경쟁력을 확보하기 위해서는 제품에 대한 연구개발뿐만 아니라 재무관리에 관계되는 분야도 그 중요성을 인식하여야 할 것이다.

셋째, 금융기관의 신용평가 시스템에 대한 이해가 필요하다. 금융기관의 중소기업 신용평가 시스템을 이해하기 위해서는 기본적으로 다음의 사항을 이해하여야 한다. 먼저 금융기관의 중소기업에 대한 신용평가 기준과 프로세스에 대한 이해이다. 금융기관마다 신용평가는 그 체계가 다소 상이하겠지만 대체로 재무적 요소는 유동성, 안정성, 수익성, 성장성, 활동성, 생산성, 현금흐름의 지표를 말하며, 비재무적 요소는 계량지표인 기업설립기간, 대표자 경력, 금융기관 신뢰도, 자금조달능력 등과 비계량 지표인 CEO의 경영능력, 기술력, 산업경쟁력, 산업위험 등의 구성에 대한 이해를 말하는 것이다. 다음은 기업이 신용등급을 향상시키기 위해서는 신용평가지표의 재무적 요소와 비재무적 요소를 모두 관리할 필요가 있다는 것이다. 그러나 재무적 요소는 기업경영실적의 향상을 통해 이루어지기 때문에 일정한 시간이 필요하다. 그래서 재무적 요소의 개선은 장기적으로 실시하고, 단기적으로는 비재무적 요소인 CEO의 경영능력 향상과 은행거래 신뢰도 제고 등을 위해 노력하여야 할 것이다.

3. 신용도 양호한 기업에 대한 혜택

최근 사회의 모든 분야에서 진실성과 투명성에 대한 요청이 커져 가면서 신용도가 높은 기업이 더 우대를 받는 풍토가 자리를 잡아가고 있다. 신용도가 높은 기업이 누리는 이익은 여러 가지가 있겠으나 여기서는 금융적인 측면만을 살펴보겠다.

첫째, 금융기관에서 유리하게 자금조달을 할 수가 있다는 것이다. 금융기관에서는 여신을 거래하고 있는 기업에 대한 신용분석을 하는데 기업체종합평가표를 작성하여 신용이 높은 기업에는 여신한도의 확대 및 신용대출을 추가로 지원하고 금리도 인하하며 각종 수수료의 면제 등도 지원하고 있으며, 신용등급이 낮은 기업에는 여신지원을 가능하면 억제하면서 금리도 높게 적용한다. 특히 신용등급이 매우 낮은 기업에는 여신지원을 금지하도록 하는 등의 신용등급별로 여신운용기준을 만들어 시행하고 있다. 또한 신용도가 높은 기업에 대하여는 여신지원이 신속하게 이루어질 수 있도록 여신의 취급을 결정할 수 있는 영업점장의 권한을 대폭 확대

하는 등 신속하고 간편한 지원절차를 마련해놓고 있기도 하다. 그리고 금융기관마다 독자적으로 기업의 신용도를 평가할 수 있는 조사와 심사기능을 강화하고 있으며, 이를 통하여 신용도가 높은 우수기업을 발굴하여 타 금융기관보다 더욱 많은 금융편의를 제공하면서 주거래 금융기관으로 유치함으로써 기업의 부실을 예방하고 금융기관의 수익성을 제고하기 위해 노력하고 있는 것이 최근 금융기관의 여신운용추세이다.

둘째, 신용보증기관에서도 우대를 받을 수 있다. 신용보증기관은 담보력이 미약한 기업이 대출을 받고자 할 때 그 기업의 신용도를 평가하여 신용도에 따라 신용보증서를 발급하여 줌으로써 기업의 자금활용을 원활하게 하는 기능을 한다. 신용보증기관은 신용조사를 통하여 산출되는 신용등급에 따라 보증지원 여부를 결정하고 기업의 신용도와 연계하여 보증지원 금액을 결정하므로 신용도가 양호한 기업이 더 많은 금액의 신용보증서를 활용할 수가 있는 것이다.

따라서 기업은 신용도가 양호한 우량기업으로 우대를 받으면서 성장 및 발전해나갈 수 있는 토대를 마련하기 위해서 철저한 신용관리를 하여야 할 것이다.

4. 금융기관의 기업신용평가

1) 신용평가의 일반적 유형

신용평가는 신용평가의 대상에 따라 국가신용평가, 기업신용평가, 개인신용평가로 구분할 수 있다. 첫째, 국가에 대한 신용평가는 그 나라의 채무상환 능력과 상환의지에 대한 평가이며 평가의 대상은 정부와 산하기관 및 정부관련기관이다. 국가나 기업이 해외금융시장에서 채권발행을 하거나 자금차입을 하기 위해서는 국가에 대한 신용평가등급이 있어야 한다. 국가신용등급을 평가하는 기관으로는 미국의 증권거래위원회에서 지정한 국제공인신용평가기관이 있는데, 미국계의 스탠더드앤드푸어스, 무디스와 유럽계의 피치 레이팅Fitch Ratings 등이 있다.

둘째, 기업신용평가는 기업을 신용평가의 대상으로 하는 것으로 기업의 재무상태와 경영성과 및 채무의 상환능력과 채무에 대한 상환의지를 분석하고 평가하는 것을 말한다. 셋째, 개인신용평가는 수많은 개인에 대한 신용평가업무를 표준화하여 신속하게 처리하기 위하여 개인신용평가 시스템 등의 방법으로 신용평가업무를 수행하고 있다. 개인의 신용평가에 대한 평가요소는 직업, 연소득, 연령, 과거의 신용상태, 부동산 소유현황, 금융기관의 여신거래현황, 공과금납부현황 등 개인의 신용과 관련된 사항들이다.

신용평가의 유형 중 여기에서는 기업신용평가를 중심으로 하여 살펴보기로 하겠는데 기업에 대한 신용평가는 평가목적에 따라 기업체신용평

기업신용평가는 기업을 신용평가의 대상으로 하는 것으로 기업의 재무상태와 경영성과 및 채무의 상환 능력과 채무에 대한 상환의지를 분석하고 평가하는 것을 말한다.

가와 기업의 경영활동과 관련하여 다양한 목적으로 사용될 수 있는 여러 형태의 신용평가가 있다.

먼저 기업체신용평가는 기업에 대한 신용평가 중에서 가장 대표적인 것으로 금융기관에서 여신을 거래하고 있는 기업에 대하여 신용평가를 실시하는 것을 말한다. 이것은 기업의 전반적인 재무상태와 경영성과 및 미래 채무상환능력을 평가하는 것이다. 다음은 기업체 사업성평가로 이것은 기업이 새로운 사업에 진출하거나 새 설비에 대한 투자를 하기 위하여 신용평가를 하는 것으로 소요자금의 규모와 자금조달능력, 그리고 수익성 및 차입금의 상환능력 등을 평가하는 것이다. 또 기업 구조조정 신용평가도 있는데 이것은 회사정리절차, 법정관리, 워크아웃 등이 진행 중인 기업 등 구조조정 대상 기업에 대하여 부실화 요인을 분석하고 계속기업의 가치와 청산가치를 비교 분석하면서 채무의 상환계획과 회생전망 등을 분석하는 신용평가이다. 이 밖에도 벤처기업 신용평가와 유가증권 발행을 위한 신용평가, 보증기관이 보증서를 발급하기 위한 보증기관 신용평가 등이 있다.

2) 중소기업 신용평가시스템

금융기관에서는 대체적으로 여신거래기업에 대하여 [그림 10-3]과 같이 대기업, 중소기업, 소기업, 신설기업 등 기업의 규모를 기준으로 구분하여 기업체신용평가표를 작성하고 그 결과에 따라 여신지원의 가부를 결정한다. 금융권이 주로 사용하고 있는 중소기업의 신용평가시스템은 신용평점 모형과 부실기업 예측모형이다. 신용평점 모형은 재무항목과 비재무항목으로 구분하여 평가하고, 부실기업 예측모형은 통계모형과 체크모형으로 구성되어 있다.

[그림 10-3] 기업체신용평가표의 구분

구분		
기업규모별 신용평가표	대기업 신용평가표	
	중소기업 신용평가표	
	소기업 신용평가표	
	신설기업 신용평가표	
중소기업 신용평가 구조	신용평점 모형 (기업체종합평가표)	재무항목
		비재무항목
	부실기업 예측모형	통계모형
		체크모형

3) 기업체신용평가표

　금융기관에서 기업에 여신을 해주기 위해 심사과정을 거치는 중요한 목적은 기업의 미래상환능력을 평가하여 여신 취급에 따른 위험을 최소화하기 위해서이다. 기업체 여신의 연체나 대손 발생 등의 신용위험을 최소화하여 건전한 여신을 보유하기 위해서는 정확한 여신심사가 이루어져야 한다. 기업에 대한 여신심사가 정확하게 이루어지려면 여신신청 목적, 여신의 규모, 미래상환능력, 담보물건의 적정성 등을 파악해야 하는데 이러한 내용들은 기업체에 대한 신용분석을 통하여 이루어진다.

　신용분석은 금융기관의 대출심사에서 가장 중요한 업무인데 이것은 기업에 대한 건전한 여신운용을 위해 대상기업에 대한 과거와 현재의 재무상태 및 경영성과를 파악하고 인적 및 물적 능력을 감안하여 미래의 상환능력을 분석하는 것을 말한다. 금융기관은 신용분석을 통해 여신거래기업에 대한 신용도를 파악하여 여신규모, 여신기간, 채권보전 대책 등의 여신거래에 대한 의사결정을 할 수 있고, 여신거래기업에 대한 경영진의 경영능력과 계속기업으로서의 가치를 종합적으로 분석하여 여신자산의 건전성을 도모할 수 있게 하는 것이다.

　기업체신용평가표는 이러한 신용분석의 결과를 토대로 하여 여신 신청기업의 신용도를 측정해 이를 점수나 등급으로 표시한 것을 말한다. 금융기관은 기업체신용평가표에서 산출된 종합평점이나 등급이 일정한 기준을 충족할 경우에 여신에 대한 지원을 결정한다.

　우리나라의 금융기관은 대부분 신용평가표에 의해 평점을 산출하는 종합평점제도를 도입하여 사용하고 있는데, 주로 여신지원의 적격성 여부를 결정하기 위해 금융기관 자체적으로 만든 기업체종합평가표를 사용하고 있다. 현재 금융기관들이 사용하고 있는 기업체종합평가표는 1995년 한국은행과 전국은행연합회가 주축이 되어 은행이 공통으로 적용할 수 있는 '중소기업 신용평가표'를 개발한 것이다. 금융기관들은 이 중소기업 신용평가표를 토대로 하여 자체 실정에 맞게 응용하여 사용하거나 독자적으로 신용평가모형을 개발해 사용하여 오고 있다. 그래서 금융기관에서 사용하고 있는 기업체 종합평가표는 평가항목을 구성하고 있는 내용이나 평가항목별 가중치 배정과 배점 기준 등이 금융기관 간 약간씩의 차이는 있지만 기본적인 틀과 평가절차는 대동소이하다고 할 수 있다. 그 내용을 살펴보면 첫째, 평가요소를 양적·질적 구성으로 나누어, 양적 평가요소에는 주요 재무비율을 두고, 질적 평가 요소에는 기업의 사업성·경쟁력·경영진의 경영능력·금융기관과의 거래관계에서의 신뢰도 등을 평가항목으로 하고 있다. 둘째, 평가항목별 가중치를 정하는 기준과 평가항목을 각 5등급으로 구분하여 등급별 점수를 차등화하여 적용하고 있다. 셋째, 종합평점은 각 항목에 대하여 평가한 점수를 합산하여 산출한다는 것이다.

4) 기업체신용평가표의 평가항목

모든 금융기관은 신용평점제도를 채택하고 있는데 이것은 자체적으로 만든 기업체신용평가표의 평가항목을 기준으로 신용평가 대상기업에 대한 항목별 평가를 통해 평가결과를 점수화하고 각 평가항목의 점수를 합산한 종합평점을 산출하여 이 점수를 여신지원에 대한 가부결정과 여신지원조건의 결정 및 기업의 건전성 판단의 중요한 기준으로 활용하는 것을 말한다.

그리고 기업체신용평가표의 평가요소는 양적 평가요소와 질적 평가요소로 구성되어 있다. 양적 평가요소로는 재무비율 평가항목으로 구성된 안정성, 수익성, 활동성, 생산성, 성장성 등으로 구성이 되어 있고, 질적 평가요소는 사업성, 경쟁력, 경영자의 경영능력, 은행거래 신뢰도, 업력, 규모, 신용위험 등으로 구성이 되어 있다.

또한 평가항목별로 가중치를 차등해서 부여하고 있는데 이것은 전 평가항목에 대하여 평가의 중요성을 고려하거나 우량 혹은 불량의 상태를 민감하게 반영하는 정도를 고려하는 것이다. 단계별로도 점수를 차등화해서 부여하고 있기도 하는데, 예를 들면 전 평가항목을 A, B, C, D, E 등급의 5단계로 나누는 것을 말한다.

질적 평가요소를 더 객관화하기 위하여 구체적인 검토작업을 할 수 있는 검토표를 마련하고 있는데, 이유는 비재무항목으로 구성되어 있는 항목의 평가에는 평가자의 주관적인 판단이 개입될 여지를 배제하기 위해서이다.

기업체신용평가표의 모형은 업종별로 광업, 제조업, 건설업, 도소매업, 기타 서비스업으로 구분하여 운용하도록 설계되어 있다. 이러한 업종별 신용평점 모형은 각각 적용하는 업종의 특성을 반영하여 평가항목과 평가항목별 가중치가 각각 다르게 되어 있는 것이다. 또한 동일한 업종의 기업이라고 해도 기업의 총자산 규모에 따라 평가항목의 가중치를 다르게 적용하도록 하고 있다.

한편 재무항목과 비재무항목의 평가비중은 [표 10-4]와 같이 기업의 총자산 규모에 따라 다르게 적용하고 있다.

[표 10-4] 재무항목과 비재무항목의 평가비중

기업규모	평가비중	
	재무항목	비재무항목
총자산 10억 원 이하 소기업	40%	60%
총자산 10억 원 초과 외부감사 비대상기업	55%	45%
총자산 70억 원 이상 외부감사 대상기업	60%	40%

5) 신용등급체계

국내신용평가기관의 회사채 신용등급은 기업이 직접금융시장에서 회사채 발행을 통하여 1년 이상인 장기자금을 조달하는 경우에 적용된다. 이것은 기업이 발행한 회사채에 대한 기업의 원리금 상환능력을 신용평가기관이 평가하고 그 결과를 신용등급으로 표시한 것이다. 국내 신용평가회사인 한국기업평가(KMCC), 한국신용정보(NICE), 한국신용평가(KIS)의 회사채등급의 표시체계는 세계적인 신용평가기관인 S&P의 장기평가등급체계와 같다. 아래의 [표 10-5]는 한국신용평가(주)의 신용등급 정의를 표로 나타낸 것이다.

[표 10-5] 회사채 신용등급

등급회사채	신용등급의 정의
AAA	원리금 지급능력이 최상급임
AA	원리금 지급능력이 매우 우수하지만 AAA의 채권보다는 다소 열위임
A	원리금 지급능력은 우수하지만 상위등급보다 경제여건 및 환경악화에 따른 영향을 받기 쉬운 면이 있음
BBB	원리금 지급능력은 양호하지만 상위등급에 비해서 경제여건 및 환경악화에 따라 장래 원리금의 지급능력이 저하될 가능성을 내포하고 있음
BB	원리금 지급능력은 당장 문제가 되지 않으나 장래 안전에 대해서는 단언할 수 없는 투기적인 요소를 내포하고 있음
B	원리금 지급능력이 결핍되어 투기적이며 불황 시에 이자지급이 확실하지 않음
CCC	원리금 지급능력에 관하여 현재에도 불안요소가 있으며 채무불이행의 위험이 커 매우 투기적임
CC	상위등급에 비하여 불안요소가 더욱 큼
C	채무불이행의 위험성이 높고 원리금 상환능력이 없음
D	상환 불능상태임

※ 상기 등급 중 AA부터 B등급까지는 +, - 부호를 부가하여 동일 등급 내에서의 우열을 나타내고 있음

제39절 환율과 위험관리

1. 환율의 의의

기업활동의 세계화가 진전되면서 기업이 한 나라를 넘어서 외국에서 기업활동을 하거나 외국기업과 거래관계를 갖게 되는 현상들이 많이 발생하고 있다. 이러한 기업의 국제화과정은 제품의 수출이나 수입의 단순한 행동에서부터 해외지사 및 합작회사의 설립과 로열티의 계약, 현지의 생산공장이나 자회사의 설립 등의 형태로 발전을 하고 있다. 이렇게 기업의 활동범위가 외국으로 확대되면서 발생하는 것이 환율의 문제이다.

환율(foreign exchange rate)은 일정한 시점에서 한 나라의 통화와 다른 나라의 통화를 교환할 때 두 나라 화폐 사이의 교환비율을 말한다. 일반적으로 한 나라의 통화가치는 그 통화가 가지고 있는 구매력으로 평가되는데, 한 나라의 국내에서의 구매력을 대내가치라고 한다면 외국에서의 구매력은 외화와의 교환비율로 그 가치가 실현되기 때문에 환율은 한 나라 통화의 내외가치를 말한다.

환율의 표시는 어느 나라 화폐를 기준으로 나타내느냐에 따라 자국통화표시와 외국통화표시의 두 가지 방법이 있다. 자국통화표시는 외국화폐를 기준으로 하여 외국화폐 1단위를 바꾸기 위해서 자국화폐를 얼마나 지급해야 하는가를 나타내는 방법으로 세계 대부분의 나라가 이 통화표시방법을 채택하고 있다. 다음 외국통화표시는 자국통화 1단위로 외국화폐를 얼마나 받을 수 있는가를 표시하는 방법으로 이 통화표시방법은 영국에서만 사용하고 있다.

일반적으로 한 나라 통화의 대외가치가 변동하는 것을 환율의 변동이라고 하는데 이 환율은 외환시장에서 외화의 수요와 공급에 의하여 변동하게 된다. 그리고 환율의 변동은 대외적으로는 경상수지와 외채상환의 부담 등에 영향을 미치고 대내적으로는 국내의 물가수준, 생산, 고용, 경제성장 등에도 영향을 미친다.

2. 환율의 종류

1) 매입환율과 매도환율

환율은 사고자 하는 사람과 팔고자 하는 사람에 따라 서로 다른데 사고자 하는 환율을 매입환율(bid rate)이라 하고, 팔고자 하는 환율을 매도환율(offer rate)이라 한다. 외환시장에서는 매입환율과 매도환율을 동시에 고시하고 있으며, 매입환율과 매도환율의 차이를 스프레드spread라고 하는데 이 스프레드가 외환거래수익의 원천이 된다.

2) 기준환율

우리나라의 기준환율은 1993년부터 시장평균환율(market average rate)을 채택하고 있는데 이것은 전일 외국환 취급은행들이 국내 외환시장에서 거래한 원/달러의 환율을 거래량으로 가중 평균하여 산출하는 것으로 매매기준율이라고도 하며, 각종 외환거래의 기준이 된다.

3) 교차환율과 재정환율

각 나라들의 환율은 서로가 밀접한 관계를 맺고 있는데 우리나라와 미국의 환율을 알고 미국과 일본의 환율을 알면 우리나라와 일본의 환율을 알 수 있게 된다. 그리고 우리나라와 외국과의 거래는 대부분 미국 달러로 결제되므로 미국 달러를 기준으로 원화의 교환비율을 나타낸 것을 기준환율(basic rate)이라 한다. 일본 엔도 미국 달러에 대해 일정 환율로 표시되는데 이것을 교차환율(cross rate)이라 한다. 교차환율은 다른 나라와 또 다른 나라의 통화 간에 산출된 교환비율을 말한다. 이를 통하여 우리나라의 원화와 일본 엔화의 환율을 계산할 수가 있는데 이것을 재정환율(arbitrage rate)이라 한다.

예를 들어 원화의 대비환율이 USD1=₩1,100이고 미달러화의 일본 엔화의 환율이 USD1=¥100이라면 원화 대 엔화 환율은 연쇄방식에 의해 간접적으로 ¥100=₩1,100으로 산출이 된다.

4) 현물환율과 선물환율

외환은 매매계약에 따른 자금결제를 언제 행하느냐에 따라 현물환 거래와 선물환 거래로 나누어지는데 외환매매를 계약한 후 제2영업일 이내에 외환의 결제가 이루어지는 거래를 현물환 거래라 하며 이때 적용되는 환율을 현물환율(spot rate)이라 한다. 우리가 일반적으로 환율이라고 하면 현물환율을 말하는 것이다.

그리고 선물환율(forward rate)은 외환매매계약 체결 시 미래의 특정일에 외환을 결제하기로 약정할 때 적용하는 환율을 말하는데 이것은 양 통화 간의 금리차이와 현물환율에 의해 결정된다.

5) 은행 간 환율과 대고객 환율

국제외환시장에서의 외환거래는 은행 간의 거래를 말하며 은행 간의 거래에서 형성된 환율을 은행 간 환율(inter bank rate)이라 하는데 일반적으로 은행간의 거래에서는 전신환이 주로 이용되므로 은행 간 환율은 전신환의 환율을 의미한다.

은행이 고객과의 외환거래에 적용하는 환율을 대고객 환율이라고 하는데 이것은 외국환은행이 자율적으로 결정하여 고시하고 있다. 대고객 환율에는 전신환매매율, 일람출급환어음매매율, 기한부어음매매율, 수입어음결제율, 현찰매매율 등이 있다.

일반적으로 기업이 가장 많이 사용하는 것 중에서 상품을 수출하는 기업이 상품을 선적하고 거래은행으로부터 수출대금을 결제받을 때 사용하는 환율이 수입어음결제율이고, 해외여행 시 외국에서 사용하기 위해 외국통화 현금을 매입 또는 판매할 때 적용하는 환율이 현찰매매율이다.

3. 환위험 관리

환위험(foreign exchange risk)이란 환율의 변동에 따른 현금흐름의 위험을 의미한다. 최근 대부분의 기업들이 외국의 기업과 거래를 하고 있으며 거래의 결제 수단으로 자국통화가 아닌 다른 나라의 통화를 사용하는 경우가 많이 발생하게 되는데 이 경우 다른 나라의 통화 간 교환비율인 환율의 변화는 해당기업을 환위험에 노출시키게 된다. 예를 들어 설명하면, 미래기업(주)는 미국의 기업에 의류를 미화 1백만 달러를 수출하기로 하고 계약서에 서명을 하였다. 현재의 원화/달러의 환율은 ₩1,060/$이며 의류의 생산원가는 10억 원이다. 미래기업(주)가 계약시점인 지금 의류 대금을 받을 경우에는 원화 10.6억 원을 받게 되므로 6천만 원의 이익을 볼 수 있으나, 3개월 후에 의류 대금을 받기로 계약한 경우에는 환위험을 부

환위험은 외국의 기업과의 거래 결제 수단으로 자국통화가 아닌 다른 나라의 통화를 사용하는 경우에 많이 발생하게 되는데 통화 간 교환비율인 환율의 변화는 해당기업을 환위험에 노출시키게 된다.

담하게 된다. 만약 3개월 후 환율이 ₩1,100/$으로 오를 경우에는 원화 11억 원을 받게 되므로 4,000만 원의 추가 이익을 볼 수 있지만, 환율이 ₩1,000/$으로 내릴 경우에는 원화 10억 원을 받게 되므로 계약 당시보다 6,000만 원의 손실을 보게 된다. 이처럼 환율의 변동은 기업의 현금흐름에 커다란 영향을 주게 되는 것이다.

환율의 변동에 따른 기업 현금흐름의 위험을 없애는 것을 환위험의 헤지hedge라고 한다. 앞에서 말한 바와 같이 환위험이란 계약의 체결로 외화표시의 채권과 채무가 확정된 이후 환율의 변동으로 회수하거나 지불해야 할 금액이 계약 당시와 차이가 발생할 가능성을 말한다. 이러한 현금흐름의 위험을 회피하기 위한 방법을 두 가지만 살펴보기로 한다.

첫째, 재무상태표상의 관리이다. 재무상태표에 계상된 외화표시의 자산과 부채를 적절히 조정하여 환위험을 관리할 수 있다. 강세가 예상되는 통화에 대하여는 자산을 증대시키고 부채를 감소시키며, 반대로 약세가 예상되는 통화에 대하여는 자산을 감소시키고 부채를 증가시킨다. 그런데 이 방법은 환율변동을 정확히 예상할 수 있다는 전제가 있어야 가능하며 만일 예상대로 환율이 변동되지 않으면 손실을 보게 된다. 둘째, 선물환시장을 이용하는 것이다. 선물환거래를 이용하면 환율변동으로 인한 미래현금흐름의 불확실성을 제거할 수가 있다. 이것은 외화채권을 보유하게 될 경우 현재의 시점에서 그 채권과 동일한 금액, 동일한 기간에 상당하는 선물환매도 계약을 체결한 후 채권의 만기가 도래되는 시점에서 회수되는 외화를 선물환율로 매도하는 것이다.

쉬어가는 이야기 열

은행에서 양반대접 받는
신용도 우수기업

핸드폰 부품을 제조하는 김사장은 최고경영자과정에서 만난 박사장과 친하게 지내는 사이가 되었다. 금형을 제작하는 박사장은 사람도 좋고, 무엇보다도 금형에 관한 해박한 지식을 들을 수 있어서 본인의 사업에도 도움이 되었다. 박사장은 공고를 졸업하고 지금까지 30년이 넘는 세월을 금형분야에 종사하고 있으며, 사업을 시작한 지는 10년이 되었다. 금형기술을 인정받아 매출액도 꾸준하면서 수익성도 꽤 높은 편이라는 이야기를 들었다.

하루는 박사장과 점심 약속이 있어서 박사장의 회사로 방문하였는데, 박사장은 잠깐 은행에 들렀다가 식사하러 가자고 양해를 구하였다. 그래서 함께 박사장의 주거래은행을 방문하게 되었다. 박사장의 주거래은행인 K은행으로 가서 김사장은 놀라운 광경을 목격하게 되었다. 은행직원들이 박사장을 대하는 태도가 너무 달랐기 때문이다.

지점장실에 들어가서 함께 차를 한잔하는데, 지점장이 박사장에게 자기 은행의 돈을 더 쓰라고 부탁을 하는 것이었다. 물론 금리도 최저 금리로 해준다는 조건이었다. 하지만 박사장은 웃으면서 비용만 늘어난다고 정

중하게 거절을 하는 것이었다. 박사장은 은행 대출담당직원이 가져온 대출금의 기한연장 서류에 서명을 한 후 은행을 나왔다. 일을 다 본 후 은행을 나오는데도 지점장과 부지점장이 문밖에까지 나와서 언제든지 자금이 필요하면 꼭 K은행 대출을 이용해달라고 하면서 배웅을 하는 것이었다.

김사장은 박사장이 다시 보이기 시작했다. 식사를 하면서 이런저런 이야기 끝에 은행에서 그런 양반대접을 받는 비결이 무엇인지 슬쩍 물어보았다. 박사장도 처음에는 은행에서 이런 대접을 받지 않았다고 하면서, 10년 사업을 해오면서 힘든 과정도 여러 번 겪으면서 회사의 신용을 관리하는 것이 얼마나 중요한지를 깨닫고 은행과의 거래에서 이자납부는 물론이고 특히 신용평가의 기본이 되는 재무제표에 대한 공부도 하고 관리를 몇년 동안 철저하게 한 끝에 신용등급이 올라가서 금리도 저렴하게 되었고 대출금에 대한 신용한도도 늘어나서 사업하는 데 많은 보탬이 되고 있다고 자랑스럽게 이야기를 해주었다.

회사로 돌아온 김사장은 자신의 주거래은행이 금리가 높다고, 신용으로 대출을 잘해주지 않는다고 불평할 것이 아니라 자신도 재무제표에 대한 관리와 은행거래 관계 등의 신용관리를 철저히 하여 박사장처럼 되어 봐야겠다고 결심했다.

제11장
성장을 위한 현금흐름 관리

자금관리는 기업의 경영활동을 자금을 중심으로 계획하고 집행 및 통제함으로써 기업의 목표인 기업가치의 극대화를 꾀하고자 하는 활동을 말한다. 자금관리는 최소한의 비용으로 금융시장이나 자본시장에서 적기에 자금을 조달하여 적절한 기업자산에 투자해서 수익창출을 통한 양호한 현금흐름을 유지하여 유동성부족으로 인한 지급불능을 사전에 예방하는 등의 위험을 최소화함으로써 기업의 가치를 극대화하는 일련의 활동이라고 할 수 있다.

제40절 현금흐름의 이해와 활용

1. 현금흐름

현금흐름(cash flow)에 대해 알아보기 위하여 현금흐름이란 말을 풀어서 보면 이해하기가 더 쉬워진다. 현금은 기업이 자금이 필요한 경우 적은 비용을 들여 즉시 현금화가 가능한 자산을 의미하는 것으로, 여기에서는 현금및현금성자산을 말한다. 따라서 현금에는 한국은행에서 발행한 통화인 지폐와 동전, 은행의 자기앞수표, 보통예금이나 당좌예금 같은 요구불예금, 그리고 만기가 3개월 이내인 금융자산 등이 포함된다.

그리고 기업이 잉여자금을 운용하기 위해 주식이나 채권에 투자하여 자금이 필요한 경우 즉시 처분해 현금화가 가능하다면 이것도 광의의 현금에 포함된다고 할 수 있다. 즉, 재무관리에서의 현금이란 기업이 필요한 시점에 대금지급수단으로 활용이 가능한 모든 자산을 의미한다. 흐름이란 위에서 언급한 현금이 기업에 유입 또는 유출됨에 따라 현금이 증감하여 변동되는 것을 말한다.

그러면 여기서 현금흐름을 이익과 비교하여 살펴보기로 하겠다. 일반적인 경우 이익이 많이 발생하면 현금유입은 당연히 많아진다. 하지만 경우에 따라서는 이익을 많이 계상하게 되면 오히려 현금이 유출되는 경우도 발생하게 된다.

예를 들어 미래기업(주)의 손익계산서상에서 매출액이 1,000백만 원에서 매출원가와 판매비와관리비 및 법인세비용 등의 총비용이 900백만 원을 차감하면 당기순이익으로 100백만 원이 남는 것으로 되어 있다. 우리나라 중소기업 전 산업의 평균 매출액순이익률이 약 1.8% 수준인 점을 감안하면 이 기업의 매출액순이익률 10%는 매우 높은 수준의 수익률로 우량한 기업이라고 할 수 있다.

그러면 기업의 현금흐름을 살펴보기로 하자. 매출액 1,000백만 원 중 현금회수금액은 700백만 원이고 300백만 원은 외상으로 처리되어 수금을 하지 못했다. 하지만 비용으로 지출된 900백만 원은 전액 현금으로 지출되었기 때문에 현금흐름은 200백만 원이 마이너스 상태이다.

따라서 이 기업은 손익계산서상으로는 높은 수익률로 순이익을 나타내고 있지만 실제로는 현금이 부족하여 심각한 자금부족 상태를 겪게 된다. 만약 부족한 자금을 적기에 조달하기가 어려울 경우 이 기업은 지급불능으로 인한 흑자도산에 이를 수도 있다. [표 11-1]에서는 위 사례에서 보여준 미래기업(주)의 현금흐름을 잘 나타내주고 있다.

[표 11-1] 미래기업(주)의 손익과 현금흐름

(단위 : 백만 원)

손익계산서		현금흐름표	
매출	1,000	현금 매출	700
비용	900	현금 지출	900
이익	100	현금 수지	-200

- 매출액 중 300백만 원 미회수
- 비용 900백만 원 현금 지급

2. 현금흐름의 중요성

과거 기업경영활동의 재무관리 측면에서 가장 안정적인 대책 중의 하나가 주거래은행과의 관계를 돈독히 유지하면서 부동산이나 유가증권을 많이 보유하는 것이었다. 왜냐하면 기업이 어떠한 위기상황에 의해 거액의 손실이 발생했다 하더라도 재무제표상으로 이익만 내고 있었다면 어떠한 방법으로든 은행이 지원을 해주었고 또한 소유부동산이나 유가증권의 매각을 통하여 이러한 상황을 잘 극복할 수 있었기 때문이다.

그러나 과거 은행도 도산했던 사례가 있고 또한 근간에는 은행 스스로도 막대한 부실채권을 보유함에 따라 여신거래에 대한 심사를 철저히 하고 있기 때문에 과거처럼 무작정 은행에 의존하는 경영방식은 위기극복에 도움이 되기가 어렵게 되었다. 그리고 경기가 장기간 침체기를 거치면서 물가안정에 따른 부동산 가격의 하락과 유가증권 평가방식이 취득원가에서 시가로 전환되면서 부동산과 유가증권의 과다한 보유가 오히려 기업에 부담이 되기 시작하였다. 그래서 과거 자산의 보유규모를 중시하는 기업경영에서 벗어나 최근에는 경영성과를 통한 현금흐름의 효율적 관리가 기업의 계속성과 성장성을 담보하는 시대가 도래하게 된 것이다.

한편 기업의 이해관계자들에게도 특정 기업의 현금흐름과 관련된 사항은 매우 중요한 정보가 되고 있다. 특히 위에서 언급한 은행이나 매출거래처 등과 같은 채권자 입장에서는 기업에 대한 채무불이행 가능성이 어느 정도인지를 평가하기 위해서 현금흐름에 대한 정보가 매우 중요한 부분을 차지한다.

그리고 기업을 경영하는 경영자의 입장에서도 기업이 필요한 소요자금을 어떻게 조달하고 어디에 어떤 용도로 사용하였는지에 대한 정보를 제공하여 기업의 성장전략을 수립할 수 있는 기초적인 자료를 제공하기 때문에 현금흐름에 대한 정보는 중요한 역할을 하고 있다.

[그림 11-1] 현금흐름의 중요성

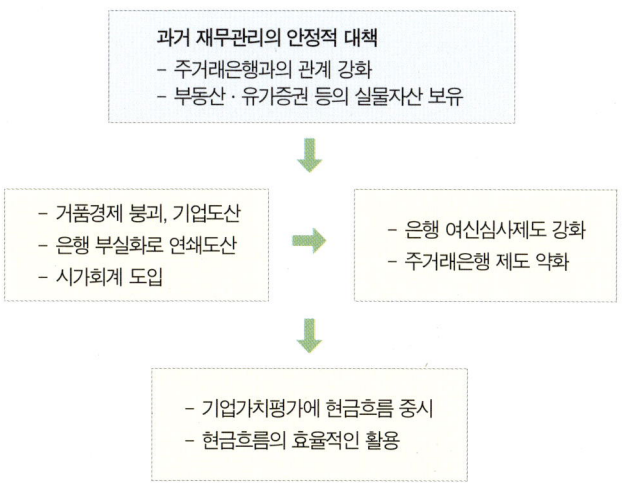

마지막으로 기업의 사업성 평가나 가치 측정에 필수적인 경영항목이 현금흐름이라는 것과 어떤 프로젝트의 수행에 대한 의사결정이나 기업을 인수·합병할 때의 매수가격 산정에서도 필수적으로 현금흐름이 이용되고 있다.

3. 현금흐름 중시형 경영

현금흐름 중시형 경영이란 기업경영활동에서 현금의 유입과 유출을 비교하여 현금의 유입이 항상 흑자 상태를 유지하는 데 중점을 두는 경영방식을 말한다. 이것은 순현금흐름을 언제나 여유를 가져야 한다는 것인데, 투자활동이나 재무활동을 제외한 영업활동으로 인한 현금흐름으로 이러한 상태를 유지해야 한다는 의미이다.

영업활동으로 인한 현금유입의 주요 항목에는 순이익, 매출채권, 재고자산, 매입채무, 감가상각비 등이 있다. 그래서 현금흐름 중시형 경영

현금흐름 중시형 경영이란 기업경영활동에서 현금의 유입과 유출을 비교하여 현금의 유입이 항상 흑자 상태를 유지하는 데 중점을 두는 경영방식을 말한다.

에서는 순이익을 증가시키는 것은 물론이고 매출채권에 대한 회수강화, 재고자산의 철저한 관리를 통한 보유감축, 매입채무에 대한 신용일수의 증대, 감가상각비의 철저한 계상 등이 중요한 문제라고 할 수 있다.

영업활동에 의한 현금흐름에 투자활동에 의한 현금흐름을 더해서 계산되는 것을 가용현금흐름(free cash flow)이라고 한다. 이것을 늘리는 방법 중 가장 바람직한 것은 결국 기업의 주된 사업인 영업활동으로 수익성을 높여서 순이익을 확대하는 것인데, 이를 위해서 신규사업에 투자하여 고수익을 창출해야 한다. 하지만 주의해야 할 것은 성장이 멈추어진 기업도 가용현금흐름의 흑자금액이 커지는 현상을 나타내기도 한다는 것이다. 특히 불량채권의 상각이나 관계회사의 청산 등 구조조정을 진행하고 있는 기업은 소유 부동산이나 유가증권을 매각함으로써 현금이 유입되는 경우

[그림 11-2] 현금흐름 중시형 경영

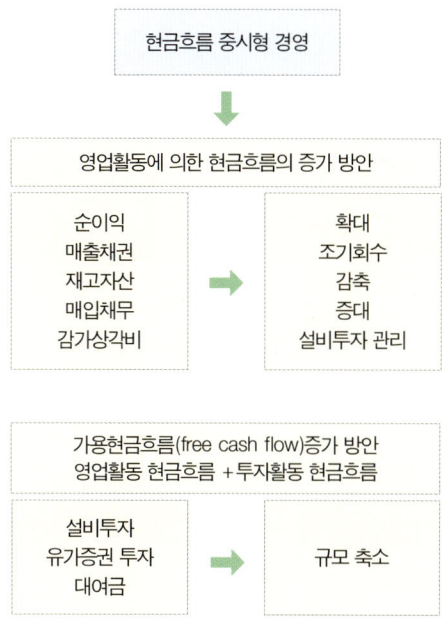

가 많아서 결과적으로 가용현금흐름이 일시적으로 대폭 흑자를 기록하기도 한다.

한편 성장기에 있는 기업으로서 투자를 확대해야 하는 경우나 전략적으로 투자를 해야 하는 사업이 있는 기업은 가용현금흐름이 일시적으로 적자상태를 보일 수는 있으나 신규사업에 대한 투자가 마무리되고 수익이 나기 시작하면 다시 가용현금흐름의 흑자도 돌아서는 현상을 보인다.

기업의 성장을 뒷받침할 수 있는 투자재원은 가용현금흐름을 흑자로 유지해야 가능하기 때문에 현금흐름을 중시하는 구조로 기업경영활동을 펼쳐나갈 필요가 있다.

제41절 자금관리 및 계획과 조달

1. 기업자금의 관리

1) 자금이란?

자금(Fund)을 쉽게 말하면 경영을 하는 데 밑천이 되는 돈을 말하는 것으로 크게 소비자금·산업자금·재정자금으로 나눌 수 있다. 소비자금은 가계의 소비를 위하여 지출되는 자금이고, 산업자금은 기업의 경영을 위하여 지출되는 자금이며, 재정자금은 국가나 지방자치단체의 활동에 소요되는 자금이다. 여기에서는 기업이 영리를 목적으로 한 경영활동을 위하여 지출하는 산업자금에 대하여 살펴보고자 한다.

일반적으로 자금이란 경영이나 영리 등을 목적으로 사용하는 화폐형태의 화폐자본만을 의미하기 때문에 자본의 한 종류에 포함되는 것으로 볼 수 있다. 왜냐하면 자본은 또 화폐자본과 실물자본으로 나뉠 수가 있기 때문이다. 이것을 풀어서 설명하면 기업에서의 자본은 수익을 위하여 생산의 목적에 사용되는 경제적 가치로서 화폐형태인 현금과 예금에만 제한되는 것은 아니다. 단지 자본이라고 하는 한 가지의 형태가 현금자금일 뿐이며, 그 현금은 변화를 반복하면서 실물자본으로 변화하기도 하고 다시 현금으로 되돌아오기도 한다. 이렇게 보면 기업의 모든 자산은 현금이 변화된 것으로 볼 수 있으며, 현금이 포함된 모든 자산은 조달된 자본의 구체적인 운용결과를 표시한 것이라고 할 수 있다.

2) 자금의 기초적 개념

① 시간가치

자금이 시간적 요인에 따라 다른 가치를 가지게 되는 것을 자금의 시간적 가치라고 한다. 자금의 시간적 가치는 재무관리 전반에 걸쳐 적용되는 기초적인 개념으로 중요한 것은 현재가치인데, 그 이유는 재무관리에서 모든 자산의 균형가격은 미래의 현금흐름에 대하여 시간적인 가치를 적용하여 산출한 현재가치로 보기 때문이다.

예를 들면 10년 후의 10백만 원이 현재의 10백만 원과는 다른 가치를 가지게 되는 것을 말하는 것으로 이러한 차이를 시간가치라고 한다.

② 위험

위험이란 미래의 상태가 현재 예상되는 상황과 다를 가능성을 말하는 개념으로서 이는 재무관리에서도 기본적인 분석도구를 제공하는 중요한 개념이다. 자금관리에서의 위험은 미래의 자금흐름이 기대되는 평균값을 기준으로 하여 얼마만큼 다르게 나타나는가 하는 것이다.

③ 현금흐름

현금흐름은 기업의 경영활동을 통해 나타나는 현금의 유입과 유출을 말한다. 기업을 운영하는 과정에서 회계상으로는 이익이 발생하고 있지만 현금부족으로 인한 지급불능으로 기업이 도산하는 상황이 발생하기도 한다. 이런 경우는 장부상의 이익을 중심으로 자금을 관리하는 경우에 더욱 많이 발생하는 경향이 있다. 따라서 선진기업들은 장부상의 이익보다는 현금흐름을 중시하는 자금관리를 한다.

최근의 자금관리에서는 현금흐름을 가장 중요하게 취급하고 있는데 현금흐름은 손익계산서뿐만 아니라 재무상태표의 항목도 고려하여 산출된다.

④ 경제적 부가가치(EVA)

경제적 부가가치는 세후영업이익에서 총자본비용을 공제한 값으로 기업이 투자한 자본을 활용하여 어느 정도의 부가가치를 창출했는가를 보여주는 지표로서 기업이 주된 사업활동을 통해 창출한 순가치 증가분을 말한다. 경제적 부가가치는 손익계산서의 당기순이익과는 달리 계산과정에서 타인자본비용과 자기자본비용을 모두 감안한 기업의 진정한 경영성과를 측정할 수 있다.

이것은 자기자본의 배당을 적정수준의 기대 수익가치로 인정하면서 기업의 수익성을 계산하는 지표이며 자금 운영관리의 평가에 매우 중요한 개념이라고 할 수 있다.

3) 자금관리의 목표와 필요성

자금관리는 기업의 경영활동을 자금을 중심으로 계획하고 집행 및 통제함으로써 기업의 목표인 기업가치의 극대화를 꾀하고자 하는 활동을 말한다. 이것을 구체적으로 살펴보면 자금관리는 최소한의 비용으로 금융시장이나 자본시장에서 적기에 자금을 조달하여 적절한 기업자산에 투자하고 수익창출을 통한 양호한 현금흐름을 유지하여 유동성부족으로 인한 지급불능을 사전에 예방하는 등의 위험을 최소화함으로써 기업의 가치를 극대화하는 일련의 활동이라고 할 수 있다.

자금의 사용계획을 세워서 그 운영을 원활히 하는 것은 경리부서나 자금담당자의 노력은 물론이거니와 경영자나 부문별 부서 관리자의 이해와 협력이 절대적으로 필요하다.

자금계획을 종합하는 것은 자금담당부서이지만 직접 이익의 창출이나 자금원천을 마련할 수는 없다. 자금담당부서에서 보다 유리한 조건으로 자금조달방법 강구, 여유자금 활용 등이 가능하다고 하더라도 각 부서의 협력여하에 따라서 자금관리는 좀 더 효율적으로 이루어질 수 있다.

만약 구매부서와 영업부서에서는 자금의 소비에만 신경을 쓰고, 판매부서에서는 매출증대에만 열을 올리면서 매출대금의 회수는 자금담당부서의 소관이라는 풍조가 넘치는 기업은 흑자도산의 위험에 직면하고 있다고 볼 수 있다. 왜냐하면 이와 같은 징조가 현실화되어 자금이 부족하게 되면 최고경영자나 자금담당자는 자금융통을 위하여 모든 신경을 쓸 수밖에 없기 때문에 기업의 경영은 악화될 수밖에 없게 되기 때문이다.

따라서 기업이 정상적인 경영상태를 유지하기 위해서는 여러 가지의 경영기능 중에서 자금관리의 기능이 매우 중요하다는 것을 평소에 각 부서 관계자들에게 인식시키고, 그들이 자금관리의 협력자일 뿐만 아니라 동참자라는 인식을 갖도록 할 필요성이 있다.

2. 자금계획

1) 자금계획의 정의

자금계획은 기업 재무관리의 목표인 기업가치의 극대화를 달성하고 유동성과 수익성 등을 합리적으로 관리하기 위하여 수립되는 계획이다. 자금계획은 구체적으로 순이익계획과 자금계획으로 나누어볼 수 있다. 순이익계획은 잉여자금을 확보하는 것이고, 자금계획은 유동성과 안정성을 합리적으로 관리하기 위하여 작성되는 것이라고 할 수 있다.

순이익계획은 제46절의 이익목표의 설정에서 구체적으로 살펴보도록 하고 여기서는 자금계획에 대하여 논의해보겠다. 자금계획은 비유동자산에 투자하는 설비투자계획과 유동자산을 운용하는 운전자금계획으로 구분할 수 있으며, 운전자금계획안에서 다시 당좌자산의 현금수지계획으로 세분화해볼 수가 있다.

기업의 현금수지계획이란 얼마의 자본금으로 시작해서 제품을 제조하여 얼마를 지출하고 얼마의 매출을 올려서 얼마를 수금하여 얼마를 남겼는지를 계획하고 집행하면서 부족하면 자금을 조달하고 남으면 어떻게 활용할 것인가에 대한 대책을 수립하는 것이다.

[표 11-2] 자금계획의 체계

재무관리	순이익계획	수익계산	추정손익계산서	기업가치 극대화
		비용계획		
	자금계획	자금유입	추정재무상태표	
		자금유출		

2) 자금계획

자금계획은 순이익계획과 함께 기업의 가치를 극대화하는 견인차 역할을 수행하는 것이다. 자금계획은 안정적인 유동성의 보유는 물론 자금이 필요한 때에 적정한 규모의 자금을 조달할 수 있도록 자금수급을 계획하고 집행하고 조정하는 것이다.

[표 11-3] 자금계획과 이익계획

구분	목적	대상기간과 목표	목표수준	실패의 영향	활용수단
자금계획	지급능력 강화	일정시점 수입이 지출을 초과	목표를 현실적으로 낮게 하여 안전성 위주	지급불능으로 기업 도산	자금수지표 자금운용표
이익계획	채산성 개선	일정기간 매출액이 비용을 초과	목표를 현실보다 높게 하여 도전적으로 책정	배당과 재투자 감소	손익계산서 손익분기점 공식

일반적으로 기업의 자금계획은 단기자금계획·중기자금계획·장기자금계획으로 나뉜다. 단기자금계획은 일일자금계획과 월별자금계획으로 나눌 수 있고, 중기자금계획은 1~2년, 그리고 장기자금계획은 3년 이상의 기간에 대한 자금계획을 말한다.

최근 기업의 환경이 글로벌화되고 경쟁이 날로 치열해지면서 대기업뿐만 아니라 중소기업에서도 주단위 혹은 분기단위로 더욱 세분화해서 자금계획을 수립하고 있는 추세이다. 자금계획에서 중요한 것 중 하나는 자금의 수입과 지출계획이 실현가능해야 한다는 것이며 또한 안정적이고 보수적이어야 한다는 것이다.

그리고 자금계획은 기업의 상황을 한눈에 알 수 있는 소규모의 기업인 경우 자금관리담당자가 단독으로 작성할 수도 있겠지만, 기업의 규모가 어느 수준 이상이 되면 자금계획을 자금담당부서 단독으로 작성하기는 쉽지가 않다. 그래서 자금계획은 경영진의 경영방침에 따라 기획부서에서 매출계획과 순이익계획을 작성하면 [표 11-4]와 같이 실행부서인 영업부서의 영업계획, 구매부서의 구매계획, 생산부서의 생산계획, 자금부서의 자금계획 등이 만들어진다. 이렇게 부서별 자금계획을 합산하여 구체적인 소요자금의 규모를 파악한 후 해당되는 자금의 조달을 어떻게 할 것인가 하는 자금조달계획도 수립하면서 부서별로 조정과정을 거쳐서 자금계획이 완성된다.

[표 11-4] 부서별 자금계획

구분	사업계획
영업부	- 예상 매출계획 - 매출대금의 현금비중 및 매출채권 비중 예측 - 판매비 및 영업수당 · 판매장려금 등의 예상
구매부	- 원재료 구매처 및 구매가격 예측 - 현금구매규모 및 외상구매규모 추정
생산부	- 영업부와 연계한 생산계획 - 생산직 인력의 수급계획
자금부	- 투자사업의 자금조달계획 - 자금의 회수기간 추정

(1) 단기자금계획

일반적으로 단기적인 자금계획은 2~3개월 이내의 기간에 대한 자금흐름을 일/주/월 단위로 자금의 수입과 지출을 체계적으로 정리하는 자금수지계획표 또는 자금일정계획표의 성향을 가진다.

단기자금계획의 작성절차를 살펴보면 먼저 과거의 자금 입출금에 대한 실적과 동향을 분석하고, 영업활동과 관련된 판매와 구매 및 각종 경비지출, 투자활동과 관련된 기계설비 구입, 재무활동과 관련된 대출금의 상환 및 이자비용 지출 등 자금의 수입과 지출이 관련된 데이터를 수집하고 이를 기록해서 자금수지표를 작성한다. 그리고 자금의 수입 또는 지출 예정에 대하여 수납 또는 지급여부를 거래처별로 건별로 확인하여 기재한다.

또한 일별이나 주별 혹은 월별로 기간별 자금흐름을 사전에 파악하여 자금이 부족할 것으로 예상이 되는 경우에는 꼭 지출을 해야 하는 자금 외에는 자금의 지출을 억제해야 한다. 여기서 주의해야 할 것은 기업의 신용과 관련되어 있는 이자비용이나 세금 등은 반드시 해당기일에 납부를 해야 함을 잊지 말아야 한다는 것이다. 그러면서 매출채권의 조기 회수 및 매입채무의 일시적 지급유예 등과 같은 대책을 마련하면서 여의치 않을 경우 주거래은행에 대출을 신청해야 한다. 그리고 자금이 남는 경우에는 여유자금의 금액과 여유기간을 예상하여 은행의 고수익 상품에 운용하는 등의 의사결정도 해야 한다.

(2) 중장기자금계획

장기적인 자금계획은 기업의 중장기 경영계획 및 사업계획에 따라 분기나 반기 및 연간 또는 그 이상의 기간을 단위로 하여 미래의 자금흐름을 추정하는 자금예측의 성향을 가진다.

중장기자금계획의 자금예측절차를 살펴보면 먼저 담당자는 대내외의 경영환경 및 기업 전체와 각 부서의 사업현황을 고려하면서 과거의 자금데이터와 향후 3개월 정도의 단기적인 자금데이터를 체계적으로 수집하고 정리한다. 그리고 추정기간을 대상으로 하여 중요한 자금수지를 항목별로 직접 예측한 데이터를 월별로 추정하는데, 추정기간은 1년 전후가 되도록 한다.

또한 기간별 자금흐름을 토대로 하여 자금이 부족한 기간과 남는 기간을 구분하여 해당 기간별 자금수지에 대한 시간차이를 극복할 수 있는 방안을 마련한다. 그리고 필요한 경우 추가적인 자금조달 및 운용대책을 마련하고 경우에 따라서는 재무구조를 조정하는 방법 등을 포함한 재무계획을 마련한다. 마지막으로 항목별로 자금수지의 추정이 끝나면 미래의 기간별로 전체적인 자금흐름의 적정성을 검증한다.

3. 자금조달 계획

기업은 원활한 경영활동을 수행하기 위하여 지속적으로 자금을 필요로 하는데 기업의 자금조달은 크게 내부자금조달과 외부자금조달로 구분할 수 있다. 내부자금은 영업활동의 결과로 발생한 사내유보금과 감가상각비 등의 자금을 말하고 외부자금은 주식을 발행하여 유상증자를 하거나 채권을 발행하여 자금을 조달하는 직접금융방법과 금융기관에서 자금을 차입하는 간접금융방법을 말한다.

기업은 경영활동에 소요되는 자금을 조달할 때 확실한 원칙을 가지고 접근을 해야 계속기업으로서의 위상을 유지하면서 성장해나갈 수가 있다. 그것은 적정한 시기에 가장 최소한의 비용으로 자금을 조달하면서 운전자금은 상환기간이 1년 이내인 단기차입금으로 충당하여야 하고, 자금을 투입한 후 상당한 기간에 걸쳐서 자금이 회수되는 시설자금인 경우에는 반드시 상환기간이 장기인 장기차입금을 활용하여야 한다는 것이다.

그렇게 볼 때 기업의 자금조달방법 중 가장 이상적인 것은 영업활동을 통해 창출되어 내부에 보유 중인 잉여금이나 감가상각비 등의 유보금을 사용하는 것이고 이것이 여의치 않을 경우에는 부득이하게 타인자금인 외부의 자금을 조달해야 한다.

일반적으로 기업의 자금조달순서는 첫째, 내부유보금 둘째, 차입금 셋째, 유상증자의 순으로 이루어진다. 왜냐하면 기업에 투자를 한 자본주들은 추가적인 출자를 기피하고 다른 출자자들에 의해 자신들의 경영권이 약화되는 것도 싫어하여 소요자금을 내부에서 축적된 잉여금 등의 여유자금으로 충당하고자 하며, 이것이 여의치 않을 경우에는 기업의 적정부채수준을 유지할 수 있는 범위 내에서 외부차입을 하려고 하기 때문이다.

1) 영업자산을 통한 자금조달

이것은 기업의 주된 영업활동에서 발생하는 매출채권, 재고자산 및 매입채무를 이용해서 자금을 조달하는 방법이다.

첫째, 매출채권을 활용한 자금조달이다. 기업은 상품이나 제품 또는 용역을 매출하고 그 대가로 현금을 수령하는 것이 가장 이상적이지만 현실은 그렇지가 않다. 일반적으로 지속적인 거래를 하고 있는 거래처들은 매월 말을 기준으로 마감을 하여 다음 달의 일정한 날짜를 정하여 현금으로 결제를 하거나 실물어음이나 전자어음을 발행하는 경우가 많다. 그러면 실물어음이나 전자어음을 매출대금으로 수령하게 되는데 이것을 담보로 하여 금융기관에서 자금을 차입하게 된다. 물론 결제기일까지의 차입에 대한 이자는 차입을 받는 기업에서 부담을 해야 하기 때문에 가능하면 실물어음이나 전자어음의 결제기일을 단축시켜서 수령할 수 있도록 하여 금융비용을 절약할 수 있도록 해야 한다.

둘째, 재고자산을 활용한 자금조달이다. 이것은 재고자산을 근거로 하여 자금을 조달하는 것을 말한다. 기업이 보유하고 있는 상품이나 제품 또는 원자재 등의 동산을 담보로 하여 자금을 차입하는 방법이다.

셋째, 매입채무를 활용한 자금조달이다. 기업이 주된 영업활동으로 상품이나 원자재를 매입하였을 경우 발생하는 외상매입금은 당연히 지불해야 하는 자금을 외상기간 동안 지불유예를 받는 것이라고 할 수 있으므로 간접적인 자금조달이라고 할 수 있다.

2) 금융기관을 통한 자금조달

금융기관을 통한 자금조달은 기업경영에 필요한 소요자금을 외부 금융기관에서 차입하는 것을 말한다. 금융기관으로부터 자금을 차입하는 것은 타인자본을 조달하는 것인 만큼 세심한 주의가 필요하다.

첫째, 자금을 필요한 시기에 맞추어서 차입을 할 수 있게 하는 것이다. 둘째, 자금의 차입규모를 적정하게 맞출 수 있어야 한다. 셋째, 자금조달비용을 최소한으로 할 수 있게 금융기관과 협의를 하면서, 가능하면 금리가 낮은 정책자금을 활용할 수 있도록 하는 것이다. 넷째, 차입하게 되는 자금의 상환기간을 운전자금과 시설자금을 구분하여 공장을 신축하거나 기계설비를 설치하는 데, 상환기간이 1년인 운전자금으로 조달하여 유동성의 압박을 받지 않도록 해야 한다는 것이다. 다섯째, 차입금의 규모가 자기자본에 비하여 너무 과대하여 적정 부채비율을 초과하지 않게 해야 한다는 것이다.

자금을 차입하는 경우 위에서 제시한 다섯 가지 주의사항을 잘 숙지하여 충분한 시간을 두고 금융기관과 협의를 하여야 원하는 조건의 차입을 이끌어낼 수가 있다.

(1) 단기차입금의 조달

여기서는 자금조달에서 기업들이 가장 일반적으로 이용하는 은행의 단기차입금에 대하여 알아보고자 한다. 은행의 단기차입금은 상환기일이 차입일로부터 1년 이내에 도래되는 차입금으로, 계정과목은 보통 할인어음, 당좌대출, 기업일반자금대출, 무역금융 등으로 구분되며 각 차입금의 용도는 다음과 같다.

할인어음은 기업이 거래처에서 매출대금으로 수취한 상거래상의 진성어음을 제출하면 이것을 담보로 하여 은행은 어음만기일까지의 할인료를 공제한 후 차액을 대출하는 형식을 말한다.

당좌대출은 은행과 당좌거래계좌가 있는 기업이 당좌대출에 관한 약정을 통해 약정한 한도까지 당좌예금의 잔액을 초과해서 약속어음이나 당좌수표를 결제해주는 한도대출을 말한다.

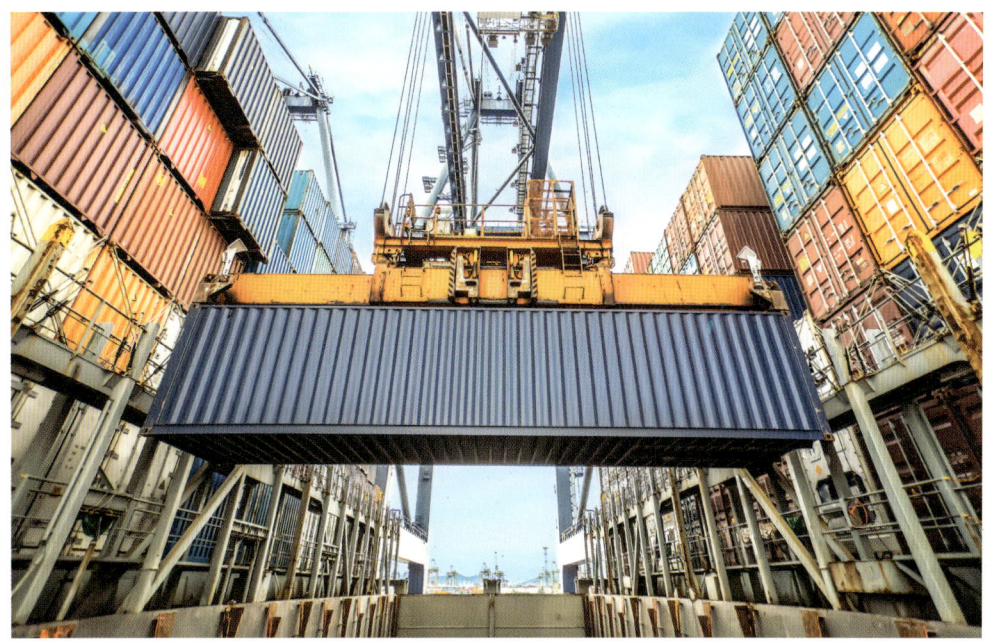

수출이나 수입을 하는 무역업체를 장려하기 위한 정책적인 목적으로 지원하는 금융상품을 무역금융이라 하는데, 원자재구매자금, 농수산물수출준비자금, 외화획득용 원자재수입금융 등이 있다.

　기업일반자금대출은 우리가 가장 일반적으로 알고 있는 기업자금대출을 말하며, 기업에 대한 대출 중에서 가장 많은 비중을 차지하고 있다. 이것은 은행에서 대출을 받을 때 차용증서를 쓰지 않고 기업이 발행한 어음을 담보로 받는다고 하여 어음대출이라고도 한다. 어음대출은 차입자인 기업이 은행을 수취인으로 하여 약속어음을 발행하면서 대출약정을 하면 은행은 어음금액을 대출하여 이자를 차감한 금액을 통장에 입금해주는 대출을 말하는 것이다.

　무역금융은 수출이나 수입을 하는 무역업체에 대하여 수출입을 장려하기 위한 정책적인 목적으로 지원하는 금융상품을 말한다. 무역금융의 용도는 생산자금, 원자재구매자금, 원자재수입자금, 외화표시공급자금, 농수산물수출준비자금, 외화획득용 원자재수입금융 등이 있다.

(2) 장기차입금의 조달

앞에서 언급한 단기차입금과 같이 기업들이 가장 일반적으로 이용하는 은행의 장기차입금에 대하여 알아보도록 하겠다. 은행의 장기차입금은 상환기일이 차입일로부터 1년을 초과하는 대출금으로, 대체로 은행의 시설자금대출은 8년을 기한으로 운용되고 있는 경우가 많으며, 대출기간의 1/3을 거치기간으로 두어 3년 거치 5년 분할상환을 대출기한으로 한다. 시설자금은 주로 토지구입자금, 공장신축자금, 설비구입자금, 공장경락자금 등의 용도로 대출이 이루어지고 있으며, 장기차입금의 계정과목은 일반적으로 시설자금대출이라는 형식을 띠고 있다.

3) 직접금융을 통한 자금조달

기업이 자본시장에서 직접금융을 통하여 자금을 조달하는 것은 다음과 같이 채권이나 주식을 발행하여 자금을 조달하는 방법을 말한다.

채권은 기업이 필요한 자금을 차입하면서 채권자들에게 발행하는 일종의 차용증서를 말한다. 채권은 기업의 소유지분을 의미하는 주식과 달라서 채권자들은 기업의 주요 의사결정에는 참여할 수 없으며 채권발행 당시에 정해진 이자와 만기일에 원금만 지급받을 수 있다. 채권시장에서 기업이 채권을 발행하는 방식에는 세 가지가 있는데, 첫째 기업의 자산을 담보로 발행하는 담보부사채, 둘째 기업의 신용만으로 채권을 발행하는 무담보사채, 셋째 제3자의 지급보증으로 채권을 발행하는 보증사채가 있다. 이외에도 전환사채라는 것이 있는데 이것은 채권의 소유자가 필요시 발행기업의 주식으로 전환할 수 있는 권리를 부여하는 것으로 일반채권보다 낮은 금리로 발행할 수 있기 때문에 발행기업의 자금조달비용을 낮출 수 있는 장점이 있다.

주식은 기업이 주주의 출자에 대하여 교부하는 증권을 말한다. 일반적으로 주식의 발행방식은 보통주와 우선주 두 가지 종류가 있다. 보통주는 매입과 동시에 해당 기업의 주주로서 중요한 의사결정에 관한 투표권을 가지게 되며, 우선주는 보통주의 소유주들보다 배당금을 지급받는 순위에서 우선권을 주는 주식을 말한다. 그리고 기업이 파산될 경우에도 보통주보다 우선해서 회사의 잔여재산에 대한 우선청구권을 갖는다.

4. 자금수지 분석

자금수지분석은 기업의 자금상황을 체계적으로 인식하기 위해 수입과 지출의 자금흐름을 분석하는 것을 말한다. 이를 통하여 기업의 자금조달과 투자 및 차입금의 원리금 상환 등을 체계적으로 관리 및 통제함으로써 자금의 과부족 상황을 사전에 파악하여 적절하게 대처하기 위한 분석 작업을 말한다.

[그림 11-3] 자금수지분석

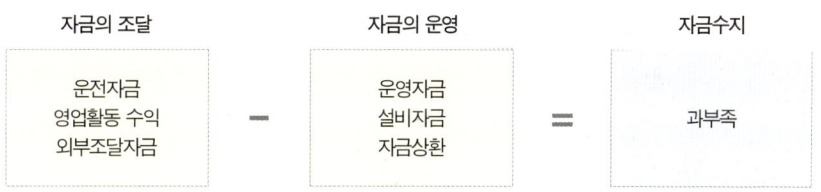

1) 운전자금

운전자금은 기업의 생산활동에 필요한 원재료비, 인건비, 이자비용 등의 지급에 쓰이는 자금을 말하는 것으로 운영자금이라고도 한다. 운전자금은 상품의 매입이나 제품의 제조를 위하여 지출되며 상품이나 제품을 판매하고 그 대가로 자금이 회수된다. 이와 같이 운전자금은 영업활동을 수행하기 위해 사용되는 자금으로 투자활동을 수행하는 시설자금과는 구분된다.

우선 재무상태표의 유동자산과 운전자금을 동일시하는 경우가 있는데 이것은 총운전자금이라 하고, 유동자산에서 유동부채를 차감한 잔액을 운전자금으로 보는 것을 순운전자본이라 한다. 운전자금을 회전자본 또는 순환자본이라고 부르기도 하며 통칭하여 국내에서는 운영자금으로 부른다.

기업의 자금흐름을 분석하는 입장에서는 상기와 같은 개념정리도 중요하지만 기업의 생산활동을 위해서 평균적으로 얼마의 운전자금이 매출채권과 실물자산에 투자되는가가 중요하고 또 외상매입 채무는 평균적으로 얼마를 보유하고 있어야 적정한가를 아는 것이 중요하다고 할 수 있다. 자금수지표에서 기업의 정상적인 영업활동을 수행하는 데 필요한 자금은 시설자금을 제외한 운전자금의 부담액을 말하는 것이다.

은행 등의 금융기관에서 1회전 운영자금 한도를 사정할 때에는 상거래와 직접적으로 관련이 있는 자금부분만을 그 대상으로 하고 있으므로 여기에서 운전자금이란 상거래와 직접적인 관련성이 있는 매출채권, 재고자산, 매입채무만을 그 대상으로 한다.

2) 운전자금의 1회전

기업의 업종에 따라 차이는 있겠지만 일반적으로 제조업의 경우 기업을 경영하기 위해서는 먼저 생산설비를 갖추어야 한다. 생산시설을 갖춘 후에 제품을 제조하기 위해서는 원자재를 구입해야 하고 제품을 제조할 인력이 투입되어야 하는데 여기에 소요되는 비용이 운전자금이다.

이러한 운전자금을 투입하여 제품을 제조하는 과정을 거쳐서 현금 또는 외상으로 매출이 발생하고 외상매출금이 다시 현금의 형태로 되돌아오는 기간을 운전자금의 1회전기간이라고 한다.

1회전 운전기간은 현금전환사이클(cash conversion cycle)이라는 개념에서 나온 것으로, 이것은 기업이 원재료를 구입할 때의 현금지출 시점에서 최종 제품의 판매에 대한 매출채권의 회수시점까지의 시간 간격을 의미한다. 다시 말하면 기업의 1회 영업활동에 소요되는 기간과 운영자금을 의미한다. 이를 구체적으로 설명하면 [그림 11-4]에서 보는 바와 같다.

[그림 11-4] 운전자금 1회전기간

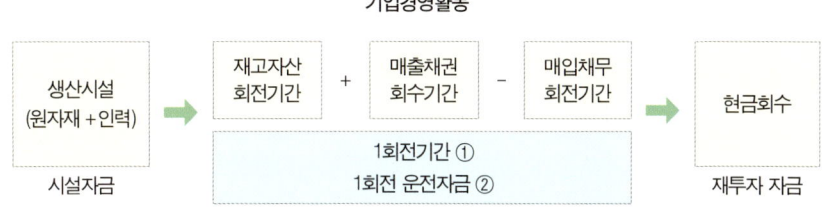

① 1회전기간 = 재고자산 회전기간 + 매출채권 회전기간 − 매입채무 회전기간
② 1회전 운전자금 = 연간매출액/365 × 1회전기간

(1) 영업실적이 있는 경우

① 1회전 운전기간

1회전 운전기간이란 구체적으로 무엇을 의미하는지 살펴보도록 한다. [그림 11-4]에서 보는 바와 같이 기업은 생산시설을 갖추고 나서 제품의 생산 및 판매활동을 거쳐 현금을 회수하게 되는데, 현금이 투입되어 회수되기까지 생산과 판매와 관련하여 자금이 소요되게 된다. 다시 말하면 원재료를 구입하여 제품을 제조한 후 판매해서 현금으로 회수할 때까지는 자금을 계속 투입해야 하는데 이때 현금 회수 시까지 걸리는 기간을 1회전 운전기간이라 한다. 결국 1회전 운전기간은 최초 운전자금을 투입하여

자금을 회수하는 데까지 걸리는 평균기간으로 정의할 수 있다.

[그림 11-4]를 보면서 좀 더 세부적인 설명을 해보도록 하겠다. 기업을 운영하다보면 투입된 자금의 흐름이 물 흐르듯이 흐르지 않고 정지되는 곳이 몇 군데가 있다. 원재료의 구매와 재공품의 보유 및 생산이 완료된 제품의 보유로 인한 것이다. 이와 같이 재고자산을 보유함으로써 자금회수가 지연되는 기간을 재고자산회전기간이라 한다. 그리고 제품을 외상으로 매출한 후 현금을 회수하기까지 자금회수가 지연되는 기간을 매출채권회수기간이라 한다.

재고자산회전기간과 매출채권회수기간을 자금회수가 지연되어 있는 기간이라고 한다면 매입채무회전기간은 원자재를 외상으로 매입하고 대금지급을 유예받는 것이기 때문에 신용을 제공받아 자금을 사용하는 기간이라 할 수 있다. 결국 1회전 운전기간이란 자금회수지연기간과 자금 사용기간을 함께 고려한 기간을 말한다. 기업의 1회전 운전기간은 다음의 [식 11-1]과 같이 구할 수 있다.

[식 11-1]

$$1회전\ 운전기간(년) = 재고자산회전기간 + 매출채권회수기간 - 매입채무회전기간$$

$$= \frac{1}{재고자산회전율} + \frac{1}{매출채권회전율} - \frac{1}{매입채무회전율}$$

[식 11-1]에서 보는 바와 같이 1회전 운전기간은 재고자산회전기간에 매출채권회수기간을 더하고 매입채무회전기간을 차감하여 구한다. 1회전 운전기간이 길다는 것은 영업활동을 수행하면서 자금을 투입한 후 다시 현금이 회수될 때까지 걸리는 기간이 오래 걸린다는 것을 의미한다. 건설업이나 조선업 등의 업종과 신용판매의 비중이 높은 기업일수록 1회전 운전기간이 길다고 볼 수 있다.

② 1회전 운전자금

기업의 1회전 운전자금은 어떻게 산출할 수 있는지 살펴보도록 한다. 1회전 운전자금은 자금이 투입되어 회수되는 1회전 운전기간 동안에 소요되는 운전자금의 규모를 말한다. 1회전 운전자금은 기업의 연간 매출액과 1회전 운전기간을 감안하여 다음 [식 11-2]와 같이 산출할 수 있다.

[식 11-2]

> 1회전 운전자금 = (매출액 - 영업이익 - 감가상각비) × 1회전 운전기간(년)

[식 11-2]에서 보는 바와 같이 1회전 운전자금은 매출액에서 영업이익과 감가상각비를 차감한 후에 1회전 운전기간을 곱하여 계산한다. 매출액에서 영업이익과 감가상각비를 차감하는 이유를 설명하면 다음과 같다.

영업이익을 차감하는 것은 영업비용을 기준으로 운전자금을 산출하기 위해서이다. 기업에 소요되는 운전자금은 기업의 영업활동에 지출되는 자금을 의미하기 때문에 1회전 운전자금은 영업비용을 기준으로 산출하는 것이다. 그리고 감가상각비를 차감하는 것은 영업비용 중 감가상각비는 시설자금에 이미 지출된 비용이기 때문이다. 즉 1회전 운전자금을 산출할 때 감가상각비를 제외하지 않으면 1회전 운전자금에 시설자금이 이중으로 계산되기 때문이다.

$$\frac{(매출채권평균잔액 + 재고자산평균잔액 - 매입채무평균잔액)}{연간매출액} \times 365일$$

※ 매출채권 = 외상매출액 + 받을어음(융통어음) + 선급금
※ 재고자산 = 원재료 + 재공품 + 제품 + 기타 재고자산

※ 매입채무 = 외상매입금 + 지급어음(융통어음 제외) + 선수금
※ 평균잔액은 기초와 기말의 평균잔액을 말한다.

(2) 영업실적이 없는 경우

결산을 한 번도 하지 않은 신설기업이거나 자료미비 혹은 기장부실 등의 경우에는 재무제표가 없기 때문에 1회전 운전자금을 산출하는 데 필요한 재무정보를 얻을 수가 없다. 이런 경우에는 한국은행 기업경영분석 등에 나와 있는 동일한 업종의 산업평균 재무제표를 이용하여 1회전 운전자금을 구할 수도 있다.

한편 1회전 소요운전자금의 용도는 금융기관이 기업의 운전자금 한도액을 설정하는 데 기준이 된다. 일반적으로 금융기관이 기업의 대출한도를 사정하는 데 운전자금은 1회전 소요운전자금을 기준으로 대출한도가 산정이 되고, 시설자금은 시설을 설치하는 금액을 기준으로 대출한도가 정해진다.

$$\left(\frac{1}{\text{매출채권회전율}} + \frac{1}{\text{재고자산회전율}} - \frac{1}{\text{매입채무회전율}}\right) \times 365일$$

(3) 1회전 운전자금 산출사례

다음에는 2014년 10월 발간한 한국은행 기업경영분석의 중소기업 전산업의 평균비율을 참고하여 재고자산회전율이 10.11회전, 매출채권회전율이 7.20회전, 매입채무회전율이 13.07회전인 미래기업(주)의 1회전 운전기간과 1회전 운전자금을 산출해보기로 한다.

[식 11-3]

$$1회전\ 운전기간 = \frac{1}{재고자산회전율} + \frac{1}{매출채권회전율} - \frac{1}{매입채무회전율}$$

$$= \frac{1}{10.11} + \frac{1}{7.20} - \frac{1}{13.07} = 0.161년(또는 59일)$$

[식 11-4]

1회전 운전자본
= (매출액 - 영업이익 - 감가상각비) × 1회전 운전기간
= (100 - 3.16 - 1.68) × 0.161
= 15억 원

　미래기업(주)의 1회전 운전기간은 0.161년(또는 59일)이고, 1회전 운전자금은 15억 원이다. 즉 미래기업(주)가 자금을 투입하여 원자재를 구매하고 제품을 생산한 후 판매하여 다시 현금으로 회수하는데 걸리는 기간이 59일 소요되며 이 기간 동안 투입되는 운영자금이 15억 원이라는 말이다.

5. 자금수지계획표 작성

1) 자금수지계획표의 종류

　기업의 자금운용은 매일매일의 자금수지에 균형을 맞추는 것이 중요하며 또한 일정한 기간 동안의 자금수지도 균형을 유지해야 한다. 현금을 필요 이상으로 많이 가지고 있는 것도 효율적이지 못한 것이고, 너무 적게 보유하고 있어도 위험하므로 적정한 금액의 현금을 보유하는 것이 가장 중요하다. 그리고 효율적인 자금수지계획을 세우는 비결은 과거의 실적자료와 미래의 계획자료를 얼마나 잘 수집하느냐에 달렸다고 볼 수 있다.

일반적으로 기업의 현장에서 매출의 발생 시점이나 그 대금의 회수 시점을 정확히 예상할 수 있다면 자금수지계획의 필요성은 줄어들게 되며, 또한 자금이 생각한 대로 원활하게 잘 운용되고 있다면 자금사정이 어려운 경우에 비해서 그 필요성은 더욱더 반감이 될 것이다.

그러나 현실적으로는 매출 시점을 사전에 예상하기도 어렵고 또 그 대금의 회수 시점도 사전에 알아내기가 쉽지가 않다. 만일 이것을 정확하게 예측할 수만 있다면 자금수지계획표를 만들기는 어렵지가 않을 것이다. 매출대금의 회수를 확실히 예상하기 힘들수록 또 자금사정이 어려우면 어려울수록 사전에 미리 대책을 강구할 필요가 있으며, 그래서 자금수지계획을 세우는 것이 중요한 것이다.

기업을 경영하면서 일정한 기간 동안의 지급합계가 수입합계를 초과하게 되면 그 기업은 계속기업으로서의 지위를 유지하기가 어렵다. 또 기업의 자금수지가 언제나 균형을 유지해나간다고 볼 수는 없으며, 일정기간의 지급합계가 수입합계를 초과할 것으로 예상이 되면 사전에 자금조달대책을 마련해야 한다.

규모가 잘 짜인 대기업을 제외한 대부분의 중소기업은 적은 자본금으로 사업을 시작하여 부채비율이 높고 또 차입금의존도도 높기 때문에 부족한 자금의 규모를 사전에 파악하여 여유를 두고 자금조달을 검토하는 것은 매우 중요한 일이다.

하지만 기업경영이 원활하게 잘되어서 수입합계가 지급합계를 초과할 수도 있다. 이러한 상황이 장기간 계속되게 되면 자금을 규모 있게 계획대로 사용하지 않아 방만하게 경영을 하기 쉬운 위험도 있는바, 이때에는 자금운용의 효율성을 높이기 위해 여유자금의 활용방안을 마련해야 한다.

자금수지계획표를 만들기 위해서는 과거 실적자료를 기반으로 하여 미래의 계획을 가능한 한 정확하게 세우기 위해 자료를 수집 정리하는 절차가 필요하다. 그러한 절차가 특별히 복잡하거나 어려운 점은 없으며, 중요한 것은 과거 실적자료와 미래 계획자료를 어떻게 수집하는가에 달려있다.

[표 11-5]의 자금수지계획표의 종류에서 보는 바와 같이 자금수지계획표는 대상기간이 하루인 일일자금수지계획표에서부터 주별, 월별, 분기별의 단기자금계획표에서부터 연도별, 중기, 장기자금수지계획표에 이르기까지 기업이 처해 있는 상황에 따라서 그 종류는 다양하게 나누어볼 수 있다.

[표 11-5] 자금수지계획표의 종류

구분	대상기간	작성
일일 자금수지계획표	하루	전일 오후나 당일 오전에 작성되며 현금과부족을 예방하기 위해 작성
주별 자금수지계획표	1주일	현금의 유출입 항목을 기준으로 주단위로 한 달간 이동방식으로 작성되며 주로 현금수지에 대한 예측
월별 자금수지계획표	1개월	현금의 유출입을 기준으로 매월단위로 3개월의 이동방식으로 작성
분기별 자금수지계획표	분기	반기단위로 통상적인 예산과 연계하여 작성
연도별 자금수지계획표	1년	연단위로 통상적인 예산과 연계하여 작성
중기 자금수지계획표	1~2년	중기의 자금수지 이상 여부 확인, 통제 및 대책수립
장기 자금수지계획표	3~10년	장기의 자금수지 예측 및 신규사업 투자적정성 판단

2) 자금수지계획에 의한 현금흐름

자금수지계획이라고 하면 일반적으로 유동자산의 현금 및 현금성자산의 수지계획을 중심으로 한 자금운용계획을 연상하게 된다. 그러나 이같은 현금 및 현금성자산에 대한 자금계획만 가지고는 광범위한 기업경영활동과 관련된 자금을 모두 커버하기는 어렵다. 기업이 정상적인 경영활동을 유지하는 경우 항상 일정한 금액의 매출채권을 보유하고 있으며, 또한 결제기일이 도래되는 매입채무·차입금·미지급금 등도 많이 보유하고 있기 때문에 단순히 현금 및 현금성자산의 수지계획만 가지고는 전체적인 자금계획을 세울 수가 없다. 따라서 자금계획을 세우는 데 현금 및 현금성자산을 포함한 모든 자산과 부채 및 자본 등을 함께 고려한 자금수지계획을 세워야 한다.

우리는 기업회계기준에서 발생주의원칙을 채택하고 있기 때문에 기업의 손익과 자금수지가 일치하지 않으며 손익계산과 자금운용은 서로가 밀접한 관계를 가지고 있다. 즉 이익의 발생은 중요한 자금원천이 되며, 이익이 없다면 자금사정은 어려워진다. 그러므로 자금계획은 이익계획과 연결해 세운다.

[그림 11-5]에서 보는 바와 같이 자금수지계획에 의한 현금흐름은 광의의 이익과 자금계획의 일환으로서 추정손익계산서와 추정재무상태표를 작성하는 과정에서 자금의 수입과 지출을 서로 연관시키면서 자금수지계획에 의한 현금흐름을 동시에 확정한다. 자금계획을 세우기 위해서는 우선 매출계획을 확정지으면서 매출채권의 회수기간 등을 감안한 자금조달과 운용을 포함한 현금수입 가능금액을 산출한다. 그러면서 [그림 11-5]에서와 같이 영업활동으로 제품의 제조원가와 관련된 지출계획 및 판매비와관리비의 지출계획, 투자활동에 의한 기계설비구입과 관련된 지출계획, 재무활동에 의한 차입금의 상환과 이자비용의 지출계획을 세운다.

자금조달에서는 제조원가명세서와 손익계산서의 감가상각비를 가산하고 당기순이익의 추정치를 감안하여 어떠한 상황에서도 일정한 수준 이상의 지급가능금액을 보유하여야 한다. 만약 자금의 지출이 수입을 초과하여 자금부족이 예상되는 경우에는 미리 매출채권의 회수를 앞당기면서 가능한 한 지출을 억제하는 동시에 외부로부터 차입을 하거나 유상증자를 통한 주금의 납입으로 자금경색을 사전에 차단하여 지급불능 사태가 발생하지 않도록 각별한 주의를 기울여야 한다.

[그림 11-5] 자금수지계획에 의한 현금흐름

6. 운전자금의 조달

1) 운전자금의 관리

관리라는 말을 기업에 적용해보면 경영자가 자주적인 의사로 기업의 목적을 달성하기 위해 의사결정을 하는 것을 말한다. 이것을 앞에서 설명한 운전자금의 개념과 연결해보면 기업의 목적을 달성하기 위해 운전자금과 관련된 의사결정을 하는 것이라고 할 수 있다. 운전자금의 관리란 운전자금의 원활한 조달과 합리적인 운영을 통하여 지급불능으로 인한 위험요인을 사전에 제거하는 안전장치 역할을 하는 것을 말한다. 여기에 하나를 더하면 안전성과 수익성을 동시에 담보할 수 있는 운전자금의 관리가 된다면 가장 바람직한 현상이라고 할 수 있다.

자금은 투입하여 회수하고 또 재투입하는 흐름을 거치게 되는데, 투입된 자금을 회수하기까지는 일정한 기간이 소요된다. 그러나 대부분의 경우 자금이 회수되기 전에 다음 자금을 다시 투입해야 하는 경우가 많은데, 이때 소요되는 자금이 바로 운전자금이다. 다시 말하면 운전자금은 매출액의 회수보다 원자재 등의 매입과 경비지급이 먼저 발생하기 때문에 나타나는 자금부담 금액을 말한다.

운전자금 관리의 기본적인 목표는 적정수준의 유동성을 유지하여 지급불능의 위험을 예방하고 유동자산의 최적구성을 통한 수익의 극대화라고 할 수 있다. 이러한 운전자금은 일반적으로 기업의 조업도와는 비례하는 관계에 있으며 매출액의 증가에 따라 운전자금도 함께 늘어나는 함수관계에 있다.

적정한 유동성의 유지는 기업의 단기적인 지급능력을 보여주는 문제와 직결되어 있기 때문에 자금관리의 중요성이 강조된다. 특히 중소기업은 단기자금조달에 대한 의존도가 높기 때문에 적정한 유동성을 유지하면서 지급불능의 위험을 사전에 차단하는 효율적인 운전자금의 관리가 필요하다.

그리고 운전자금의 관리를 위한 의사결정단계를 살펴보면 우선 유동자산의 투자규모를 결정하고 다음으로 유동자산을 구성하고 있는 각 항목의 적정한 구성 수준을 결정하며, 마지막으로 유동자산의 구입을 위해 소요되는 자금 중에서 유동부채인 단기차입금에 의한 자금조달 규모를 결정하는 것이다.

[표 11-6]에서 보는 바와 같이 운전자금의 기본적인 관리방법은 보수적인 관리방법과 적극적인 관리방법으로 나누어볼 수가 있는데 기업마다 현금보유수준과 차입금의 만기일, 차입금의 이자율 등이 다르기 때문에 장단점을 잘 분석하여 기업의 상황에 맞게 관리방법을 선택해야 할 것이다.

[표 11-6] 운전자금의 기본적 관리방법

구분	요인	세부내용
보수적인 자금관리	관리방법	모든 자금은 장기차입금으로 조달
	장점	장기차입으로 인한 상환기간이 길어 유동성 풍부
	단점	자금의 조달비용이 많아 수익성 저하
적극적인 자금관리	관리방법	운전자금은 단기차입금으로 조달
	장점	유휴자금을 최대한 줄여서 자본비용 최소화
	단점	긴급사태 발생 시 유동성 부족으로 지급불능 위험직면

2) 운전자금관리를 위한 계획 수립

위와 같이 운전자금의 관리와 관련된 정리된 개념을 가지고 계획을 생각해보기로 한다. 운전자금은 원자재를 매입하고 보유하고 있는 기계설비를 활용하며 인력을 투입하여 제조과정을 거친 뒤 제품으로 완성되어 판매를 위한 재고자산으로 탄생을 하기까지 원자재 매입비용과 인건비 및

운전자금은 보유하고 있는 기계설비를 활용하여 제조과정을 거쳐 제품으로 완성되어 판매를 위한 재고자산으로 탄생하기까지 원자재 매입비용과 인건비 및 경비를 지급하는 데 소요되는 비용이다.

경비를 지급하는 데 소요되는 비용이다.

    이러한 운전자금을 계획하기 위해서는 과거의 재무자료를 토대로 하여 미래의 재무상황을 추정할 필요가 있다. 이러한 작업 중에서 가장 먼저 선행되어야 할 것이 손익계산서의 매출원가를 구성하게 되는 제조원가명세서를 추정하여 작성하는 것이다. 재료비, 노무비, 경비에 대한 과거 자료를 반영하여 가능한 범위 내에서 정확성이 담보되는 당기제품제조원가를 추정할 수 있도록 해야 한다.

    제조원가명세서에서 추정한 당기제품제조원가를 근거로 손익계산서의 매출원가를 산출할 수 있게 되면 추정손익계산서를 작성할 수가 있다. 추정치로 작성되는 재무자료는 가능하면 보수성과 안전성을 위주로 해야 하기 때문에 제조원가명세서의 경비와 손익계산서의 판매비와관리비에 감가상각비와 대손상각비를 예상하여 비용을 추정하는 것이 바람직하다. 특히 영업외비용에서 이자비용은 해당연도에 차입이 예상되는 대출금액과 금리를 감안하여 추정해야 한다.

추정손익계산서를 완성하여 당기순이익이 산출되면 이것을 이익잉여금으로 편입시켜 추정재무상태표를 작성한다. 매출액의 증가추세와 제조원가명세서를 감안하여 매출채권과 매입채무의 규모를 예상해 보유가 예상되는 현금및현금등가물의 적정 여부를 추정한다. 그래서 운전자금의 부족이 예상되면 금융기관에서 운전자금을 차입하는 방안을 검토해야 한다. [표 11-7]에서는 위의 추정재무제표 작성방법을 표로 제시하고 있다.

[표 11-7] 추정재무제표 작성방법

구분	작성방법
추정제조원가명세서 작성	- 재료비 추정 - 노무비 추정 - 경비 추정
추정손익계산서 작성	- 매출액 추정 - 판매비와 관리비 추정 - 영업외수익 및 비용 추정
추정재무상태표 작성	- 기계설비자금 추정 - 현금및현금등가물 추정 - 금융기관 차입금 추정
운전자금 소요액 추정	- 매출채권 추정 - 재고자산 추정 - 매입채무 추정

3) 소요운전자금 산출 사례

회전기간에 의한 소요자금 산출법은 앞에서 설명한 운전자금의 1회전 소요기간을 산출해서 그것을 토대로 소요운전자금을 추정하는 방법이다.

먼저 재무상태표상에서 유동자산의 각 표준회전율을 산출한 다음 아래의 공식에 의하여 자산별 회전기간을 산출한다.

$$회전기간 = \frac{365일}{회전율}$$

그런 다음 유동자산의 항목별로 회전기간을 더하고 외상매입금과 지급어음 등 매출액의 변동에 따라 금액이 변화하는 유동부채의 각 항목의 회전기간을 공제해서 1회전 소요기간을 산출한다.

아래의 [표 11-8]과 같은 회전일수를 가지고 있는 경우 당기매출액이 30,000백만 원이고, 내년도 추정매출액이 35,000백만 원인 경우 소요운전자금은 얼마인가?

[표 11-8] 소요자금의 1회전 일수

과목	전기말잔액(백만 원)	회전율	회전일수
현금과예금	200	124.0	2.9
외상매출금	2,500	7.1	51.4
받을어음	1,600	10.2	35.8
유가증권	300	-	-
제품	1,700	14.3	25.5
원재료	500	30.1	12.1
재공품	300	21.0	17.4
합계	7,100	-	145.1
외상매입금	2,100	12.6	29.0
지급어음	800	11.2	32.6
미지급금	750	35.0	10.4
합계	3,600	-	72.0

※ 1회전 소요일수 = 145.1 − 72 = 73.1일

※ (총)소요자금 = 35,000(추정매출액) × $\dfrac{73.1일}{365일}$ = 7,010백만 원

※ 소요자금 = 7,010 − (7,100 − 3,600) = 3,510백만 원

※ 소요운전자금 = 3,510 − 300(유가증권) = 3,210백만 원

내년도 추정매출액 35,000백만 원인 경우 필요한 소요운전자금은 3,210백만 원으로 추정할 수가 있다.

7. 시설자금조달

1) 시설투자계획의 중요성

시설투자자금은 공장이나 기계 등의 생산시설을 설치할 목적으로 투자되는 자금으로 [표 11-9]에서 보는 바와 같이 생산활동이나 영업활동에 소요되는 운전자금과는 자금의 규모나 회수기간 등 여러 가지 차이점이 많다.

기업이 시설에 자금을 투자한다는 것은 어떤 특정한 사업의 가능성을 검토하여 대규모의 자금을 투입해야 하는 사안으로 장기간에 걸쳐 기업의 미래 현금흐름을 창출할 수 있는 의사결정이기 때문에 철저한 준비로 신중하게 계획을 세워서 추진해야 하는 사안이다.

2) 시설투자계획의 절차

기업의 시설투자계획을 수립할 때 투자목표를 설정하고 투자안을 선정하는 데 가장 중요한 것은 본 투자로 인하여 미래에 회수될 현금흐름의 시기와 현금흐름의 크기이다. 그러기 위하여 투자안의 가치를 평가하는

[표 11-9] 운전자금과 시설자금의 비교

구분	운전자금	시설자금
자금용도	원자재구입, 인건비, 영업활동비 등의 운영자금	공장신축, 공장매입, 기계설비 구입 등의 시설자금
자금성격	기업의 현재가치 증가	기업의 미래가치 증가
자금기간	1~3년 단기자금	5~10년 장기자금
소요한도	1회전 소요운전자금	시설투자 계약금액 범위 내
자금규모	소규모	대규모
상환방법	만기 일시상환(연장 가능)	거치 후 분할상환(통상 1/3기간 거치)
계정과목	단기차입금(유동부채)	장기차입금(비유동부채)

데는 [그림 11-6]에서 보는 바와 같이 회계적이익률법·회수기간법·내부수익률법·순현가법 등이 있다. 이렇게 하여 투자가 결정되면 자금조달 및 투자계획을 수립하여 구체적인 시설투자를 하게 된다.

[그림 11-6] 시설투자계획의 절차

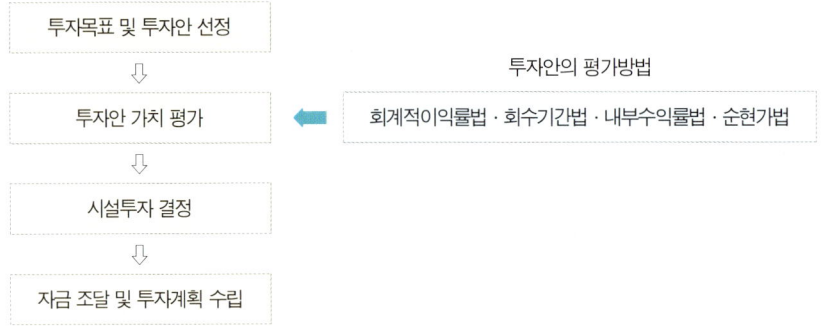

투자안의 평가방법

- 회계적이익률법

회계학적 기법을 이용하는 방법으로 세금을 차감한 후 연평균순이익을 해당 투자안의 최초투자액(또는 평균투자액)으로 나눈 이자율에 의해 투자안을 평가하는 기법이다. 회계적이익률법은 회수기간법과 같이 계산이 간단하고 이해하기가 쉬우며 기업의 수익성을 고려하고 있다는 장점을 가지고 있다.

$$\text{회계적이익률} = \frac{\text{세금차감 후 연평균순이익}}{\text{최초투자액(연평균투자액)}} = \frac{\text{연평균증분현금흐름} - \text{감가상각비} - \text{법인세}}{\text{최초투자액(연평균투자액)}}$$

평균투자액 = (최초투자액 + 잔존가액)/2

- 회수기간법

투자액을 연간 현금유입액으로 나눈 회수기간에 의해 투자결정을 하는 기법이다. 이것은 계산이 간편하고 이해하기 쉬우며 회수기간의 위험을 나타내는 지표로 사용할 수 있어서 실무에서 가장 많이 이용하고 있는 방법이다.

$$\text{회수기간} = \frac{\text{증분투자액(연초투자액)}}{\text{연간증분현금유입액(연간이익} + \text{감가상각비)}}$$

- 내부수익률법

투자에 대한 현금유입의 현재가치의 합과 현금유출의 현재가치를 같도록 하여 수익률을 찾아낸다. 이렇게 찾아낸 내부수익률이 투자자가 요구하는 수익률보다 크면 이 투자안은 선택되고 작으면 투자안은 기각된다.

$$\frac{\Sigma CI}{(1+k)^t} = \frac{\Sigma CO}{(1+k)^t}$$

- 순현가법

자본예산기법의 하나로 투자금액을 투자로부터 산출되는 순현금흐름의 현재가치로부터 차감한 것이 순현가이며 여기서 산출된 순현가가 0보다 크면 투자안을 선택하고 0보다 작으면 투자안을 기각하는 의사결정기법을 말한다. 이 방법은 기업의 할인율로 현금흐름을 할인한다는 점, 가치가산원칙에 부합된다는 점, 유일해(unique solution)가 존재한다는 점에서 다른 어떠한 자본예산기법보다 우월한 방법으로 평가되고 있다.

3) 시설투자계획의 내용

시설투자는 일시에 대규모의 자금이 투입되지만 회수는 장기간에 걸쳐서 이루어지므로 장기자금으로 충당해야 한다.

비유동장기적합률은 최근 3년 평균 79.22% 이내에서 이루어져야 하지만 부득이한 경우에는 100%까지는 무난하다고 할 수 있다. 비유동장기적합률이 100% 이내라는 의미는 비유동자산에 대한 투자는 비유동부채와 자기자본의 범위 내에서 이루어져야 한다는 것이다. 만약 비유동장기적합률이 100%를 초과하는 경우에는 자본배분의 안정성에 문제가 있다고 판단하여 신용평가에서 불이익을 받을 수가 있기 때문에 주의해야 한다.

비유동장기적합률이 상승하는 경우는 비유동자산에 대한 투자를 운전자금으로 충당하는 때에도 해당이 되지만, 부진한 영업활동의 결과로 발생하는 누적적인 결손의 경우에도 자기자본이 감소하기 때문에 비유동장기적합률이 늘어나게 된다.

상환기간이 1년 이내인 운전자금으로 장기간에 걸쳐 자금이 회수되는 시설투자를 할 경우 유동성부족으로 인한 지급불능으로 인하여 기업이 위기에 처할 가능성이 있다. 그렇기 때문에 시설투자를 할 때 가장 주의해야 하는 점이 장기자금인 시설자금이나 자기자본을 활용해야 한다는 것이다.

힘들게 사업을 시작하여 기업을 경영하는 CEO의 가장 큰 꿈은 번듯한 자가사업장을 마련하는 것이라는 것에 대하여는 아무도 이론의 여지가 없을 것이다. 하지만 대부분의 중소기업들은 기업을 운영하는 운영자금을 제대로 공급하는 데도 어려움을 겪고 있기 때문에 자가사업장을 마련한다는 것은 쉽지가 않다.

우여곡절을 겪으면서 자가사업장을 마련해도 거의가 외부차입에 의존하는 경향이 많기 때문에 자가사업장을 마련하고 난 이후에 어떻게 자금관리를 할 것인가도 매우 중요한 일이다.

4) 시설투자 사례연구

반도체부품을 제조하는 A반도체(주)는 최근 매출이 증가되고 있고, 1,322.32㎡(400평)의 임차사업장에 매월 지불되는 월임차료의 부담이 커서 차라리 임차료보다 이자비용이 부담이 덜 하다는 생각으로 경기도 안산의 반월공단에 공장신축을 계획하고 있다. 신축예정 공장의 면적은 1,983.48㎡(600평)이고, 총비용은 3,000백만 원이다(단, 공장신축에 따른 세금이나 기타 비용부분은 감안하지 않음).

① 2013년 매출액 5,000백만 원

② 총차입금 1,750백만 원(단기차입금 750, 장기차입금 1,000)

③ 이자비용 105백만 원

④ 현 임차 사업장 보증금 100백만원, 월 임차료 10백만 원

⑤ 현재 공장을 신축하기 위해 사용 가능한 현금은 500백만 원임.

[표 11-10] 공장신축 전 재무상태표

제11기 2013년 12월 31일 현재

A반도체(주) (단위 : 백만 원)

구분	2013년	구분	2013년
유동자산	2,950	유동부채	2,050
(현금및현금등가물)	(620)	(매입채무)	(850)
(매출채권)	(1,120)	(단기차입금)	(750)
(재고자산)	(630)	(주임종단기차입금)	(400)
(기 타)	(220)	(기 타)	(50)
비유동자산	1,890	비유동부채	1,150
(유형자산)	(1,180)	(장기차입금)	(1,000)
(무형자산)	(590)	(기 타)	(150)
(기 타)	(120)	부채총계	3,200
		자본금	(300)
		잉여금	(980)
		자본총계	1,280
자산총계	4,480	부채와 자본합계	4,480

문제

위와 같은 상황에서 보유하고 있는 500백만 원 외 나머지 자금은 차입을 해야 할 경우를 감안하여 다음의 질문에 답하라.

① 은행에서 대출을 받아야 할 경우 어떤 자금으로 얼마를 받아야 하는가?

② 대출금리를 위해 은행자금과 정책자금 중 어떤 것이 유리하며, 대

출기간은 어떻게 하는 것이 기업에 유리할 것인가?
③ 공장신축 후 위 재무상태표의 다른 조건이 동일하다고 가정했을 때 공장신축과 관련한 계정과목만 감안한 재무상태표를 다시 작성할 것
④ 재작성한 재무상태표상의 부채비율과 비유동장기적합률은 얼마인가?
⑤ 금년 세후 당기순이익을 200백만 원으로 예상할 경우 부채비율을 현 재무상태표 수준으로 하려면 자본금으로 증자해야 할 금액은 얼마이며, 실제로 투입되어야 할 자본금은 얼마인가?

풀이

① 시설자금 2,500백만 원
② 정책자금 중 신기술자금은 은행자금보다 금리가 최대 1.5% 정도 낮으며, 대출기간은 시설자금이기 때문에 8~10년의 장기 분할상환 대출로 하는 것이 상환부담이 적어서 만기일시 상환보다 유리함.
③ 공장신축 후 재무상태표 [표11-11]참조
④ 공장신축 후 부채비율 : 5,700/1,280×100=445.3%
　　　　비유동장기적합률 : 4,890/6,980×100=70.1%
⑤ 자본금으로 증자해야 할 금액 : 840백만 원
　실제 투입되어야 할 자본금 금액 : 240백만 원
　(계산)
　공장신축 전 부채비율 : 3,200/1,280×100=250%
　[5,300(공장신축 후 부채총계)-400(주임종단기차입금)]/250%
　=2,120(요구 자본총계)
　[주임종단기차입금 400백만 원을 자본금으로 증자하면서 부채총계

[표 11-11] 공장신축 후 재무상태표

제12기 2014년 12월 31일 현재

A반도체(주) (단위 : 백만 원)

구분	2014년	구분	2014년
유동자산	2,090	유동부채	2,050
(현금및현금등가물)	(120)	(매입채무)	(850)
(매출채권)	(1,120)	(단기차입금)	(750)
(재고자산)	(630)	(주임종단기차입금)	(400)
(기타)	(220)	(기 타)	(50)
비유동자산	4,890	비유동부채	3,650
(유형자산)	(4,180)	(장기차입금)	(3,500)
(무형자산)	(590)	(기 타)	(150)
(기 타)	(120)	부채총계	5,700
		자본금	(300)
		잉여금	(980)
		자본총계	1,280
자산총계	6,980	부채와 자본합계	6,980

에서 차감]

2,120−1,280(현 자본총계) = 840(증자해야 할 자본금)

840−[200(예상 당기순이익)+400(주임종단기차입금 자본금 전환)]
= 240(실제 자본금 증자금액으로 투입되어야 할 자금)

위의 사례연구에서와 같이 공장을 신축할 때 현재 은행의 중소기업의 평균대출금리가 4% 중반에서 결정되고 있는데, 신기술기업의 정책자금을 활용할 경우에는 최대 1.5%의 금리를 지원받을 수 있기 때문에 금리를 연 3% 정도에서 시설자금대출을 받을 수 있어서 2,500백만 원을 8년 동안 분할상환할 경우 최대 200백만 원 이상의 이자비용을 절감할 수 있다.

따라서 정책자금을 활용할 경우 발생하는 대출에 대한 이자비용은 연 75백만 원 정도로 공장신축 전의 지급임차료 120백만 원보다는 45백

취약한 재무구조는 신용등급의 하락, 은행 대출금의 금리 인상 등으로 이어져 생산량이 증가되어 매출 증가가 이루어지더라도 추가로 운영자금대출을 받기가 어려워지는 상황이 발생하게 된다.

만 원만큼의 비용이 절약된다. 하지만 이러한 비용절감이라는 장점이 있는 반면에 차입금 증가와 부채비율 증가라는 두 가지 문제점도 함께 가지게 된다.

우선 차입금의 증가로 인하여 차입금 의존도가 66.6%로 2013년 중소기업 전산업의 평균비율 33.5%의 두 배에 해당하는 수치를 보여주고 있다. 다음으로 부채비율은 445.3%로 2013년 중소기업 전산업의 평균비율 168.3%보다 277%가 높아 재무구조가 매우 취약한 것으로 나타났다.

이러한 상황의 재무구조이면 신용등급이 하락하게 되고 은행 대출금의 금리가 인상되게 되고, 또 공장이전의 효과로 생산량이 증가되어 매출 증가가 이루어지더라도 추가로 운영자금대출을 받기가 어려워지는 상황이 발생하게 된다.

　그래서 이러한 상황을 미리 파악하여 공장신축 전에 매출증가에 따른 소요운전자금이 증가될 것으로 예상하여 운영자금대출을 미리 확보해놓는 것도 문제를 해결하는 한 방법으로 사용해볼 수가 있다. 예를 들어 500백만 원의 운영자금을 대출받아 별도의 통장으로 관리를 하더라도 1년 이자는 20백만 원 정도인데, 공장신축 후 운영자금을 추가로 받기 어려울 때를 대비하는 차원에서는 임차료로 절감되는 45백만 원의 절반에도 못 미치는 금액이기 때문에 충분히 감당할 수 있는 범위이다. 그러면 1년 정도는 현금흐름에 큰 문제가 없이 기업을 운영할 수 있기 때문에 1년의 기간 동안 매출증가로 인한 순이익의 증가 등 현금흐름의 폭을 늘릴 수가 있어서 공장신축 후에도 경영활동에만 전념할 수가 있을 것이다. 이렇게 3년 정도만 긴축경영을 하면 기업경영활동도 정상화가 되면서 힘들게 마련한 공장은 정말 기업의 소유로 되어 사세를 확장하는 발판으로 기여를 할 수가 있을 것이다.

　만약 대표자가 개인적인 여유자금을 기업에 자본금으로 투입할 수 있는 경우에는 참으로 다행스러운 일이겠지만, 우리나라의 중소기업을 경영하는 CEO들에게서 이런 경우는 많지가 않다. 그래서 위와 같은 방법으로 공장매입 후의 자금관리를 하는 것이 필요하다 할 것이다.

제42절 재무예측

1. 재무예측의 의의

재무예측(financial forecasting)이란 재무계획의 일환으로 기업의 미래수익과 자금수급 등 소요자금을 예측하는 과정을 말한다. 다시 말하면 기업의 매출액과 수익, 그리고 자금의 수요와 조달방법 등 기업의 미래 재무활동에 관한 정보수집활동이라고 할 수 있다. 계속기업으로서의 끊임없는 경영활동의 결과 기업이 흑자를 내고도 일시적인 자금부족으로 흑자 도산하는 경우도 발생하므로 미래의 소요자금을 정확하게 예측하여 유동성 부족현상을 방지하고 소요자금을 원활하게 공급할 수 있도록 하는 것은 정말 중요한 일이다.

재무예측을 위한 계획은 매출액을 예측하는 것으로 시작한다. 왜냐하면 매출액의 변화에 따라 자산의 변화 및 수익의 변화가 일어나면 여기에 따라서 소요자금의 예측이 가능하기 때문이다. 장기적으로 볼 때 매출액은 성장 추세를 나타내는 것이 일반적이며 이러한 성장과 더불어 유동자산과 고정자산도 증가하게 된다. 현금과 외상매출금, 재고자산 등의 유동자산은 매출액의 증가에 따라 급격하게 변화가 일어나지만 설비자산 등의 비유동자산은 서서히 증가하게 된다. 일반적으로 변동이 빈번한 유동자산은 단기적인 자금으로 조달하고, 변화가 많지 않은 비유동자산은 자기자본이나 장기차입금과 같이 장기적인 자금으로 조달하는 것이 보통이다. 매출액을 중심으로 재무예측을 할 경우 불규칙적이고 변동이 심한 유동자산을 예측하기는 어려우나 변화가 많지 않은 설비자산 등의 비유동자산의 변화는 예측이 가능하다.

기업이 성장하면서 자산과 부채가 어떻게 변화할 것인가를 예측하는 재무예측을 위하여 매출액에 대한 예측과 이를 기초로 한 소요자금에 대한 예측이 선행되어야 한다.

2. 매출액 예측

재무예측과 계획은 매출액 예측으로 시작한다. 대내외적인 변수에 영향을 직접적으로 받는 매출액을 예측한다는 것은 쉽지가 않다. 우리가 흔히 알고 있는 방법에는 관련상품지수법, 구매자의도조사법, 회귀분석법, 시계열분석법 등 여러 가지 방법이 있으나 가장 확실한 것은 경영자의 의지가 가장 중요한 변수로 작용한다는 것이다.

위에서 언급한 매출액을 예측하는 방법은 일반적으로 정해진 새로운 건물이 들어설 인근지역의 여건을 조사하는 것과 같다. 주변여건을 정밀하게 조사하여 주변여건에 적합한 건물을 세워야 쓸모 있는 건물이 되고 건축하는 과정에서 낭비를 줄일 수 있다. 또한 매출액 예측은 국가의 예산을 수립하기 위하여 총수요를 조사하는 것과 같다. 총수요에 대한 조사가 잘못되면 국가자원의 낭비와 자원배분의 왜곡을 가져올 것이다.

이와 같이 매출액 예측의 부실 여부는 크고 작은 기업의 모든 계획의 부실 여부를 좌우한다. 이렇게 매출액 예측이 중요한데도 실제로 많은 기업들은 매출액 예측을 위한 상응하는 노력이나 자원투입이 상당히 부족한 상태에 있다. 예를 들어 매출액 예측이 책임있는 재무담당 부서의 전문가에 의해 수행되는 것이 아니라, 판매부서나 심지어 일반관리 부서의 비전문가에 의해 이루어지는 경우가 많다.

매출액 예측이 경영의 중요한 과제인 것은 틀림없지만 매출액을 어떻게 예측할 것인가에 관한 실제적인 물음에 대해서는 결정적인 해답을 제시할 수 없다는 것이 현실적인 한계다. 그렇기 때문에 매출액 예측을 위한 다양한 도구와 방법이 개발되고 있다.

전통적으로 매출액 예측을 위해 주로 이용되는 방법에는 통계적인 방법과 비통계적인 방법이 있다. 이들은 고유의 장점과 단점을 갖고 있기 때문에 가급적 두 방법을 동시에 활용하는 것이 효과적인 예측을 위해 바람직할 것이다. 특히, 제품의 성격과 시장의 구조와 범위 등에 따라 적합한 방법이 서로 다르기 때문에 방법의 선택에 주의를 기울여야 한다.

비통계적인 방법에는 관련상품지수법, 구매자 의도조사법, 경영자의 견법, 판매자의견법, 전문가의견법, 델파이법, 시험판매법 등이 있다.

그리고 통계적인 방법에는 이동평균법, 지수평활법, 시계열분석법, 회귀분석법, 박스젠킨스 모형 등이 있다. 이들 방법에 관한 구체적인 내용은 마케팅 조사방법론 등 다양한 교재를 참조하기 바란다.

3. 소요자금의 예측

다음 영업기의 매출액에 대한 예측이 끝나고 나면 그와 같은 매출액을 달성하기 위해서 다음 영업기의 얼마의 자금을 외부에서 추가적으로 조달해야 할 것인지를 예측해야 한다. 매출액이 빠른 속도로 늘어나면 외상매출채권과 재고자산 등 일부 유동자산은 물론 경우에 따라서는 시설과 기계 등 고정자산이 증대된다. 이 경우 물론 외상매입채무 등 자연발생적 부채도 동시에 늘어나므로 운전자본 수요의 일부가 자연적으로 보충되지만 자산의 증대 속도가 부채의 증대 속도보다 더 크기 때문에 어떤 형태로든지 새로운 자금이 추가적으로 투입되어야 한다.

예측한 매출액을 달성하는 데 기업이 추가적으로 조달해야 할 자금의 크기를 측정하는 방법에는 매출액백분율방법과 회귀분석방법이 있다.

4. 매출액 백분율법에 의한 소요자금예측

매출액백분율법(percent of sales method)은 재무상태표의 항목을 매출액에 대한 백분율로 표시하고 매출액의 변화에 따른 항목의 변화를 추정하여 기업의 소요자금을 예측하는 방법을 말한다. 그런데 이 방법을 사용할 때에는 예측된 매출액과 비례하여 변하는 항목도 매출액과 동일한 비율로 변한다는 가정이 필요하다.

간단한 사례를 가지고 매출액 백분율법을 사용하여 기업의 소요자금을 예측하여 보기로 하겠다.

아래 [표 11-12]는 미래기업(주)의 2013년 말 현재의 재무상태표인데 2013년 매출액은 1,000백만 원이며 이것은 현재의 설비로 생산하여 실현할 수 있는 최대 규모의 매출액이다. 또한 미래기업(주)의 당기순이익은 매출액의 3%인 3,000만 원이고, 배당금은 순이익의 20%인 600만 원이며, 앞으로도 당기순이익 중 20%를 배당액으로 주주에게 지급하기로 한다.

2014년의 매출액이 1,200백만 원으로 증가하였을 경우를 가정하여 매출액 백분율법을 이용하여 소요자금을 예측하여 보기로 하고 매출액의 변화에 따라 변하는 항목을 살펴본다.

[표 11-12] 재무상태표

2013년 12월 31일

미래기업(주) (단위 : 백만 원)

자산		부채 및 자본	
현금 및 현금성자산	115	외상매입금	80
외상매출금	205	미지급금	256
재고자산	104	비유동부채	145
비유동자산	332	자본금	106
		유보이익	169
계	756	계	756

[표 11-13] 매출액 백분율 재무상태표

2013년 12월 31일

미래기업(주) (단위 : %)

자산		부채 및 자본	
현금 및 현금성자산	11.5%	외상매입금	8.0%
외상매출금	20.5%	미지급금	25.6%
재고자산	10.4%	*비유동부채	-
비유동자산	33.2%	*자 본 금	-
		*유보이익	-
계	75.6%	계	33.6%
자산의 매출액백분율		75.6%	
부채의 매출액백분율(-)		33.6%	
매출증가 시 소요자금 백분율		42.0%	

* 매출액의 변동에 따라 직접적으로 변하지 않는 항목

  미래기업(주)의 매출액이 증가하게 되면 자산항목 중에서 현금및현금성자산, 외상매출금, 재고자산이 증가하게 되며, 현재의 생산규모로 실현 가능한 매출액은 1,000백만 원이므로 매출액을 그 이상으로 증가시켜야 할 경우에는 생산설비를 증설하여야 한다. 그리고 부채항목 중에서는 외상매입금과 미지급금이 매출액의 변동에 따라 변하며 비유동부채나 자본금은 매출액 변동에 따라 직접적으로 변하지 않는다.

[표 11-13]은 미래기업(주)의 재무상태표 항목을 매출액에 대한 백분율로 표시한 것이다.

매출액이 1,000백만 원에서 1,200백만 원으로 증가할 때 필요한 소요자금을 살펴보면 총자산은 매출액증가분 200백만 원의 75.6%인 151백만 원이 증가하고, 조달자금은 외상매입금은 200백만 원의 8%인 16백만 원, 미지급금은 25.6%인 51백만 원이 증가하여 67백만 원이 된다. 그래서 기업에 필요한 소요자금의 부족액은 자산의 매출액백분율 75.6%와 부채의 매출액백분율 33.6%의 차이인 42.0%로 84백만 원이 된다. 하지만 소요자금의 일부는 유보이익으로 충당할 수 있는데 매출액 1,200백만 원의 3%인 36백만 원이 당기순이익이고 그 중 20%인 7백만 원은 배당금으로 지급되며, 나머지 29백만 원은 유보이익이 된다. 따라서 소요자금의 부족액 84백만 원 중 29백만 원을 유보이익으로 조달하면 부족액 55백만 원은 외부에서 조달하여야 한다. 외부에서 조달해야 할 소요자금을 공식으로 표시하면 다음과 같다.

소요자금 = 자산증가분 - 부채증가분 - 유보이익증가분
 = [200백만 원×75.6%] - [200백만 원×33.6%] - [1,200백만 원×3%(1-20%)]
 = 55백만 원

여기에서 모든 자산과 부채가 매출액과 동일한 비율로 변한다는 전제를 두고 설명을 하였지만, 실제로 고정자산은 매출액과 동일한 비율로 증가하는 것이 아니라 일정한 금액으로 증가한다. 만약 설비자산의 투자금

60백만 원이 추가로 필요하다면 소요자금은 다음과 같이 계산할 수 있다.

소요자금 = [200백만 원 × 69.6% + 60백만 원] − [200백만 원 × 33.6%] − [1,200백만 원 × 3%(1−20%)]

= 103백만 원

재무예측에서 매출액백분율법을 이용할 때 단순히 기계적으로 적용해서는 안 되며 이 방법을 적용할 경우에는 과거의 경험과 판단력이 필요하다. 이것은 과거의 경험과 판단력에 기초를 두고 매출액백분율법을 이용해야 제대로 된 효과를 거둘 수 있다는 말이다. 그리고 매출액백분율법은 장기적인 재무예측보다는 단기적인 재무예측에 좀 더 유용하게 사용할 수 있다.

5. 회귀분석법에 의한 소요자금예측

앞에서 설명한 매출액백분율법에 의한 소요자금예측은 재무상태표의 각 항목이 매출액에서 차지하는 비중이 시간경과에 관계없이 일정하게 변화한다는 가정을 전제로 하고 있다. 이에 비해 회귀분석법에 의한 소요자금예측은 매출액과 소요자산 간의 상관관계를 고려하여 예상소요금액을 산출하는 방법인데 이것은 소요자금과 상관관계가 가장 큰 항목이 매출액이라고 가정하면서 시작된다. 즉 과거 매출액의 변화와 소요자산의 변화와의 상관관계로부터 미래의 매출액 증가에 따른 소요자금을 예측하는 방법이다. 예를 들어보면 미래기업(주)의 매출액과 소요자금이 2009년부터 2013년 사이에 [표 11-14]와 같이 변화되었고 2014년의 예상매출액이 90억 원이 될 경우에 회귀방정식을 이용하여 소요자금을 예측하여 보기로 한다.

[표 11-14] 미래기업(주)의 매출액과 소요자금

(단위 : 억 원)

연도	매출액(X)	소요자금(Y)	X^2	$X \cdot Y$
2009	49	35	2,401	1,715
2010	58	42	3,364	2,436
2011	65	47	4,225	3,055
2012	71	51	5,041	3,621
2013	78	56	6,084	4,368
합계	321	231	21,115	15,195

먼저 매출액과 소요자금 간에 1차식을 이룬다는 가정하에 회귀방정식 Y=a+bX를 추정하여 a와 b를 구하면 다음과 같다.

$$b = \frac{\Sigma X \cdot \Sigma Y - n\Sigma X \cdot Y}{(\Sigma X)^2 - n\Sigma X^2} = \frac{321 \times 231 - 5 \times 15,195}{(321)^2 - 5 \times 21,115} = 0.518$$

$$a = \bar{Y} - b \cdot \bar{X} = \frac{231}{5} - \frac{0.518 \times 321}{5} = 12.94억\ 원$$

앞에서 구한 회귀방정식에 의하여 2014년의 매출액이 90억 원으로 예상될 때 소요자금을 산출하면 약 60억 원이 된다.

Y = 12.94억 원 + 0.518 × 90억 원 = 59.56억 원

이와 같은 방법은 소요자금을 단일종합항목으로 보고 매출액의 변동에 따른 소요자금을 산출한 것이지만 실제로는 매출액의 변화와 상관관계

를 가진 개별적인 항목들의 변화를 구하여 소요자금을 추정하는 것이 좀 더 정확할 것이다. 회귀방정식에 의해 구한 값은 단순한 예측에 지나지 않는 것이지만 장기재무예측에서는 비교적 다른 방법보다 오차가 작기 때문에 많이 이용되는 방법 중의 하나라고 할 수 있다. 매출액백분율법에 비하여 이 방법은 좀 더 과학적이고 타당성은 있으나 손쉽게 예측하기 어려운 단점이 있다.

제43절 추정 재무제표와 투자안의 현금흐름

1. 추정 재무제표

재무제표를 추정하여 작성하는 것은 기업이 미래의 경영환경변화에 따라 투자결정과 자본조달결정 및 배당과 이익유보결정을 하기 위한 기초자료로 활용하기 위해서 매우 중요한 활동 중의 하나이다. 이러한 재무계획은 기업의 영업예측을 기반으로 하여 일정기간의 현금흐름을 예측하고 추정손익계산서나 추정재무상태표 등을 작성하는 것이다. 이를 위하여 가장 먼저 이루어져야 하는 것이 판매부서의 영업계획에 의해 이루어지는 매출액의 추정이며, 이것을 근거로 생산부서의 생산예측과 이에 따른 제조원가의 예측 및 일반관리비에 대한 예측 등이 이루어져야 한다.

매출액의 추정은 현금예산을 정확하게 예측하기 위하여 가장 중요한 것으로 이것은 과거의 매출실적에 대한 기간별 자료와 영업정책, 그리고 경영자의 경영의지 및 대내외의 환경과 경제성장률 등을 고려한다. 이것을 구체적으로 살펴보면 단위당 판매가격과 변동비용 그리고 고정비용을 알아야 하며 순운전자본의 투자를 포함한 총투자액에 대하여도 파악을 하고 있어야 한다.

예를 들면 장난감 물총이 개당 5,000원에 매년 60,000개가 팔릴 것으로 예상된다고 하자. 개당 비용은 3,500원인데, 장난감 물총에 대한 소비자들의 취향이 변화하기 때문에 투자수명은 5년으로 잡고 있다. 이 새로운 투자안에 대한 할인율은 10%라고 가정한다.

생산설비 임대료 등의 고정비가 매년 25백만 원이 될 것으로 예상되며 제조설비에 대하여 총 100백만 원을 투자할 계획이다. 이 제조설비에 대한 감가상각은 정액법으로 하며 잔존가치는 없는 것으로 한다. 이 계획을 수행함에 따른 순운전자본에 대한 최초 투자액은 30백만 원이며 법인세율은 25%라고 가정한다.

[표 11-15]에는 이런 계획에 따른 추정손익계산서를 나타내고 있다. 여기서 이자비용은 제외되어 있는데, 이자비용은 재무비용이지 영업현금흐름이 아니기 때문이다.

[표 11-15] 추정손익계산서

2015년 1월 1일~2015년 12월 31일

(단위 : 천 원)

구분	금액
매출액	300,000
변동비	210,000
고정비	25,000
감가상각비	20,000
영업이익	45,000
법인세비용	11,250
당기순이익	33,750

2. 현금흐름추정의 기준

어떤 사업의 가치를 평가할 때나 투자에 대한 경제성을 평가하기 위한 현금흐름에서는 영업활동에서 발생하는 순현금흐름을 기준으로 하여야 한다. 그리고 순현금흐름을 추정하기 위해서는 일정한 기준이 필요하며 여기에서는 다음과 같이 아홉가지 기준을 제시하고자 한다.

첫째, 현금흐름은 순 증감분을 기준으로 추정해야 한다. 대상 투자안의 현금흐름을 추정할 때에는 기업의 전체 입장에서 그 투자안이 채택되었을 경우의 현금흐름에서 그 투자안이 채택되지 않았을 경우의 현금흐름을 비교하여 그 증감분만을 고려해야 한다는 것이다.

둘째, 대상 투자안이 기업의 다른 사업부문에 미치는 모든 부수적인 효과를 고려해야 한다. 즉, 기업이 계획하고 있는 대상 투자안의 현금흐름이 (-)일 경우 이 투자안으로 인하여 다른 사업부문에서 추가적으로 얻게 되는 현금흐름이 대상 투자안에서 발생하는 (-)의 현금흐름을 상쇄하고 남는다면 대상 투자안은 경제성이 있다고 볼 수 있다는 것이다.

셋째, 특정 투자안과 직접적으로 연관 지을 수 없는 간접비용도 고려해야 한다. 대상투자안과 직접적으로 연관 지을 수는 없지만 대상투자안의 선택 때문에 추가적으로 그 대가를 지급해야 하는 경우 이 간접비용은 현금의 유출에 포함시켜야 한다는 것이다.

넷째, 기회원가는 현금유출에 포함시켜야 한다. 이것은 새로운 의사결정으로 또 다른 대안을 선택함으로써 잃게 되는 현금흐름을 말하며 이것을 새로운 투자안의 경제성평가에 포함시켜야 한다는 말이다. 즉, 현재 매년 10백만 원을 받고 임대하고 있는 건물을 새로운 투자안을 위하여 사용하고자 하는 경우 1년에 10백만 원을 투자금액에 포함시켜야 한다는 것이다.

다섯째, 매몰원가는 무시되어야 한다. 매몰원가는 과거의 의사결정으로 이미 투입된 원가로서 새로운 투자안의 의사결정에는 더 이상 영향을 주지 않으므로 새로운 투자안의 경제성 평가에는 무시되어야 한다는 것이다. 즉, 5년 전에 10백만 원을 주고 구입한 기계장비의 현재가치가 1백만 원일 경우 매몰원가는 9백만 원이 되며, 이 금액은 과거의 의사결정으로 인해 이미 발생된 원가이므로 새로운 투자안에 대한 의사결정에는 현재가치인 1백만 원이 투자되는 것으로 해야 한다는 것이다.

여섯째, 순운전자본의 변화를 고려해야 한다. 유동자산에서 유동부채를 차감한 금액인 순운전자본의 증가는 영업활동을 위한 추가적인 투자를 말하는 것으로 이때에는 현금유출로 처리한다. 그리고 순운전자본의 감소와 대상기간의 마지막 해에 남아 있는 순운전자본은 현금유입으로 처리하고, 순운전자본은 해당연도의 순운전자본에서 전년도의 순운전자본을 차감하여 계산한다는 것이다. 예를 들어 사업 첫해에 필요한 순운전자본은 10백만 원이고 그 후 4년간 매년 1백만 원의 순운전자본이 증가하게 될 경우 순현금흐름을 계산하면 [표 11-16]과 같다.

[표 11-16] 순현금흐름의 계산

(단위 : 백만 원)

기간	1년	2년	3년	4년	5년
현금유출	10	1	1	1	1
현금유입					14
순현금흐름	-10	-1	-1	-1	13

일곱째, 감가상각비는 현금유출에 포함시키지 않는다. 비유동자산의 취득으로 현금지출을 하게 되면 현금흐름의 계산할 때 취득금액의 전액을 현금유출로 기록한다. 회계처리에서는 취득금액을 자산으로 기록하고 그 자산의 내용연수 기간 동안에 감가상각비를 계산하여 비용으로 처리한다.

이 경우의 감가상각비는 손익계산서상에서 비용으로 처리되지만 현금지출이 없으므로 현금흐름의 추정 시에는 현금유출로 계상하면 안 된다는 것이다.

여덟째, 이자비용과 배당금은 현금유출에 포함시키지 않는다. 이자비용과 배당금은 현금흐름을 현재가치로 할인하는 데 사용하는 할인율에 반영되기 때문에 현금유출로 처리하면 안 된다. 투자안의 경제성평가에서 이자비용과 배당금을 현금유출로 계산할 경우에는 이중으로 계산하는 결과를 초래하게 되는 것이다.

아홉째, 법인세비용을 차감하고 난 후를 기준으로 측정해야 한다. 법인세 및 법인세할 주민세는 국가 또는 지방자치단체에 납부해야 하는 것으로 현금유출에 포함시켜야 한다는 것이다.

3. 현금흐름추정 사례연구

자산으로부터의 현금흐름은 영업현금흐름, 순운전자본의 증가, 비유동자산투자의 세 가지로 구성되어 있으며, 투자안의 평가를 위해서는 이들을 개별적으로 추정해야 한다.

투자안의 현금흐름 = 영업현금흐름 − 순운전자본증가 − 비유동자산순투자

[표 11-15]의 추정손익계산서를 이용하여 영업현금흐름을 추정하면 53,750천 원이 된다.

영업현금흐름 = 영업이익 + 감가상각비 − 세금
      = 45,000천 원 + 20,000천 원 − 11,250천 원
      = 53,750천 원

위와 같은 영업현금흐름은 다음의 세 가지 방식과 같이 산출하여도 동일한 현금흐름이 산출됨을 알 수 있다.

① Bottom-Up 방식

영업현금흐름 = 당기순이익 + 감가상각비

= 33,750천 원 + 20,000천 원

= 53,750천 원

② Top-Down 방식

영업현금흐름 = 매출액 - 영업비용 - 세금

= 300,000천 원 - (210,000천 원 + 25,000천 원) - 11,250천 원

= 53,750천 원

③ 감세효과(tax shield)를 고려하는 방법

영업현금흐름 = (매출액 - 영업비용)(1 - 법인세율) + 감가상각비 × 법인세율

= (300,000천 원 - 235,000천 원)(1 - 0.25) + 20,000천 원 × 0.25

= 53,750천 원

앞에서 최초 시설투자액이 100백만 원이고 순운전자본이 30백만 원이 필요하다고 했으므로 최초의 현금유출액은 130백만 원이 된다. 그러므로 이들 현금흐름을 요약하면 다음 [표 11-17]과 같이 나타낼 수 있다.

[표 11-17] 투자안의 총현금흐름

(단위 : 천 원)

구분	0	1년	2년	3년
영업현금흐름		53,750	53,750	53,750
순운전자본의 증가	-30,000			30,000
비유동자산투자	-100,000			0
투자안의 총현금흐름	-130,000	53,750	53,750	83,750

[표 11-17]에서 보는 바와 같이 제조설비에 대한 투자액 100백만 원은 3년에 걸쳐 상각처리되며 잔존가치는 없는 것으로 하였다. 그리고 순운전자본은 비유동자산과 함께 투자되었다가 투자기간의 말에 다시 전액이 회수됨을 알 수 있다.

이제 [표 11-17]의 현금흐름을 이용하여 투자안의 경제성을 분석할 수 있다.

① 먼저 순현재가치(NPV)를 구해보자.

$$순현재가치 = \left(\frac{53{,}750}{(1+0.1)} + \frac{53{,}570}{(1+0.1)^2} + \frac{83{,}750}{(1+0.1)^3}\right) - 130{,}000 = 26{,}208천\ 원$$

② 다음은 내부수익률(IRR)을 구해보자.

만약 할인율을 20%라고 하여 현재가치를 산정하면 현금유입의 현재가치는

$$\frac{53{,}750}{(1+0.20)} + \frac{53{,}570}{(1+0.20)^2} + \frac{83{,}750}{(1+0.20)^3} = 130{,}584천\ 원이\ 되고,$$

만약 할인율을 21%라고 하여 현재가치를 산정하면 현금유입의 현재가치는

$$\frac{53{,}750}{(1+0.21)} + \frac{53{,}570}{(1+0.21)^2} + \frac{83{,}750}{(1+0.21)^3} = 128{,}408천\ 원이\ 된다.$$

위와 같이 현금유입의 현재가치가 130,000천 원이 되기 위한 할인율은 20%와 21%의 사이이며 이를 보간법으로 산출한다.

[표 11-18] 할인율 20%와 21%의 비교

(단위 : 천 원)

할인율	현금유입 현재가치	현금유출 현재가치	차이
20%	130,584	130,000	584
21%	128,408	130,000	1,592
1%P	2,176	0	2,176

그러므로 내부수익률(IRR)은 20.27%[20%+0.27(584/2,176)]이다.

위에서 산출된 내용을 보면 투자안의 순현재가치가 (+)이고 내부수익률도 할인율보다 더 크므로 이 투자안은 투자할 가치가 있다고 할 수 있다.

 쉬어가는 이야기 열하나

Cash is king!

철강을 도·소매도 하고 또 일부는 절단과 절곡의 과정을 거쳐서 납품도 하는 최사장은 철강업 사업을 시작한 지 3년차가 되는 업력을 가지고 있다. 처음에 사업을 시작할 때에는 도·소매만 하였는데, 단순하게 유통업만 하다보니 수익성이 너무 떨어져서 하는 수 없이 기계를 도입하여 절단과 절곡을 하는 제조업을 추가하게 되었다.

최사장은 사업과 관련하여 나름대로의 인맥을 구축하기 위해 지역의

CEO모임에도 나가고 있는데, 여기서 규모가 최사장보다 훨씬 크고 업력도 10년이 넘게 철강관련 사업을 하고 있는 이사장을 만나게 되었다. 이사장은 나이도 최사장보다 6살이나 많고 사업경력도 많아 배울 점이 참 많겠다 싶어서 형님으로 모시면서 잘 따르게 되었다. 이사장은 매사에 사업에 자신이 있어 보였고 여유도 있어 보였다.

단둘이서 저녁에 술자리도 자주 하면서 형님·동생 하면서 격의없이 지내는 사이가 되었다. 한번은 둘이서 술자리를 하면서 사업관련 이야기를 하는데 최사장은 수익이 잘 안 나서 정말 힘들다고 하소연을 하였다. 최사장은 철강을 구매하고 다음 달 결제일까지 자금을 맞추기는 하는데, 생각만큼 수익이 나지를 않아서 항상 마음이 편하지를 않다고 했다.

이사장은 수익을 내는 비법을 알려주었다. 오랫동안 사업을 해온 이사장은 업계에서의 인맥도 꽤 넓은 편이었다. 이사장은 철강을 현금으로 구매를 한다고 했다. 급한 매물로 나온 동일한 품질의 철강을 현금으로 대량 구매를 한다는 것이다. 그렇게 하면 은행 대출금 이자보다 몇 배를 더 싸게 구매를 할 수 있기 때문에 훨씬 더 많은 수익을 올릴 수 있다는 것이다. 그래서 이사장은 항상 현금을 어느 정도 수준으로 보유를 하고 있다고 했다. 이사장은 사업을 하면서 현금의 힘이 얼마나 큰지를 자세하게 설명해 주었다.

지금까지 외상거래만 해온 최사장은 일반적인 구매를 할 때에도 현금으로 결제를 하면 훨씬 더 저렴한 가격조건으로 원자재를 구매할 수 있다는 것을 알았다. 대출을 좀 받더라도 이자를 지불하고도 더 많은 수익을 낼 수 있다는 것이다.

　　이사장은 마지막으로 엄지손가락을 높이 추켜세우면서 이렇게 말했다.
　　'Cash is king!'

제12장
매출과 이익증대를 통한 기업체질 강화

기업의 설립목적은 기업가치의 극대화를 통한 주주의 만족과 더불어 경영진과 종업원의 만족에 있다. 이러한 목표를 달성하기 위해 가장 중요한 것이 기업의 전체적인 볼륨을 키우는 것인데, 이를 위해 제일 먼저 해야 할 일은 매출규모를 확대하는 것이다. 매출규모를 키우고 나서 원가절감이나 생산성 향상을 통한 손익구조를 개선하여 순이익을 증대시키는 것이 중요하다.

제44절 손익분기점 분석

1. 손익계산을 위한 원가구조

손익분기점 분석을 위해서 가장 먼저 알아야 할 것이 손익을 구성하고 있는 수익과 비용의 구조에 대하여 살펴보는 것이다.

원가구조(cost structure)는 고정비와 변동비와 구성비가 어떠한 구조인가를 말하는 것이다. 다음 [그림 12-1]에서 보는 바와 같이 동일한 원가총액에서 원가(A)는 고정비의 비중이 낮고 변동비의 비중이 높으며, 원가(B)는 고정비의 비중이 높고 변동비의 비중이 낮음을 알 수 있다. 이러한 원가구조가 가지는 의미는 원가구조가 어떻게 구성되느냐에 따라 손익의 차이가 발생한다는 것이다.

그러면 고정비와 변동비에 대하여 알아보고 고정비와 변동비 구분의 필요성에 대하여도 살펴보기로 하겠다.

고정비(fixed cost)는 생산량의 변동 여부에 관계없이 일정하게 지출되는 비용으로 고정원가라고도 한다. 이것은 매월 지출이 고정되어 있는 비용이며 여기에는 감가상각비, 사무직원의 급여, 고정자산의 보험료, 부동

[그림 12-1] 원가구조

산임차료, 차입금의 지급이자, 재산세와 종합토지세 등이 포함된다.

변동비(variable cost)는 가변비용 즉 생산량의 변동 여부에 따라 변화하는 비용으로 변동원가라고도 한다. 이것은 매월 지출이 변동되는 비용이며 여기에는 재료비, 외주가공비, 판매수수료, 포장비 등이 포함된다.

이러한 고정비와 변동비는 대기업의 경우 세분화하여 비용의 배분을 정확하게 분류하여 분석하고 있으나 중소기업의 경우는 비용을 분류하는데 너무 세분화하지 않고 다음 [표 12-1]에서 보는 바와 같이 하는 것이 효율적이다.

[표 12-1] 비용의 분류

비용구분	내용
고정비	건물임차료, 기계장치의 임차료, 감가상각비, 이자비용, 소모품비, 생산현장에서 근무하는 직원들의 노무비, 사무실에서 근무하는 직원들의 노무비 65%, 전력비 등 그 외의 비용은 50%, 판매비와 관리비 10~20%
변동비	재료비, 외주가공비, 광고선전비, 그 외 매출액에 따라 변동이 확실시되는 비용, 판매비와 관리비 80~90%, 사무실에서 근무하는 직원들의 노무비 35%

이와 같이 기업이 비용으로 지출하는 원가구조를 고정비와 변동비로 구분하는 필요성을 크게 두 가지로 살펴보면, 첫 번째는 현재 상태의 손익구조에서 매출액과 원가의 증감으로 인한 손익의 변화를 알아보기 위해서이고, 두 번째는 매출이 어느 정도가 되어야 손실을 보지 않는가 하는 것과 일정한 수준의 이익을 달성하기 위해서는 매출이 얼마가 되어야 하는가를 알아보기 위해서이다.

그 외에 원가구조를 분석하는 이유는 CVP분석을 이용한 손익변화를 예측하고 개선방안을 강구할 수 있게 하고, 손익분기점 매출 및 목표 매출분석으로 판매전략과 판매 계획수립에도 활용이 가능하며, 또한 경영 안전율 분석을 통한 사업단위별 손익의사결정에도 도움을 줄 수 있기 때문이다.

2. 손익분기점 분석

1) 손익분기점 분석의 의의

일반적으로 손익분기점 매출을 계산할 때 주로 적용되는 이익은 영업이익을 말하는데, 손익분기점 매출은 이익이나 손실이 제로가 되는 매출액을 말한다. 실제 매출이 손익분기점 매출을 초과하면 영업이익으로 나타나고, 반대로 미달하면 영업손실로 나타나기 때문에 손익분기점 매출은 기업의 목표이익 및 목표 매출액 산출에서 중요한 정보를 제공한다.

이러한 손익분기점 매출을 알아보기 위해서는 그 손익분기점 매출의 규모가 얼마인지를 알아야 하는데, 이것을 손익분기점 분석이라 한다.

기업에서 일반적으로 매출액이 증가하면 수익과 비용도 증가하는 경향이 있는데, 기업이 목표로 하는 이익 달성을 위해서는 수익과 비용의 변동을 분석하여 재무계획에 반영하고 수익성을 높이기 위해 생산량이나 가격을 결정해야 한다. 손익분기점 분석은 원가, 매출수량, 매출이익의 상호관계를 분석하는 기법으로 비용-매출액-수익분석(CVP분석 : cost-volume-profit analysis)이라고도 한다.

손익분기점(BEP: Break even point) 분석을 하기 위한 수익의 크기는 상품의 원가에 판매량을 곱하여 얻어지지만 비용을 판매량의 변화에 따라 산출하는 것이 쉽지 않다. 총비용은 상품의 판매와 관련하여 판매량에 관계없이 일정하게 발생하는 고정비와 판매량의 변화에 따라 변동되는 변동비로 구분된다. 이렇게 고정비와 변동비가 구분되면 총수익과 총비용이 일치되는 점을 알 수가 있는데, 이익도 손실도 없는 제로 상태의 점이라고 하여 이것을 손익분기점이라고 한다. 이와 같은 손익분기점 분석은 손익분기점 파악을 통한 기업의 목표이익달성에 필요한 매출액을 파악하여 판매전략을 수립하기 위한 기초자료로 활용할 수 있는 중요한 정보를 제공한다.

2) 손익분기점 매출액

다음 [그림 12-2]의 그래프에서 보는 바와 같이 매출액을 직선 S, 변동비를 V, 고정비를 F로 나타내면 손익분기점 매출액은 매출이 고정비와 변동비의 합계와 같아지게 되는 점 B가 된다. 매출액이 B점 이하인 경우 적자가 발생하며, 매출액이 B점을 초과하게 되면 이익이 증가하게 된다.

손익분기점 매출액을 산출하는 것은 고정비를 (1-변동비율)로 나누어서 계산한다. 하지만 현장에서 실무적으로 손익분기점 매출액을 계산하기 위해서는 투입된 원가에서 고정비와 변동비와 구분하는 작업을 해야 하는데 이것은 상당히 어려운 작업에 속한다.

일반적으로 인건비나 감가상각비와 임차료 등은 고정비에 해당되고 재료비나 외주가공비와 상품운반비 등의 항목은 변동비에 해당되지만 고정비나 변동비로 식별이 명확하지 않은 전력비, 판매비와 관리비 등의 비용도 많아서 정확한 분석을 통해 비용을 분류하는 작업이 필요하다.

[그림 12-2] 손익분기점 그래프

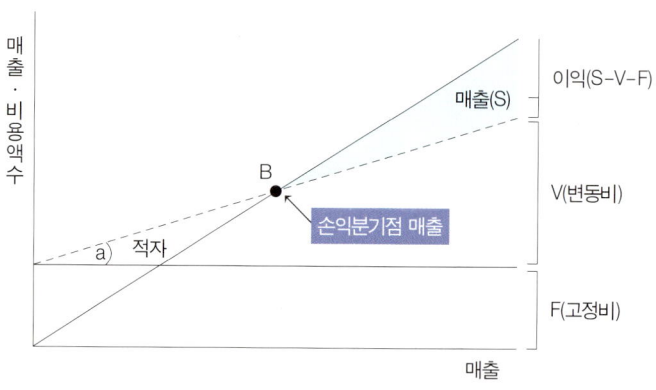

$$손익분기점\ 매출액 = \frac{고정비(F)}{1 - 변동비율(a)}$$ [식 12-1]

매출액 : S
고정비 : F(인건비, 감가상각비, 지급임차료 등)
변동비 : V(재료비, 외주가공비, 상품운반비 등)
변동비율 : a(변동비÷매출액)

위와 같은 손익분기점 매출액으로 기업의 체질을 알아보고 다음의 [표 12-2]에서 보는 바와 같이 그 대책을 네 가지로 세워볼 수 있다. 고정비와 손익분기점의 비중이 동시에 높은 경우는 계속기업으로서의 위험이 가장 큰 기업경영의 형태인데 이것은 방만경영형으로 고정비절감과 매출원가의 절감 및 자동화설비를 신설하는 대책을 강구하여야 할 것이다. 고

[표 12-2] 손익분기점에 의한 기업체질과 대책

체질	방만경영형	적극경영형
대책	고정비 절감 매출원가 절감 자동화설비 신설	제품 경쟁우위 유지 선행투자 필요 인재육성
체질	만성적자형	안정경영형
대책	원가구조 변경 적자부문 축소 변동비의 절감	경영계획 수립 연구개발 투자 매출목표 상향

← 고정비 높음 / 낮음 ↓
손익분기점의 위치: 높음 ← → 낮음

정비 비중이 낮고 손익분기점이 높은 경우는 만성적자형으로 원가구조를 변경하고 적자부문을 축소하면서 변동비의 절감을 위해 노력해야 한다. 고정비 비중이 높고 손익분기점이 낮은 경우는 적극경영형으로 제품의 경쟁우위를 계속 유지하면서 선행투자와 인재육성을 위해 노력해야 한다. 고정비도 낮고 손익분기점도 낮은 경우는 가장 바람직한 경영을 하고 있는 안정경영형으로 기업의 장기적인 경영계획을 수립하여 연구개발에 대한 투자를 늘리면서 매출목표를 상향 조정하여 안정적인 성장을 도모해나가야 할 것이다.

3) 손익분기점 매출액의 인하 방법

손익분기점 매출을 낮추는 것은 기업의 설립목표인 기업가치의 극대화를 위한 경영상의 당연한 목표이며 크게 다음의 두 가지로 생각해볼 수 있다. 첫째, 분자인 고정비를 삭감하는 방법인데, 구체적으로는 인건비의 삭감과 감가상각비의 삭감을 위한 설비투자 억제 등의 구조조정방법이 있다. 둘째, 분모인 변동비의 비율을 낮추는 것인데, 이것은 설계의 변경 등을 통해 제품에 사용되는 재료비에 대한 절감노력 등이 그 구체적인 방법에 해당된다. 이것을 구체적으로 살펴보면 [표 12-3]에서 보는 바와 같다.

[표 12-3] 손익분기점 매출액 인하 방안

구분	내용
고정비 인하 방안	조업도를 높여 단위 시간당 고정비를 감소시킴
변동비 인하 방안	원재료 단가의 인하, 사용재료의 변경, 설계의 개선, 소비량의 절감, 작업시간의 단축, 작업공정의 단축, 판매 직접비의 절감 등
가격정책 변동	판매가격을 인상, 가격의 차별화 정책

4) 손익분기점 매출액 사례 연구

대기업에 근무하던 A씨는 퇴직을 하면서 직장에 근무하면서 몇 년 동안 준비해왔던 돈까스 전문점을 개업하기로 하고 아래와 같은 투자로 영업을 개시하기로 했다. 이 점포의 투자내역과 비용내역은 다음과 같다.

① 지급이자

현금 투자액 150백만 원을 연리 6%를 기준으로 하여 계산

(150,000×6%)/12월=750천 원

② 감가상각비

감가상각비는 내용연수를 5년으로 하며 잔존가액은 0으로 하고, 판매장비와 인테리어에 대하여 계산

(10,000+60,000)/60개월=1,167천 원

③ 상품원가율

상품마진율을 예측해 역계산하여 산정함. 점포경비를 공제하기 전의

상품마진율이 60%라고 하면 상품원가율은 40%

④ 재고손실률
실제발생액을 예상하여 1.0%로 산정

⑤ 변동비율
변동비는 매출액에 따라 변하므로 상품원가율과 판매소모품 및 재고손실 등을 감안하여 변동비율은 매출액의 42.5%로 예측

위의 내용을 정리해보면 이 점포는 150백만 원을 초기에 투자하여 월 5,117천 원의 고정비가 발생하고 있으며, 상품마진율은 60%인 점포이다.

[표 12-4] 투자내역

(단위 : 천 원)

항목	투자액	매월 이자 발생비용	비고
임차보증금	50,000	250	연리 6%
권리금	30,000	150	연리 6%
판매장비	10,000	50	연리 0%
인테리어	60,000	300	연리 6%
합계	150,000	750	연리 6%

[표 12-5] 비용내역

(단위 : 천 원)

고정비	금액	변동비	비율
인건비	2,000	상품원가	40.0%
수도광열비	700	판매소모품(냅킨 등)	1.5%
지급임차료	500	재고손실(상품폐기 등)	1.0%
지급이자	750	-	-
감가상각비 (5년 균등상각)	1,167	-	-
합계	5,117	합계	42.5%

문제

① 이 점포의 손익분기점 매출은 얼마인가?

② 이 점포가 매월 평균 15,000천 원의 매출을 올리고 있다면 A씨의 순이익은 얼마인가?

③ A씨가 현재의 순이익이 생각보다 낮다고 보고 적어도 월 5,000천 원 이상의 순이익은 되어야 한다고 할 경우 월매출액은 얼마가 되어야 하는가?

풀이

① 손익분기점 매출액 : 1개월 8,899천 원(30일 기준 1일 매출 297천 원)

산식 : 손익분기점 매출액 = 고정비/(1 - 변동비율)

= 5,117/(1 - 0.425)

= 8,899천 원(월)

따라서 이 점포는 1개월에 8,899천 원의 매출을 올려야 한다. 1개월 30일을 기준으로 하여 하루 매출을 297천 원을 올려야 손실 없이 영업을 할 수 있다.

② 월평균 매출이 15,000천 원일 경우 A씨의 순이익 : 3,508천 원

산식 : 순이익 = 매출액(1 - 변동비/매출액) - 고정비

15,000(1 - 0.425) - 5,117

= 3,508천 원

③ 순이익 목표가 5,000천 원일 경우의 월매출액 : 1개월 23,805천 원
 (30일 기준 1일 매출 794천 원)

산식 : 목표매출액＝(고정비＋목표이익)/(1－변동비/매출액)
(5,117＋5,000)/0.425
＝23,805천 원

따라서 이 점포는 1개월에 23,805천 원의 매출을 올려야 한다. 1개월 30일을 기준으로 하여 하루 매출을 794천 원을 올려야 매월 5,000천 원의 순이익을 올릴 수 있다.

3. 경영안전율(M/S) 분석

경영안전율(Margin of Safety Ratio)은 현재 매출액이 손익분기점 매출액보다 얼마나 초과하고 있는가를 말하는 것이다. 이것은 매출이 어느 정도까지 감소하여도 적자가 나지 않는가 하는 것을 판단할 수 있는 지표로서 '안전한계율'이라고도 한다.

이 경영안전율의 비율이 높으면 높을수록 회사의 손익은 안정성이 높으며 낮으면 낮을수록 위험성이 크다. 이것을 식으로 나타내면 다음과 같다.

$$경영안전율 = \frac{매출액 - 손익분기점\ 매출액}{매출액} \times 100 \quad [식\ 12-2]$$

경영안전율을 다른 말로 불황저항지수라고도 하는데, 일반적으로 손익분기점 매출액을 낮추어서 경영안전율을 올림으로써 경영의 안정성을

확보하기 위해서는 변동비보다 고정비를 절감하는 쪽이 보다 큰 효과를 얻을 수 있다.

예시

현재 매출액이 1,200백만 원이고, 손익분기점 매출액이 1,000백만 원이라면 경영안전율은 얼마인가?

$$경영안전율 = \frac{1,200백만\ 원 - 1,000백만\ 원}{1,200백만\ 원} \times 100 = 16.67\%$$

[그림 12-3] 경영안전율 매출액

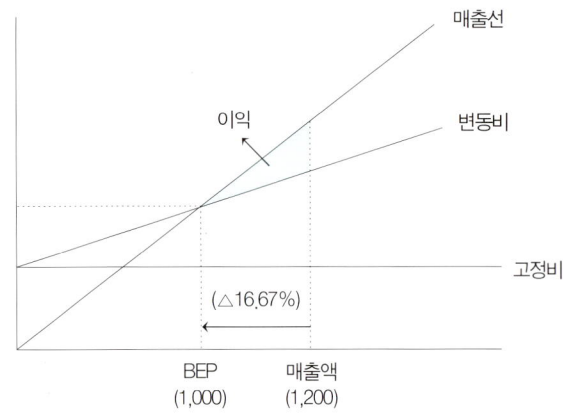

위의 [그림 12-3]에서 보는 바와 같이 현재 매출액에서 매출액이 16.67% 감소하여도 최소한 손익분기점 매출액은 된다는 것을 알 수 있다. 이러한 경영안전율은 사업단위 또는 사업장별 손익의 안전도 분석과 부진한 사업단위 또는 사업장별로 손익개선에 대한 대책 강구 및 사업단위 또는 사업장의 존속 및 철수에 대한 의사결정을 하는 데 유용하게 활용할 수 있다.

제45절 원가·매출액·이익의 증감에 따른 손익영향 분석

1. CVP분석

CVP분석은 손익분기점 분석의 일종으로 기업의 경영활동과정에서 발생하는 원가(cost), 매출액(volume), 이익(profit)의 상호관계를 분석하는 것을 말한다. 즉, 기업의 매출원가와 매출액은 계속적으로 증감될 수 있으며, 현재의 손익상태에서 매출원가나 매출액이 증가하거나 감소하였을 경우 손익에 미치는 영향을 분석한 것을 CVP Cost-volume-profit 분석이라고 한다.

매출원가와 매출액의 증감이 발생하는 원인은 매출단가의 증감, 매출수량의 증감, 고정비의 증감, 변동비의 증감 등의 네 가지로 요약할 수 있다.

이해를 돕기 위하여 다음에서는 이러한 경우에 대한 사례를 들면서 합리적인 의사결정을 위한 유용한 활용방법에 대하여 알아보기로 하겠다.

2. CVP분석의 사례분석과 활용

1) 매출단가의 증감

(1) 사례 연구

[표 12-6] 매출단가 손익분석표

(단위 : 천 원)

구분	손익분기점 매출액		매출단가 20% 증가		매출단가 10% 감소	
	금액	비율(%)	금액	비율(%)	금액	비율(%)
매출액	100,000	100.0	120,000	100.0	90,000	100.0
(-)변동비	60,000	60.0	60,000	50.0	60,000	66.7
공헌이익	40,000	40.0	60,000	50.0	30,000	33.3
(-)고정비	40,000	40.0	40,000	33.3	40,000	44.4
이익	0	0	20,000	16.7	-10,000	-11.1

① 매출단가가 20% 증가한 경우에는 공헌이익과 이익이 각각 20,000천 원이 증가한다.

※ 공헌이익 = 매출액 - 변동비
고정원가를 회수하고 순이익을 창출하는 데 공헌한 이익을 말하는 것으로 매출액의 증감에 따라 공헌이익의 총액이 일정한 비율로 비례적으로 증감되며 한계이익이라고도 함

② 매출단가가 10% 감소한 경우에는 공헌이익과 이익이 각각 10,000천 원이 감소한다.
③ 매출단가가 변하는 경우 매출단가의 증감금액이 이익증감으로 반영된다.

(2) 실무 활용

구분	손익분기점 매출액	실무 활용
판매단가 20% 인상	① $\frac{40,000(고정비)}{50.0\%(공헌이익률)}$ = 80,000천 원 ② 현재의 매출액 100,000천 원 대비 20.0% 감소	매출단가의 20% 인상으로 매출액이 현재와 대비하여 ① 20,000천 원 미만 매출감소 예상 → 매출단가 인상 ② 20.0% 이상 매출감소 예상 → 매출단가 인상하지 않음
판매단가 10% 인하	① $\frac{40,000(고정비)}{33.3\%(공헌이익률)}$ = 120,120천 원 ② 현재의 매출액 100,000천 원 대비 12.0% 증가	매출단가 10% 인하로 매출액이 현재와 대비하여 ① 20,120천 원 이상 매출증가 예상 → 매출단가 인하 ② 12.0% 미만 매출증가 예상 → 매출단가 인하하지 않음

2) 매출수량의 증감

(1) 사례 연구

[표 12-7] 매출수량 손익분석표

(단위 : 천 원)

구분	손익분기점 매출액		매출수량 10% 증가		매출수량 5% 감소	
	금액	비율(%)	금액	비율(%)	금액	비율(%)
매출액	100,000	100.0	110,000	100.0	95,000	100.0
(-)변동비	60,000	60.0	60,000	54.5	60,000	63.2
공헌이익	40,000	40.0	50,000	45.5	35,000	36.8
(-)고정비	40,000	40.0	40,000	36.4	40,000	42.1
이익	0	0	10,000	9.1	-5,000	-5.3

① 매출수량이 10% 증가한 경우에는 공헌이익과 이익이 각각 10,000천 원이 증가한다.

10,000(매출액 증가)×45.5%(공헌이익률)=4,550천 원(이익증가)

② 매출수량이 5% 감소한 경우에는 공헌이익과 이익이 각각 5,000천 원이 감소한다.

-5,000(매출액 감소)×36.8%(공헌이익률) = -1,840천 원(이익감소)

③ 매출수량이 증감하는 경우 : 이익증감=매출액 증감×공헌이익률

(2) 실무 활용

현재 손익분기점 매출액의 상태에서 판매수량 증감으로 인하여 매출액이 증감되면 이에 따라 이익이 얼마나 증가되고 감소되는가를 판단할 때 활용한다.

3) 변동비의 증감

(1) 사례 연구

[표 12-8] 변동비 손익분석표

(단위 : 천 원)

구분	손익분기점 매출액		변동비 20% 증가		변동비 10% 감소	
	금액	비율(%)	금액	비율(%)	금액	비율(%)
매출액	100,000	100.0	100,000	100.0	100,000	100.0
(-)변동비	60,000	60.0	72,000	72.0	54,000	54.0
공헌이익	40,000	40.0	28,000	28.0	46,000	46.0
(-)고정비	40,000	40.0	40,000	40.0	40,000	40.0
이익	0	0	-12,000	-12.0	6,000	6.0

① 변동비가 20% 증가한 경우에는 공헌이익과 이익이 각각 12,000천 원이 감소한다.

② 변동비가 10% 감소한 경우에는 공헌이익과 이익이 각각 6,000천

원이 증가한다.

③ 변동비율 증감으로 인한 이익의 증감액은 총변동비 증감액이 이익의 증감액에 반영된 것이다.

(2) 실무 활용

구분	손익분기점 매출액	실무 활용
변동비 20% 증가	① $\frac{40,000(고정비)}{28.0\%(공헌이익률)}$ = 142,857천 원 ② 현재의 매출액 100,000천 원 대비 42.9% 증가	-변동비 20% 인상으로 매출목표를 42,857천 원 증가시켜야 함 -매출증대 목표와 고정비 절감 목표를 함께 진행
변동비 10% 감소	① $\frac{40,000(고정비)}{46.0\%(공헌이익률)}$ = 86,957천 원 ② 현재 매출 100,000천 원 대비 13.0% 감소	-별도의 개선방안 없음

4) 고정비의 증감

(1) 사례 연구

[표 12-9] 고정비 손익분석표

(단위 : 천 원)

구분	손익분기점 매출액		고정비 20% 증가		고정비 10% 감소	
	금액	비율(%)	금액	비율(%)	금액	비율(%)
매출액	100,000	100.0	100,000	100.0	100,000	100.0
(-)변동비	60,000	60.0	60,000	60.0	60,000	60.0
공헌이익	40,000	40.0	40,000	40.0	40,000	40.0
(-)고정비	40,000	40.0	48,000	48.0	36,000	36.0
이익	0	0	-8,000	-8.0	4,000	4.0

① 고정비가 20% 증가하는 경우에는 고정비가 증가하는 금액 8,000천 원만큼의 이익이 감소한다.

② 고정비가 10% 감소하는 경우에는 고정비가 감소하는 금액 4,000천 원만큼의 이익이 증가한다.

③ 고정비 증감으로 인한 이익의 증감액은 총고정비 증감액이 이익의 증감액으로 반영된다는 것이다.

(2) 실무 활용

구분	손익분기점 매출액	실무 활용
고정비 20% 증가	① $\dfrac{48,000(고정비)}{40.0\%(공헌이익률)} = 120,000$천 원 ② 현재의 매출액 100,000천 원 대비 20% 증가	- 고정비 20% 상승으로 매출목표를 20,000천 원 증가시켜야 함
고정비 10% 감소	① $\dfrac{36,000(고정비)}{40.0\%(공헌이익률)} = 90,000$천 원 ② 현재 매출 100,000천 원 대비 10.0% 감소	- 별도의 개선방안 없음

제46절 매출목표 및 이익목표의 설정

1. 매출목표의 설정

1) 매출목표의 개요

기업의 설립목적은 기업가치의 극대화를 통한 주주의 만족과 더불어 경영진과 종업원의 만족에 있다. 이러한 목표를 달성하기 위해서는 가장 중요한 것이 기업의 전체적인 볼륨을 키우는 것인데, 제일 먼저 해야 할 일은 매출규모를 확대하는 것이다. 매출규모를 키우고 나서 원가절감이나 생산성 향상을 통한 손익구조를 개선하여 순이익을 증대시키는 것이 중요하다. 기업의 현재 손익구조가 적자일 경우도 향후 손익을 흑자로 전환시키기 위하여 가장 우선적으로 취해야 할 조치는 매출액을 증대시키는 것이다. 다음에서 사례 연구를 통하여 살펴보도록 하겠다.

2) 사례 연구

이번에는 적자기업의 흑자전환을 위한 매출액 목표설정에 대하여 사례연구를 해보고자 한다. 적자기업을 흑자로 전환시키는 방법은 여러 가지가 있겠지만 여기에서는 이익을 늘리기 위해 고정비는 그대로 두고 변동비를 얼마나 늘리면 매출액이 어떻게 증가되는지를 보여주는 사례를 들어보기로 한다.

사례

미래기업(주)의 요약 손익분석표는 다음과 같으며 2014년도 경영성과는 적자 상태인바, 2015년에는 흑자로 전환시키기 위해 전사적인 노력을 다하고 있다.

① 2014년의 손익구조를 적용하면 2015년의 손익분기점의 매출액은 얼마인가?

② 2015년의 이익목표를 30,000천 원으로 정할 경우 매출액목표는 얼마인가?

③ 2015년에는 물가상승과 원자재가격 상승률을 감안하여 원재료비가 8% 정도 인상될 것으로 예상되어 이익목표를 20,000천 원으로 정한다면 매출액목표는 얼마인가?

[표 12-10] 요약 손익분석표

제13기 2014년 1월 1일~2014년 12월 31일

미래기업(주) (단위 : 원)

구분	금액	비율(%)
매출액	500,000	100.0
(−)변동비	350,000	70.0
(원재료비)	(210,000)	(42.0)
(기타변동비)	(140,000)	(28.0)
공헌이익	150,000	30.0
(−)고정비	180,000	36.0
세전이익	−30,000	−6.0

> 풀이

① 2015년도 손익분기점 매출액 : 600,000천 원

$$\text{산식 : 손익분기점매출액} = \frac{\text{고정비}}{(1-\text{변동비율})} = \frac{\text{고정비}}{\text{공헌이익률}}$$

$$= \frac{180,000(\text{고정비})}{30\%(\text{공헌이익률})} = 600,000\text{천 원}$$

[표 12-11] 변경 요약 손익분석표 1

제14기 2015년 1월 1일~2015년 12월 31일

미래기업(주) (단위 : 천 원)

구분	변경 전		변경 후	
	금액	비율(%)	금액	비율(%)
매출액	500,000	100.0	600,000	100.0
(-)변동비	350,000	70.0	420,000	70.0
공헌이익	150,000	30.0	180,000	30.0
(-)고정비	180,000	36.0	180,000	30.0
세전이익	-30,000	-6.0	0	0

② 이익목표를 30,000천 원으로 할 경우 매출액목표 : 700,000천 원

$$=\text{매출액목표}= \frac{180,000(\text{고정비})+30,000(\text{이익목표})}{30\%(\text{공헌이익률})} =700,000\text{천 원}$$

[표 12-12] 변경 요약 손익분석표 2

제14기 2015년 1월 1일~2015년 12월 31일

미래기업(주) (단위 : 천 원)

구분	변경 전		변경 후	
	금액	비율(%)	금액	비율(%)
매출액	500,000	100.0	700,000	100.0
(-)변동비	350,000	70.0	490,000	70.0
공헌이익	150,000	30.0	210,000	30.0
(-)고정비	180,000	36.0	180,000	25.7
세전이익	-30,000	-6.0	30,000	4.3

③ 원재료비 가격인상 8%를 감안하여 이익목표를 20,000천 원으로 정할 경우의 매출액 목표 : 751,880천 원

- 원재료비 8% 인상 : 210,000(1+8%)=226,800천 원
- 변동비율 : 73.4%(변동비 366,800천 원)
- 공헌이익률 : 26.6%(1-변동비율 73.4%)

$$\text{매출액목표} = \frac{180,000(\text{고정비}) + 20,000(\text{이익목표})}{26.6\%} = 751,880\text{천 원}$$

[표 12-13] 변경 요약 손익분석표 3

제14기 2015년 1월 1일~2015년 12월 31일

미래기업(주) (단위 : 천 원)

구분	변경 전		변경 후	
	금액	비율(%)	금액	비율(%)
매출액	500,000	100.0	751,880	100.0
(-)변동비	350,000	70.0	551,880	73.4
공헌이익	150,000	30.0	200,000	26.6
(-)고정비	180,000	36.0	180,000	23.9
세전이익	-30,000	-6.0	20,000	2.7

위 사례의 문제에 대한 세 가지의 답에서 고정비는 그대로 두고 변동비인 원재료비와 기타변동비에 대한 가격 변화를 감안하여 손익분기점 매출액을 기준으로 하여 이익을 얼마나 늘리면 매출액이 어떻게 증가되는지를 보여주고 있다. 또 하나 중요한 것은 매출액의 증가폭이 커지면 원재료를 조달하는 양도 자연적으로 많아져서 구매처로부터 원재료를 매입할 때 대량매입으로 인한 가격협상의 주도권을 가져올 수가 있다. 여기서 원재료의 가격 할인을 통하여 추가로 이익의 폭을 더 많이 늘릴 수 있도록 노력을 할 필요가 있을 것이다.

이러한 매출액목표를 달성하기 위하여 매출액과 변동비의 비율인 변동비율 외에 고정비의 인상 요인도 동시에 점검하면서 이익의 목표가 적정한지의 여부 및 매출액의 목표달성 가능 여부도 사전에 철저히 검토하여 경영진의 주도로 장애요인을 제거하면서 매출액의 목표를 반드시 달성할 수 있도록 전사적인 노력을 기울여야 할 것이다.

2. 이익목표의 설정

1) 이익목표의 개요

기업이 추구하는 최대의 목적은 기업가치의 극대화인데, 이것을 달성하기 위해서 필요한 것 중의 하나가 규모의 경제를 실현할 수 있도록 성장을 뒷받침할 수 있는 이익의 규모를 키우는 것이다. 그래서 여기에서는 이익의 목표를 달성하기 위하여 매출수량과 매출액의 규모를 얼마로 해야 하는지를 살펴보기로 한다.

기업의 현재 이익규모가 목표에 미치지 못할 경우 목표를 달성할 수 있는 대책을 강구해야 한다. 특히 기업이 처한 상황이 외적인 요인으로 원재료비 상승 등 가격상승 요인일 경우 내부적으로 통제 불가능하므로 매출액을 높이고 내부적 원가절감을 병행할 필요가 있다.

2) 사례 연구

기업의 현재 이익규모가 목표에 미치지 못할 경우 목표를 달성할 수 있는 대책을 강구해야 한다. 특히 기업이 처한 상황이 외적인 요인으로 원재료비 상승 등의 가격상승 요인일 경우 내부적으로 통제 불가능하므로 매출액을 높이고 내부적 원가절감을 병행할 필요가 있다. 그리고 원재료비의 상승과 물가상승으로 인한 고정비의 인상에도 불구하고 목표한 이익을 달성하기 위해서는 고정비를 얼마 정도까지 절감할 수 있는지도 알아보기로 하겠다.

사례

미래기업(주)는 공업용 콤프레서를 제조하고 있으며 생산량과 매출량은 [표 12-14]와 같다. 그리고 이 기업의 3월 요약 손익분석표는 [표 12-15]와 같으며 콤프레서 500EA를 생산하여 판매한 매출액과 재료비 및 외주가공비가 함께 표시되어 있고, 세전이익은 2,000천 원을 올렸다.

① 이 기업이 4월 세후의 이익목표를 2,500천 원으로 설정하였을 경우에 세후 이익목표를 달성하기 위한 매출수량목표와 매출액목표는 얼마로 해야 하는가?(단, 법인세율은 20%임)

② 그런데 5월에는 모터용 구리가격의 인상으로 원재료비가 차지하는 비율이 40%에서 45%로 5%P 상승될 것으로 예상되며, 고정비도 물가상승요인으로 3%의 증가가 예상된다. 이러한 원가인상으로 인한 경영위기를 타개하기 위해 전략을 수립한 결과 영업부에서는 5월 한 달 동안 최대 550EA까지 판매를 할 수 있을 것이라고 한다. 5월의 세후 이익목표를 2,100천 원으로 설정한다면 이 기업의 고정비는 얼마를 절감해야 하는가?

[표 12-14] 월 생산량 및 판매량

① 월평균 생산량 및 매출량 : 400EA
② 매출단가 : @50,000(기초와 기말재고는 동일함)

[표 12-15] 3월 요약 손익분석표

미래기업(주) (단위: 천 원)

구분	매출 금액	매출 비율(%)	비고
매출액	50,000	100.0	500EA × @100
(-)변동비	30,000	60.0	
(원재료비)	(20,000)	(40.0)	500EA × @40
(외주가공비)	(2,000)	(4.0)	500EA × @4
(기타변동비)	(8,000)	(16.0)	
공헌이익	20,000	40.0	
(-)고정비	18,000	36.0	
세전이익	2,000	4.0	

풀이

① 4월의 매출수량 목표와 매출액목표 : 매출수량목표=528EA

　　　　　　　　　　　　　　　매출액목표=52,800,000원

1. 세후이익목표를 세전이익목표로 환산

　　세전목표이익=2,500,000(세후이익목표)÷(1-20%)=3,125,000

2. 3월 단위당 공헌이익

　　단위당 공헌이익=100,000(매출단가)×40%(공헌이익률)=40,000

3. 세후이익목표 2,500,000원을 달성하기 위한 매출수량목표

$$\text{매출수량목표} = \frac{18,000,000(\text{고정비})+3,125,000(\text{세전이익목표})}{40,000} = 528.1 = 528\text{EA}$$

4. 세후이익목표 2,500,000원을 달성하기 위한 매출액목표

　　매출액목표=528EA(매출수량목표)×100,000(판매단가)=52,800,000원

[표 12-16] 4월 요약 손익분석표

미래기업(주) (단위: 천 원)

구분	매출 금액	매출 비율(%)	비고
매출액	52,800	100.0	528EA×@100
(-)변동비	31,680	60.0	
공헌이익	21,120	40.0	
(-)고정비	18,000	34.0	
세전이익	3,120	5.9	

② 5월의 고정비 절감목표 : 1,915,000

1. 세후이익목표를 세전이익목표로 환산

   세전이익목표=2,100,000(세후이익목표)÷(1-20%)=2,625,000

2. 550EA를 매출할 경우 달성 가능한 공헌이익

   공헌이익=550EA(판매량 목표)×100,000(판매단가)×35%(수정 공헌이익률)=19,250,000

3. 이익목표를 감안한 고정비 허용액

   고정비 허용액=19,250,000(공헌이익)-2,625,000(세전이익목표)
   =16,625,000

4. 고정비 추정액

   고정비 추정액=18,000,000(3월 고정비)×103%(물가상승분)
   =18,540,000

5. 고정비 절감 목표액

   고정비 절감 목표액=18,540,000(고정비 추정액)-16,625,000(고정비 허용액)=1,915,000(고정비 추정액 대비 10.64% 절감)

[표 12-17] 5월 요약 손익분석표

미래기업(주) (단위: 천 원)

구분	매출		비고
	금액	비율(%)	
매출액	55,000	100.0	550EA × @100
(-)변동비	35,750	65.0	
공헌이익	19,250	35.0	
(-)고정비	16,625	30.2	
세전이익	2,625	4.8	

위 사례의 질문에 대한 두 가지의 풀이 중 첫 번째에서는 매출액목표를 달성하기 위하여 매출수량을 어느 정도로 잡아야 하는지를 제시하였고, 두 번째에서는 국내외의 급변하는 환경 속에서 비철금속인 구리가격이 해외의 현지시장에서 공급물량부족으로 인한 가격상승으로 원재료비의 인상요인이 발생했을 때와 물가상승으로 인한 고정비의 증가요인이 발생했을 때를 가정하여 해결방안을 제시하였다. 여기에서는 어느 정도의 매출액목표를 설정하여야 원하는 이익을 내고 기업의 고정비를 어느 정도를 절감할 수 있는지의 기준도 제시하였다.

앞에서도 언급을 하였지만 이러한 매출액목표를 달성하기 위하여 경영진이 주도하는 전사적인 노력으로 그 기업의 상황에 맞게 원재료의 구입에서부터 생산공정에 대한 품질관리 및 완성품에 대한 철저한 검수를 통하여 불량률을 최대한 억제하면서 매출액 증대를 위하여 총력을 기울여야 할 것이다.

제47절 이자비용의 절세효과로 인한 수지개선

1. 유동부채와 비유동부채의 이자비용

일반적으로 기업이 자금을 조달하기 위해 금융기관으로부터 자금을 차입하거나, 회사채를 발행하게 되면서 발생한 부채항목을 총칭하여 차입금이라고 하며, 그에 상응하는 대가로 반드시 이자를 지급해야 하는데 이를 이자비용이라 한다.

이러한 차입금항목에는 단기차입금, 외화단기차입금, 유동성 장기부채 등의 결산일로부터 1년 이내에 상환해야 하는 유동부채가 있고, 사채, 장기차입금, 외화장기차입금 등 결산일로부터 1년 이후에 상환해야 하는 비유동부채가 있다.

2. 이자비용에 대한 절세효과

기업은 경영에 필요한 부족자금을 조달하기 전에 자기자본과 타인자본인 차입금을 어떤 비율로 구성하는 것이 가장 바람직할 것인가를 고려할 필요가 있다. 그러기 위해서는 먼저 타인자본을 조달하면서 그 대가로

기업은 경영에 필요한 부족자금을 조달하기 전에 자기자본과 타인자본인 차입금을 어떤 비율로 구성하는 것이 가장 바람직할 것인가를 고려할 필요가 있다.

지불하는 차입금의 이자비용에 대한 절세효과에 대해 이해해야 한다.

예를 들면 [표 12-18]에서처럼 핸드폰 가게를 운영하는 X사와 Y사가 있다고 하자. 이 X사와 Y사는 매출액이나 영업이익뿐만 아니라, 사용하는 자본의 총액도 같다. 다른 점은 X사는 창업초기에 창업에 필요한 부족자금의 일부를 차입하여 차입금과 자기자본을 같은 비율로 구성하였고, Y사는 창업초기에 창업자금을 모두 자기자본으로 구성하였다는 것이다. 이런 경우에 X사의 이자비용이 어떻게 처리되는지, X사와 Y사의 자기자본에 대한 순이익률이 얼마나 되는지를 알아보자.

영업이익에서 총자산에 대한 영업이익률은 10%로 동일하지만, 차입금에 대한 이자비용 120을 손금산입 적용을 받는 X사의 경우를 보면 자기자본에 대한 영업이익률이 20%로 Y사의 경우보다 높으며, 차입금이자율

6%보다도 높다. 따라서 총자산에서 차입금의 구성비율이 높으면 높을수록 자기자본에 대한 순이익률도 훨씬 높아진다는 사실을 알 수 있다. 그리고 영업이익에서 세금을 차감한 당기순이익의 절대금액은 Y사가 많지만, 자기자본에 대한 순이익률(ROE : Return On Equity)은 X사가 높게 나타난다.

이것을 이자비용의 절세효과라고 하며, 이와 같이 기업이 부족자금을 조달할 때 타인자본인 차입금비율이 높을수록 자기자본순이익률이 늘어나기 때문에 X사의 경우가 주주들에게는 훨씬 더 수익을 높일 수 있는 방법이라고 할 수 있을 것이며, 주주들이 이것을 더 선호하지만 차입금이 적정한 수준을 넘어가는 경우에는 또 다른 문제점이 발생할 수도 있다.

[표 12-18] 이자비용의 절세효과

	X사	Y사
재무상태표		
총자본	4,000	4,000
차입금	2,000	0
(이자비용: 연리 6%)		
자기자본	2,000	4,000
손익계산서		
영업이익	400	400
차입금에 대한 이자비용(-)	-120	0
세금공제 전 이익	280	400
세금(35%)(-)	-98	-140
당기순이익	182	260
자기자본순이익률(ROE)	9.1%	6.5%

쉬어가는 이야기 열둘

성장 잠재력을 가진
강한기업으로의 도약

김대표와 함께 전자제품을 생산하고 있는 박전무는 15년째 이 회사의 생산과 기술을 담당하고 있다. 전 직장에서 마케팅 전문가인 김대표와 만나서 의기투합하여 동업으로 회사를 설립하였고, 이제 매출액이 꾸준히 80억 원에 이르는 기업으로 성장을 해왔다. 동업계에서는 그래도 기술력으로는 제법 이름이 알려져 있다. 박전무보다 2살이 위인 김대표는 사람이 좋아 주변이 많은 사람들로 붐비고 따라서 회사도 무난하게 운영되어 오고 있다. 생산과 기술은 전자공학과를 나온 박전무가 책임을 지고 있어서 서로가 의지하면서 지금까지 올 수가 있었다.

성격이 깔끔한 박전무는 사업을 오래하다 보니 가끔 원자재를 보관하는 창고를 가보면 오래된 원자재들이 쌓여 있어 저걸 어떻게 할지 고민을 하고 있었다. 그러던 차에 우연히 김대표와 함께 지역의 상공회의소에서 하는 기업의 재무관리와 관련된 강의를 듣게 되었다. 전에는 무심코 넘겼던 재무제표 관련 강의를 들으면서 재무상태표의 재고자산이라는 얘기를 들을 때 원자재 창고에 쌓여 있는 재고들이 머리를 스쳤다. 매출액을 높이면서 수익률도 개선하는 등의 목표를 세우고 이것을 달성하는 등의 강의

내용을 들으면서 우리 회사도 이제는 100억 매출로 가야 한다는 생각을 하게 되었다.

회사로 돌아온 박전무는 김대표와 차를 한잔하면서 회사의 미래 비전에 대하여 심각하게 토론을 하였다. 여기에서 매출액을 100억 원으로 올리면서 재고자산도 정리하고 고정비를 20% 줄여서 수익률을 높여 이것으로 직원들의 급여인상으로 연결하여 사기를 높여주자는 것으로 의견을 모았다. 매출액 100억 원이 달성되면서 전년대비 당기순이익도 30% 늘어나게 되면 연말에 성과급을 지급하고 내년도 급여도 대폭 인상하기로 한 것이다.

박전무는 각 부서장들과 회의를 소집해놓고 우선 상공회의소에서 강의 들었던 내용을 메모한 것을 보면서 회사의 재무제표를 참고하여 재무분석을 한번 해보았다. 확실히 박전무가 예상했던 대로 재고자산의 비율이 월등히 높아 있었다. 그러다 보니 유동비율은 높은데 실제로 현금흐름은 크게 여유가 있는 편은 아니었던 것이다. 재고자산이 많다는 것은 그만큼 현금이 투입되어 있다는 것인데, 이자율만큼의 수익률이 떨어지는 것은 당연한 이치라는 생각이 들었다.

구매부, 생산부, 영업부, 자금부 등의 부서장들과 회의를 하면서 김대표와 나누었던 대화내용을 소개하면서 일단은 매출과 수익목표 달성을 위한 T/F팀을 구성하기로 하고 팀장은 박전무가 맡기로 했다. 부팀장은 나이가 가장 연장자인 자금부의 송부장이 맡기로 하고 팀원들은 매일 아침 티타임을 하면서 실적을 점검하고, 팀전체의 회의는 매주 금요일 업무시작전인 아침 8시부터 하는 것으로 하였다.

동업종의 다른 회사보다 급여수준도 높고 복리후생도 괜찮은 편이었지만, 그래도 매출액과 이익목표를 달성하면 연말에 성과급지급과 내년도 급여인상이라는 파격적인 지원조건은 팀원들의 사기를 한층 더 높일 수 있는 촉매제 역할을 하였다. 부족한 부분을 서로가 메워주면서 제일 시급한 것이 구매부의 업무인 재고자산을 가장 적은 손실을 내면서 털어내는 일이었다. 구매부를 책임지고 있는 홍부장은 심리적으로 많은 압박을 받고 있었다. 부서직원들과 함께 밤낮으로 연구하고 고민하였다. 직원들을 동원하여 일단 원자재 창고에서 분류작업부터 시작하였다. 첫째 완전히 사용이 불가능한 불용 원자재, 둘째 향후 언제인지는 모르지만 사용할 수도 있는 원자재, 셋째 지금 사용하고 있는 원자재, 이렇게 3개 부류로 분류를 하고 첫째는 결재를 받아서 손실로 털어내기로 하고, 둘째는 애매했지만 일단은 재고자산을 줄이기 위해 구입가격보다 10% 저렴한 가격으로 매각을 하기로 결정했다. 더 보유하고 있으면 금리만큼의 손실이 계속 발생하는 등 불리한 점이 더 많았기 때문이다. 하지만 매각을 하는 일이 쉽지 않았다. 며칠을 매일 아침 회의를 통해서 의논을 해왔지만 쉽게 결론이 나지 않았다. 이때 업계 마당발 영업부의 장부장이 희소식을 가지고 왔다. 원자재 목록을 작성해서 가지고 다니면서 친한 업계 직원들에게 소문을 낸 결과 두세 군데에서 구매의사를 표명해왔기 때문이다. 그래서 구매부 홍부장과 함께 구매의사가 있는 기업을 방문하여 협의를 한 결과 거의 90% 정도를 매각할 수가 있었다. 역시 혼자보다 힘을 합할 때 더 많은 일을 할 수가 있었다. 가장 많이 걱정했고 또 힘든 일을 직원들이 모두 합심단결해서 추진한 덕분에 나온 결과여서 박전무는 그날 저녁 관계직원들과 함께 직원들이 가장 먹고 싶어하는 생갈비를 맘껏 먹을 수 있도록 하였다. 박전무는 회식 자리에서 그간의 노력을 간단하게 치하하고 연말까지 목표를 달성할 수 있도록 독려하고는 잠시 함께 식사를 하고 자리를 떴다.

각 부서장들이 단합하여 직원들을 독려하고 서로 부족한 부분을 채워주면서 달려오다 보니 연말이 가까워졌다. 박전무는 계속해서 실적을 체크하고 직원들을 독려하면서도 내심 과연 매출액과 순이익 목표를 달성할 수 있을지 불안한 마음이 없지 않았다. 월별로 간단하게 결산을 해오면서 11월 말에는 어쩌면 목표를 달성할 수 있겠다는 생각이 들었다. 12월부터는 매일매일의 실적을 체크해나갔다. 12월 29일 출고 전표를 결재하는 순간 매출목표가 달성되었다는 것을 알 수가 있었다. 마지막 매출은 영업부 장부장이 오랫동안 공들여온 우량거래처와의 금액이 큰 첫 거래였기 때문이다. 박전무는 즉시 자금부 송부장을 불러 지금까지 준비해왔던 결산서류를 마무리할 것을 지시했다. 증가된 매출액 대비 고정비와 변동비가 얼마나 되는지, 당기순이익이 얼마나 될 것인지를 파악해서 다음 날 아침

직원들을 독려하면서도 과연 매출액과 순이익 목표를 달성할 수 있을지 불안한 마음이 없지 않았다. 월별로 결산을 해오면서 어쩌면 목표를 달성할 수 있겠다는 생각이 들었다.

출근 즉시 볼 수 있게 해달라고 한 것이다. 자금부의 송부장은 직원들을 독려하여 밤을 새워가면서 가결산을 해보았다. 송부장은 다행히 이런 때가 올 것을 대비하여 T/F팀이 만들어지면서 고정비와 변동비를 정확하게 산출하는 방법과 손익분기점을 분석하는 방법을 자금부 직원들과 함께 공부를 해왔기 때문에 크게 어려움은 없었다. 그리고 송부장은 손익분기점을 낮추기 위해 타 부서의 협조를 구하려고 많은 노력을 해왔으며, 특히 자금부 소관인 은행과 수시로 접촉하면서 신용등급을 높이기 위해 노력한 결과 이자비용을 어느 정도 낮추는 데 기여한 것이 내심 뿌듯하기도 했다. 새벽까지 작업을 해서 마무리를 해보니, 생산라인의 재배치로 시간당 생산성이 향상되는 등으로 고정비의 비율이 전년도 보다 14% 줄었고,

재고관리와 외주가공비, 판매비와 관리비 등의 절감으로 변동비의 비율이 전년도보다 8%가 줄었음을 알 수 있었다.

그래서 22%의 비용지출이 절감된 것으로 밝혀졌다. 하지만 당기순이익은 23% 증가하는 데 그쳤다. 새벽 3시이지만 송부장은 이 내용을 그대로 박전무에게 문자로 보내고 잠시 눈을 붙이기 위해 가까운 찜질방으로 갔다.

아침 일찍 눈을 뜬 박전무는 송부장이 보낸 문자를 확인하고 일찍 회사로 향했다. 이미 부서장들은 모두 출근해 있었고 박전무는 바로 보고를 들었다. 당기순이익이 23% 증가하는 데 그친 이유는 불용원자재의 손실처리와 사용이 불투명한 원자재의 할인 매각 등이 크게 영향을 미쳤기 때문이었다. 직원들이 원가절감을 위해 노력한 것만 따지면 당기순이익이 30%는 거뜬히 증가될 수 있는 것이었다. 이러한 노력이 시스템화된다면 내년도부터는 충분히 원하는 수준의 당기순이익을 올릴 수 있을 것 같았다. 부서장들에게 정말 고생했고 고맙다는 말을 한 후 약속했던 연말 인센티브와 내년도의 대폭적인 급여 인상건은 김대표와 상의하여 결정한 후 통보해주겠다고 하면서 김대표가 있는 사무실로 향했다.

박전무로부터 전화로 이야기를 들은 김대표도 오늘은 일찍 출근해 있었다. 박전무는 직원들의 노력을 높이 평가하면서 내년도부터는 금년에 계획했던 당기순이익 목표가 달성될 수 있을 것이라는 예상을 하면서 약속했던 인센티브와 급여인상을 해줄 것을 건의했다. 김대표도 이를 흔쾌히 수락하고 연말 종무식 때 직원들에게 특별 인센티브를 지급하고, 내년 급여인상 및 이번 T/F팀의 유공자를 선정하여 내년에 부부동반 특별 해외여행을 보내줄 것을 제안했다.

박전무와 김대표는 모처럼 단둘이 저녁을 먹으면서 그동안 힘들었던 이야기들을 털어놓으며 한 가족인 직원들에게 감사하다는 말을 잊지 않았다. 김대표는 우리 회사는 이제 정말 성장 잠재력이 뛰어난 강한기업으로 거듭났다면서 이 모든 것이 다 박전무의 헌신 덕분이라는 감사함의 표시와 더불어 소중한 직원들을 위해 내년에는 좀 더 많은 복지혜택을 줄 수 있는 방법을 찾아보자고 하면서 기분 좋게 건배를 했다.

제13장
재무관리를 이용한 기업가치증대

기업의 건전한 재무구조는 계속기업으로서의 지위를 이어가기 위한 필수적인 사항이라고 할 수 있다. 왜냐하면 평소에 재무구조를 건전하게 유지하지 않으면 급하게 자금이 필요하거나 입찰에 응찰을 하는 경우에 불이익을 당할 수 있기 때문이다. 특히 급하게 자금이 필요하여 금융기관에서 대출을 받으려고 하는 경우 반드시 기업체신용평가를 받아야 하는데, 이때 필수적으로 제출해야 하는 서류가 재무제표이다.

제48절 기업가치증대를 위한 재무관련 의사결정

1. 기업가치의 개념

　　기업가치(Enterprise Value)는 일반적으로 수익가치, 자산가치, 상대가치라는 서로 다른 세 가지 방식에 의해 산출된다. 첫째, 수익가치 방식은 기업이 미래에 벌어들일 현금흐름을 적절하게 할인하여 현재가치로 산출하여 구한 값을 기업가치로 산출하는 것을 말한다. 둘째, 자산가치 방식은 기업이 보유하고 있는 매출채권이나 재고자산 등의 유동자산과 토지, 건물, 설비 등 비유동자산 등의 개별자산의 가치를 합산하여 기업가치를 산출하는 것을 말한다. 셋째, 상대가치 방식은 주식시장에서 거래되고 있는 비슷한 업종의 기업가치와 비교하여 간접적으로 기업가치를 산출하는 것을 말한다.

　　여기서 자산가치 방식은 시간의 흐름에 따른 감가상각으로 자산의 가격이 감소하는 경향을 가지기 때문에 기업의 미래가치를 측정하기에는 적합하지가 않고, 상대가치는 주식시장에 비교대상이 없거나 기업의 규모가 적절치 않은 경우에도 가치산정에 한계가 있기 때문에 기업의 가치를 산정하기가 어려운 경우가 많다. 따라서 기업의 미래현금흐름을 현재가치로 할인한 가격으로 기업의 가치를 산청하는 방식인 수익가치 방식이 기업의 가치를 가장 합리적으로 산출할 수 있다고 볼 수 있다.

기업을 설립하는 목적에 대해 수없이 많은 논란이 있었으나 대부분의 학자들이나 기업에 종사하는 사람들은 기업은 그 기업의 가치를 극대화하는 것이 목적이라는 결론에는 이론이 없을 것이라고 본다. 그리고 기업의 가치는 위에서 언급한 대로 그 기업이 미래에 창출하는 현금흐름(cash flow)의 규모에 의해서 결정되는 것이다. 결국 기업가치의 극대화는 미래 현금흐름을 얼마나 창출할 수 있는가에 달려 있다고 할 수 있다.

미래 현금흐름은 기업의 수익성과 안정성에 따라 결정되는 할인율(risk)에 의해 결정되는데, 기업가치를 높이기 위해서는 수익성을 최대화하면서 할인율도 낮추어야 기업가치 극대화라는 목적을 달성할 수 있는 것이다.

수익성을 높이기 위해서는 수익이 높은 새로운 사업을 진행하거나 아니면 수익성이 떨어지는 기존 사업을 정리하는 두 가지 방법이 있다. 할인율은 기업의 안정성에 따라 결정되는 것인데, 재무구조가 양호한 기업은 낮은 금리로 자금을 조달할 수 있지만, 재무구조가 좋지 않은 기업은 자금의 조달금리가 높거나 아니면 조달이 어려운 경우도 많다. 따라서 기업의 수익성과 안정성을 높이기 위해서는 재무구조에 대한 관리가 필수적이라 하겠다.

과거의 재무관리는 자금의 조달과 운영이라는 한정된 부분만을 다루어 왔지만, 최근의 재무관리는 기업의 설립목표인 기업가치를 극대화하는 영역으로까지 확대되었다.

2. 의사결정의 개념

1) 의사결정의 의의

의사결정(decision making)은 발견된 문제에 대한 해결방안을 강구하는 것으로 선택 가능한 대안들 중에서 결정자가 의도하는 미래의 상황을 얻기 위하여 하나의 대안을 선택하는 과정을 말한다. 기업경영과 관련되는 의사결정은 기업의 설립 목적을 가장 효과적으로 달성하기 위하여 기업경영의 방향을 결정하는 것을 말한다. 다시 말하면 기업의 목적을 가장 효율적으로 달성하기 위하여 여러 가지 대안들을 탐색하고 비교하고 평가한 후 선택 가능한 방법들 중에서 하나의 대안을 결정하는 것이 기업의 의사결정이다. 그리고 기업경영에서 발생하는 투자결정도 의사결정의 일종이라고 할 수 있다.

2) 의사결정의 과정

의사결정은 우선 의사결정과 관련된 다양한 자료를 종합적으로 파악하여 문제를 해결하기 위한 대안을 과학적이고 조직적인 관점에서 평가하는 의사결정과정(decision making process)을 통하여 이루어진다. 이러한 의사결정과정은 제기된 문제의 내용을 정확히 파악하고 다양한 대안들을 개발하여 의사결정에 대한 기준을 마련하고 이에 대한 평가를 통하여 최적의 대안을 선정하게 된다. 그리고 선정된 대안을 실행에 옮기고 결과에 대한 평가를 하는 것이다. [그림 13-1]은 이러한 의사결정과정을 나타낸 것이다.

[그림 13-1] 의사결정과정

① 의사결정의 필요성 인식 ⇨ ② 대안들의 개발 ⇨ ③ 대안들의 평가 ⇨
④ 최적대안의 선정 ⇨ ⑤ 선정된 대안의 실행 ⇨ ⑥ 결과의 평가와 피드백

[그림 13-1]에서 보는 바와 같이 의사결정과정은 크게 여섯 단계를 거쳐서 이루어진다. 첫 번째 단계는 의사결정의 필요성을 인식하는 단계이다. 의사결정의 필요성은 문제가 존재한다는 것을 인식하면서부터 발생하는 것이므로 문제에 대한 정확한 상황 파악이 이루어지 않은 상태에서 전개되는 의사결정과정은 의미가 없다. 따라서 문제를 정확하게 파악하는 것이 의사결정과정에서 가장 중요한 단계라고 할 수 있다.

두 번째 단계는 첫 번째 단계에서 인식된 문제를 해결하기 위한 대안들을 개발하는 단계이다. 의사결정자는 문제의 인식과 함께 의사결정의 필요성을 확인한 후 이와 관련된 여러 가지 정보를 수집하고 분석하여 문제를 해결할 수 있는 여러 대안을 개발해야 한다.

세 번째 단계는 문제를 해결하기 위하여 개발된 대안들을 평가하는 단계이다. 의사결정자는 여러 가지 대안을 개발한 후 최적의 대안을 선택하기 위하여 각 대안의 선택으로 도출되는 결과와 그 대안이 요구하는 비용과 편익에 대한 고려를 해보아야 한다. 그리고 기업의 설립 목표에 부합하는 내용과 그것을 선택하였을 경우 가용자원의 측면에서 현실적이면서도 바람직한 결과를 얻을 수 있는 가장 합리적인 평가를 한다.

네 번째 단계는 의사결정 기준을 이용하여 최적대안을 선정하는 단계이다. 의사결정자는 대안에 대한 평가가 이루어지고 나면 각 대안에 대한 비용과 편익분석 결과를 비교·검토하여 가장 최적의 대안을 선택하여야 한다.

다섯 번째 단계는 선정된 최적의 대안을 실행하는 것이다. 최적의 대안을 합리적으로 선택하였다고 해서 문제가 저절로 해결되는 것은 아니다. 의사결정자는 최적의 대안을 선택한 후 그 결정이 제대로 실행되는지의 여부를 반드시 확인하여야 한다.

여섯 번째 단계는 선택된 대안을 실행한 후에 나온 결과에 대한 평가와 피드백이다. 의사결정자는 문제를 해결하기 위하여 선택된 대안의 실행 결과에 대한 평가와 피드백을 통하여 의사결정의 결과가 당초 예상하였던 기대에 부응하였는지를 확인하고 이를 바탕으로 의사결정에 대한 개선을 도모할 수가 있다.

3) 의사결정의 기본요소

의사결정의 기본요소로는 세 가지가 있는데 선택 가능한 대안들, 미래에 발생 가능한 상황들, 의사결정 대안별로 발생 가능한 상황에 따른 성과가 그것인데, 이러한 의사결정의 기본요소를 표로 나타낸 것을 성과표라고 한다.

[표 13-1]은 주식수익률의 성과표를 나타낸 것인데, 여기에서 투자자가 선택할 수 있는 주식은 A·B·C이고 미래에 발생 가능한 주가 전망들은 호황·보합·불황이다. 그리고 표에 나타나 있는 숫자들은 각 의사결정의 대안별로 일어날 수 있는 상황에 따라 얻어지는 성과를 표시하고 있다. 여기서 의사결정자인 투자자의 투자결정은 어느 주식에 투자하는 것이 가장 좋은 대안인가를 결정하는 것이다.

[표 13-1] 주식수익률의 성과표

(단위 : %)

미래전망 \ 수익률구분	A	B	C
호황	60	40	30
보합	30	30	25
불황	-20	20	25

3. 의사결정의 종류

1) 경영의사결정의 유형

기업경영과 관련하여 의사결정을 분류하면 다음의 세 가지로 나누어 볼 수가 있는데 전략적 의사결정, 관리적 의사결정, 업무적 의사결정이 그것이다.

첫째, 전략적 의사결정(strategic decision making)은 기업의 최고경영자가 담당하는 의사결정이다. 이것은 기업의 성격을 기본적으로 좌우하는 기업과 외부환경과의 관계에 대한 의사결정이며, 자기적, 거시적, 전체적인 성격을 띤다. 예를 들어, 기업의 목표와 이것을 달성하기 위한 성장계획 및 전략, 그리고 기업이 생산하고 있는 제품과 판매할 시장에 대한 검토 및 선정 등을 결정하는 것 등을 말한다.

둘째, 관리적 의사결정(administrative decision making)은 기업의 중간관리자가 담당하는 의사결정이다. 이것은 전략적 의사결정을 구체화하기 위해 기업의 인적, 물적자원을 조달하여 최대의 성과를 올릴 수 있도록 하는 의사결정이며, 기업의 자원배분을 효율적으로 하기 위한 성격을 띤다. 예를 들어, 조직의 설계와 자원의 조달 등에 대한 문제를 해결하는 것을 말한다.

셋째, 업무적 의사결정(operating decision making)은 실무에 있는 담당자가 하는 의사결정이다. 이것은 능률 또는 수익성을 최대로 하기 위한 의사결정이며, 기업의 정형적 문제를 다루는 것이다. 예를 들어 가격결정, 생산계획, 원재료 수급 등에 대한 업무적인 의사결정을 하는 것을 말한다.

2) 문제유형에 의한 분류

문제유형에 의하면 의사결정을 두 가지로 분류할 수가 있는데 정형적 의사결정과 비정형적 의사결정이 그것이다.

첫째, 정형적 의사결정(programmed decision)은 사전에 결정된 규칙에 의하여 이루어지는 일상적이고 반복적이며 구조화된 의사결정으로 주로 하위에 있는 담당자들에 의해 이루어지는 단기적인 성격을 가지고 있다. 이것은 명확한 구조를 가지고 있어 틀에 박힌 절차와 방법에 따라 기계적으로 이루어지며 의사결정을 위한 표준화된 절차나 지침을 가지고 있다. 그리고 의사결정의 과정이 단순하기 때문에 많은 비용과 시간을 투입하지 않아도 되며, 대부분이 조직의 내부적인 문제를 다루고 있어 문제의 구조가 명확하여 대안을 평가하는 기준도 뚜렷하다.

둘째, 비정형적 의사결정(nonprogrammed decision)은 정형적 의사결정과는 반대의 개념으로 비정형적인 특수한 상황에서 이루어지기 때문에 많은 불확실성을 포함하고 있는 의사결정으로 주로 최고경영자에 의해서 이루어지는 기업조직의 생존을 포함한 장기적인 예측과 관련이 있다. 문제가 구조화되어 있지 않은 비정형적 의사결정은 독특한 해결방안을 개발하기 위해 선택하는 의사결정방법이며, 기업의 경영자가 당면하는 대부분의 중요한 의사결정은 이러한 비정형적 의사결정에 포함된다고 볼 수 있다.

3) 의사결정의 상황별 종류

의사결정자가 의사결정을 하는 것은 미래에 대한 불확실한 상황의 정도에 따라 세 가지로 나누어볼 수 있는데 확실성, 위험, 불확실성 등이 그것이다. 이에 따라 의사결정의 상황에 따라 확실성하에서의 의사결정, 위험하에서의 의사결정, 불확실성하에서의 의사결정으로 분류할 수가 있다.

첫째, 확실성하에서의 의사결정(decision making under certanty)은 의사결정자가 미래에 의사결정의 결과를 확실히 예측할 수 있는 상황에서의 의사결정이다. 이것은 의사결정을 위하여 필요한 정보가 모두 알려진 상태에서 의사결정을 하는 것이지만, 기업경영에서 완전한 확실성은 현실세계에서는 존재하지 않는다는 것이다.

둘째, 위험하에서의 의사결정(decision making under risk)은 의사결정자가 미래에 의사결정의 결과를 객관적인 확률에 의해 아는 상황에서의 의사결정이다. 이것은 의사결정의 결과로 나타난 미래의 상황이 무엇인지는 확실히 알지 못하지만 어느 정도의 위험이 있다는 것을 확률로서 나타낼 수 있는 환경하에서 의사결정을 하는 것이다.

셋째, 불확실성하에서의 의사결정(decision making under uncertainty)은 의사결정자가 미래에 의사결정의 결과를 전혀 예측할 수 없는 상황에서의 의사결정이다. 이것은 미래에 발생할 상황에 대한 객관적인 확률분포를 전혀 알지 못하는 상태에서 하는 의사결정으로 신규분야에 대한 투자 등이 여기에 해당한다.

기업의 재무관리와 관련한 투자자의 의사결정문제는 의사결정을 상황에 의하여 구분하고 주로 위험하에서의 의사결정에 대한 문제를 다룬다. 그리고 현실세계에서 기업경영의 완전한 확실성은 존재하지 않기 때문에 확실성하에서는 의사결정은 의사결정으로서의 별 의미가 없다고 볼 수 있다. 위험과 불확실성은 명확하게 구별하기가 쉽지 않기 때문에 같은 의미로 사용하기도 하는데, 엄밀히 말하면 위험과 불확실성은 서로 다른 개념으로 위험은 의사결정의 결과로 미래에 어떤 상황이 발생할지를 확률로서 아는 상황이고, 불확실성은 의사결정의 결과로 미래에 어떤 상황이 발생할지를 전혀 모르는 상황을 말한다. 따라서 기업의 경영활동에 있어서의 의사결정은 위험과 불확실성을 줄이기 위해 가능한 한 정보를 많이 수집하고 집단의사결정의 방법 등을 통해 여러 사람의 지식이나 경험을 활용할 필요가 있다.

4. 재무관련 의사결정

기업을 경영한다는 것은 의사결정의 연속이며 이러한 의사결정은 대체안에 대한 선택의 과정이라고 할 수 있다. 경영에 대한 의사결정은 중요성에 따라 실무담당자, 중간관리자, 경영자가 각각 의사결정을 하게 된다. 실무담당자나 중간관리자의 의사결정은 주로 기업의 일상적이고 반복적인 업무처리와 관련된 내용이지만, 경영자는 기업의 경쟁력이나 경영전략 등에 대한 대안을 선택하는 의사결정을 하게 된다.

기업의 재무관리에서 재무관련 의사결정으로는 기업의 투자결정, 자본조달, 자본조달결정, 배당결정, 재무분석의 결정 및 기업의 인수합병과 지배구조에 대한 의사결정 등을 들 수 있다. 여기서 투자결정에서의 투자이론은 주로 증권시장의 시세를 분석하고 주식의 가격이 어떻게 결정되는가를 연구하는 분야로서 증권시장은 증권을 발행해서 기업경영에 소요되는 자금을 조달하기 위한 시장을 말하며, 자금의 수요자와 공급자가 만나는 시장을 말한다.

기업의 재무관리와 투자이론은 서로 다른 분야가 아닌 동일한 원리에 의해 분석된다. 기업의 재무분석 대상인 기업이나 투자결정이론의 분석 대상인 주식의 가치는 기업이나 주식에 투자의 대가로 얻어지는 미래현금흐름에 의해 결정된다. 예를 들면 기업이 공장을 신축하고 제조설비에 투자를 할 경우에는 거기에서 발생할 미래의 현금흐름을 추정하여 투자의사결정을 하게 되며, 주식에 투자를 할 경우에도 거기에서 발생할 미래의 현금흐름을 추정하여 투자 의사결정을 하게 된다는 것이다.

1) 투자 의사결정

기업의 재무관리자는 기업가치의 극대화를 위하여 어떤 자산에 얼마를 투자할 것인가를 결정해야 하는데, 이러한 의사결정을 투자결정이라

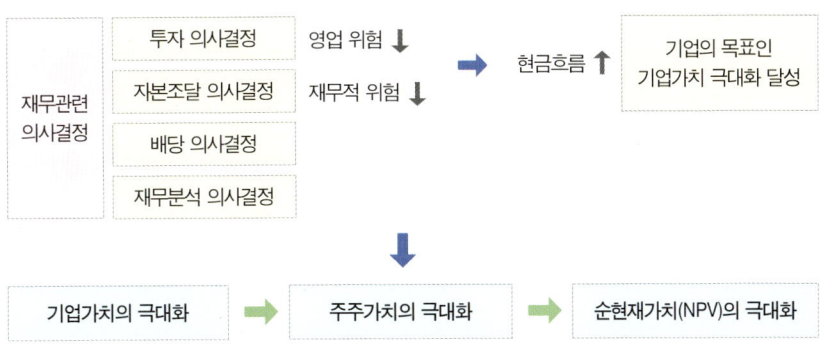

[그림 13-2] 재무관리자의 의사결정

고 한다. 투자결정은 최적의 자산구성을 통하여 최대의 성과를 내기 위함을 목적으로 하고 있으며 재무상태표의 차변에 나타나는 항목을 다루는 것으로 보면 된다. 그리고 실물에 대한 투자뿐만 아니라 투자를 목적으로 주식을 매입하거나 다른 기업을 인수하는 것도 투자결정에 해당된다.

2) 자본조달 의사결정

기업은 아무리 좋은 투자안이 있더라도 소요되는 자금을 투자할 수 없으면 사업을 영위할 수 없다. 투자자금을 조달할 때에는 자기자본인 주식을 발행해서 주주로부터 조달하는 방법과 타인자본인 금융기관이나 채권투자자 등 채권자로부터 차입하는 방법이 있다. 재무관리자는 앞의 두 가지 방식의 장단점을 검토하여 기업가치의 극대화라는 목표를 달성하기 위해 자기자본과 타인자본의 구성을 최적화하는 의사결정을 수행하게 된다. 이러한 자본조달과 관련된 의사결정을 자본조달 의사결정이라고 한다.

3) 배당 의사결정

기업은 경영활동에서 창출된 이익을 주주에게 배당하거나 사업에 재투자하기 위해 유보이익으로 회사에 남겨두게 된다. 재무관리자는 미래의 현금흐름 창출을 감안하여 얼마를 재투자하고 또 얼마를 주주에게 배당으로 지급해야 기업의 가치를 극대화할 수 있는지를 결정해야 하는데 이것을 배당 의사결정이라고 한다.

4) 재무분석 의사결정

기업의 재무관리 목표는 기업가치의 극대화이기 때문에 과거와 현재의 재무상태를 분석하여 기업의 가치를 높일 수 있는 재무구조로 변경하기 위한 의사결정을 하기 위해 재무분석이 필요하다. 재무분석이란 기업의 재무구조와 영업실적이 어떠하며, 문제점이 무엇인지 분석하여 해결방안을 도출할 수 있게 하는 것을 말한다.

제49절 재무구조 개선을 통한 기업가치증대

1. 건전한 재무구조 목표

기업의 건전한 재무구조는 계속기업으로서의 지위를 이어가기 위한 필수적인 사항이라고 할 수 있다. 왜냐하면 평소에 재무구조를 건전하게 유지하지 않으면 급하게 자금이 필요하거나 입찰에 응찰을 하는 경우에 불이익을 당할 수 있기 때문이다. 특히 급하게 자금이 필요하여 금융기관에서 대출을 받으려고 하는 경우 반드시 기업체신용평가를 받아야 하는데, 이때 필수적으로 제출해야 하는 서류가 재무제표이다.

꾸준한 재무관리로 인하여 재무구조가 양호한 기업은 경기침체가 계속되는 상황 속에서도 안정적으로 성장을 하고 있는 것을 볼 수 있다. 이처럼 재무구조가 건실한 기업은 어떠한 상황 속에서도 여유가 있으며, 이러한 여유는 경영자의 의사결정과 행동에도 큰 영향을 미친다.

일반적으로 금융기관에서 기업체신용평가를 할 때 신용평가의 배점기준이 재무항목이 60%이고, 비재무항목이 40% 정도의 비중을 차지하고 있다. 따라서 동업계의 산업평균비율보다 부채비율이 월등히 높다든지,

영업이익으로 이자비용을 충당하기 힘드는 정도의 수익률로 이자보상비율이 100% 이하이거나, 성장률이 마이너스인 경우에는 재무항목의 점수가 낮아져 대출을 받기가 어려워지는 일이 많이 발생되고 있다. 급기야는 꼭 필요한 대출을 받기가 어려워 유동성부족으로 인한 지급불능 사태까지 직면하게 되어 도산에 이르는 기업도 심심치 않게 발생되는 것이 산업현장의 현실이다.

그래서 일회성이 아니고 지속적으로 기업의 재무구조를 관리하여 사전에 건실한 재무구조를 가지게 되면 어떠한 어려움이와도 슬기롭게 헤쳐나갈 수 있는 역량을 갖춘 경쟁력있는 기업으로 거듭날 수가 있을 것이다.

다음 [표 13-2]에서는 우리나라 기업체 산업평균의 기준이 되는 한국은행 기업경영분석에서 제시한 최근 3년간 주요 재무비율을 나타내고 있다. 여기에서 제시된 중소기업 전산업의 재무비율들은 은행뿐만 아니라 보증기관이나 대규모의 매출을 실현할 수 있는 입찰을 위한 신용평가에서도 많이 적용하고 있는 산업평균 비율들이다. 재무비율들은 어느 한 가지의 비율이 너무 높거나 너무 낮아도 바람직하지가 못하다. 왜냐하면 유동비율이 너무 높은 기업은 유동성 보유는 많이 하고 있는 대신 제품생산을 위한 기계설비에 대한 투자가 부족하기 때문에 수익성이 떨어지는 단점을 가지게 되기 때문이다. 소위 말하는 풍선효과가 발생하여 어느 한곳에 너무 좋으면 다른 한쪽이 반대로 부정적인 상황이 된다는 것이다. 그래서 재무비율은 산업평균을 유지하는 것이 가장 이상적인 재무구조라고 말할 수 있겠다.

다음 [표 13-2]에서 제시된 항목별 재무비율들을 기업의 재무구조 목표로 설정하고 관심을 가지고 꾸준한 관리를 하면서 기업을 경영한다면 완벽하지는 않을지라도 근사치에는 다다를 수 있을 것으로 보인다. 그렇게 되었을 때 신용등급의 상향조정으로 기업에 돌아오는 반대급부는 생

[표 13-2] 중소기업 전산업의 재무제표 항목별 산업평균비율 추이

(단위 : %)

구분	재무항목	2011년	2012년	2013년	3년평균
안정성비율	부채비율	179.22	174.31	168.28	173.94
	자기자본비율	35.81	36.45	37.27	36.51
	유동비율	122.81	126.11	129.89	126.27
	비유동장기적합률	80.85	79.14	77.67	79.22
	차입금의존도	33.76	33.77	33.50	33.68
수익성비율	총자산순이익률	2.14	2.46	2.70	2.43
	매출액순이익률	1.56	1.80	1.99	1.78
	매출액영업이익률	3.09	3.05	3.16	3.10
	이자보상비율	207.21	216.99	250.42	224.87
성장성비율	매출액증가율	10.59	5.31	5.60	7.17
	총자산증가율	8.45	7.03	7.86	7.78
	유형자산증가율	9.11	9.29	9.09	9.16
활동성비율	총자산회전율	1.37	1.37	1.35	1.36
	자기자본회전율	3.87	3.82	3.69	3.79
	재고자산회전율	9.78	9.81	10.11	9.90
	매출채권회전율	7.15	7.14	7.20	7.16
	매입채무회전율	12.26	12.50	13.07	12.61
생산성비율	총자본투자효율	26.54	27.74	28.66	27.65
	부가가치율	29.51	30.95	32.07	30.84
	노동소득분배율	80.28	81.54	81.75	81.19

각보다 많을 수가 있다.

첫째, 금융기관에서 손쉬운 차입이 가능해지고 차입을 하더라도 차입규모가 더 커질 수가 있다. 둘째, 금융기관 대출금에 대한 금리가 낮아지는 우대금리의 적용을 받을 수가 있다. 대출금의 규모가 적을 때는 별 무리가 없을 수 있지만 매출액이 늘어남에 따른 설비증가 및 소요운전자금

이 증가되면 대출금도 자연히 늘어나는데 이때에는 엄청난 규모의 이자 비용 절감효과를 거둘 수 있다. 셋째, 정부 및 공공기관의 물품구매를 위한 조달물자의 입찰에도 유리한 조건으로 응할 수 있어 매출증대에도 기여를 할 수 있다. 이 외에도 신용등급이 상향조정됨으로써 받을 수 있는 장점은 많이 있으니 잘 활용하면 기업의 가치를 한층 더 높일 기회를 마련할 수 있을 것이다.

2. 재무구조의 목표달성 방안

대부분 중소기업의 CEO 혹은 자금담당자들은 자신이 경영하거나 몸담고 있는 기업의 재무구조에 대하여 별로 관심이 없거나 관심이 있더라도 어떻게 해야 하는지에 대한 방법을 몰라서 손을 놓고 있는 게 현실이다. 현장에서 그들의 목소리를 들어보면 치열한 경쟁 속에서 영업하기도 바쁘고 다른 업무만 하더라도 정말 바쁘고 힘든 상황인데 어떻게 거기까지 신경을 쓸 수가 있겠느냐는 하소연이다.

하지만 현실의 상황이 그렇다고 해서 완전히 손을 놓고 관리를 하지 않다보면 궁극적으로 내가 몸담고 있는 소중한 기업에 그러한 문제들이 누적되어 커다란 위기로 닥쳐올 수가 있다. 그래서 여기에서는 앞에서 설정된 재무구조의 목표를 달성하는 방안에 대하여 함께 연구를 해보도록 하겠다.

경영자는 기업의 목표를 설정한 후 이를 달성하기 위해서 구체적인 실행방안을 수립하여 실천에 옮겨야 한다. 기업의 재무제표에 나타나 있는 재무구조는 일정한 기간 동안 경영활동의 결과로 나타나는 것으로 회계기간 중 투자의 결과인 자산상태와 경영활동의 성과인 영업손익에 대한 상태를 표시하는 것이다.

예를 들어 현재의 재무제표를 분석해본 결과 안정성비율에서 부채비

경영자는 기업의 목표를 설정한 후 이를 달성하기 위해서 재무제표를 활용한 구체적인 실행방안을 수립하여 실천에 옮겨야 한다.

율이 동업종의 산업평균비율보다 월등하게 높을 경우에는 부채비율 하나만 높은 것이 아니라 자기자본비율도 낮아지고 차입금의존도도 높아지며, 수익성비율인 이자보상비율도 자동적으로 연계가 되어 낮아지게 된다. 이처럼 재무비율은 하나의 재무비율이 동업계평균비율 대비 미흡한 수치를 나타내면 다른 재무비율도 연달아서 좋지 못한 구조를 가지게 되는 것이다.

　부채비율을 하락시켜 안정적인 재무구조로 가져가기 위해 모두가 알고 있는 가장 손쉬운 방법은 첫 번째로 기업이 부담하고 있는 채무를 상환하는 것이다. 하지만 현실적으로는 기업의 부채를 전액 일시에 상환한다는 것은 불가능한 일이므로 차선책을 강구해야 한다.

[표 13-3]에서 보는 바와 같이 재무구조의 개선목표를 부채비율의 하락으로 설정했다면 개선방안은 다음과 같이 요약을 할 수가 있다. 첫 번째 매출수익금으로 부채상환, 두 번째 증자대금으로 부채상환, 세 번째 이익증대를 통한 자기자본 증가, 네 번째 자산매각을 통한 부채감축 및 자기자본 증가, 다섯 번째 유상증자를 통한 자기자본 증가 등이다.

물론 여기에서 제시한 방안 외에도 다른 방안이 있을 수가 있겠지만 여기서는 대체적으로 회계기준의 범위 내에서 일반적인 방법으로 재무구조 개선 방안을 제시한 것들이다. 이러한 방안들을 세부적으로 실행에 옮기는 것은 각 기업체들이 처해 있는 상황들을 감안하여 탄력적으로 운영방안을 마련하여 재무구조를 개선하여야 할 것이다.

끝으로 앞에서 연구해왔던 일련의 과정을 거치면서 재무구조 개선 노력을 지속적으로 해나간다면 기업가치의 극대화를 통한 안정적 성장기반을 가진 강한기업으로 거듭날 수 있을 것으로 본다.

[표 13-3] 재무구조 개선목표

개선목표	개선방안
부채비율의 하락	① 매출수익금으로 부채상환 ② 증자대금으로 부채상환 ③ 이익증대를 통한 자기자본 증가 ④ 자산매각을 통한 부채감축 및 자기자본 증가 ⑤ 유상증자를 통한 자기자본 증가

3. 기업가치증대를 위한 재무구조 사례실습

미래기업(주)의 2015년 추정 재무상태표와 추정 손익계산서는 다음과 같다.

사례

① A기업은 부채비율이 현재 566.7%이며 매출증가에 따른 소요운전자금에 충당코자 대출을 받기 위해 은행에 재무제표를 제시한 결과, 부채비율이 높아서 금리가 매우 높으며 생각보다 불리한 조건으로 대출을 해야 한다는 통보가 왔다. 그래서 경영진의 회의 결과 재무구조를 개선하기로 하고 부채비율을 한국은행 기업경영분석에 나타나 있는 중소기업 전산업의 평균부채비율인 170%로 낮추고자 하였다. 그리고 동사의 매출액순이익률을 1.8%에서 5.0%로 대폭 증가시키고자 할 경우 순이익 증대금액은 얼마인가?

② 상기의 부채비율 감축 추진방안에는 신규설비의 도입으로 인해 현재 사용하지 않고 있는 기계자산 8,500천 원의 매각을 통한 차입금 상환도 포함되어 있다. 순이익증대와 자산매각을 통한 차입금 상환 후 부채비율은 얼마인가?

③ 상기의 당기순이익의 목표를 달성하고 유휴자산의 매각을 통한 차입금의 상환 후 목표 부채비율을 달성하려면 추가로 유상증자를 해야 할 금액은 얼마인가?

[표 13-4] 추정 재무상태표

제14기 2015년 12월 31일 현재

(단위 : 천 원)

구분	금액	비율(%)	구분	금액	비율(%)
유동자산	56,000	56.0	유동부채	45,000	45.0
당좌자산	42,000	42.0	비유동부채	25,000	25.0
			부채총계	85,000	85.0
비유동자산	44,000	44.0	자본금	10,000	10.0
유형자산	31,000	31.0	잉여금	5,000	5.0
			자본총계	15,000	15.0
자산총계	100,000	100.0	부채와 자본총계	100,000	100.0

[표 13-5] 추정 손익계산서

제14기 2015년 1월 1일~2015년 12월 31일

(단위 : 천 원)

구분	금액	비율(%)
매출액	150,000	100.0
매출원가	120,000	80.0
매출총이익	30,000	20.0
판매비와관리비	25,500	17.0
영업이익	4,500	3.0
영업외수익	3,450	2.3
영업외비용	4,350	2.9
(이자비용)	(3,900)	(2.6)
법인세비용차감전순손익	3,600	2.4
법인세비용	900	0.6
당기순이익	2,700	1.8

풀이

1. 순이익 증대금액은? 4,800천 원

   ① 현 추세 당기순이익 : 150,000 × 1.8% = 2,700

   ② 목표 당기순이익 : 150,000 × 5.0% = 7,500

   　　　　　　　　순이익 증대금액 4,800천 원

2. 순이익증대와 자산매각 후 부채비율? 381.3%

   ① 유휴자산 매각을 통한 차입금 상환금액 : 8,500천 원

   ② 순이익 증대금액 : 4,800천 원

   ③ 개선 후 부채비율

   　- 수정 후 자산총계 : 현재 자본총계　　100,000

   　　　　　　　　　　　이익잉여금 증가　(+)4,800

   　　　　　　　　　　　차입금 상환　　　(−)8,500

수정 후 총자본	96,300
- 수정 후 부채총계 : 현재 부채총계	85,000
차입금상환	(-)8,500
수정 후 부채총계	76,500
- 수정 후 자본총계 : 현재 자본총계	15,000
이익잉여금 증가	(+)4,800
수정 후 자본총계	19,800

- 개선 후 부채비율 : $(75,500/19,800) \times 100 = 381.3\%$

3. 목표 부채비율 170%를 달성하기 위한 유상증자 필요금액은?

24,612천 원

유상증자 필요금액을 X라 하면

$$부채비율 = \frac{부채총계}{자본총계} = 170\% = \frac{75,500}{X}$$

$X = 75,500/170\% = 44,412 - 19,800 = 24,612$천 원

 쉬어가는 이야기 열셋

가치있는
강한기업으로

공대출신으로 제조업을 하고 있는 A대표는 재작년 초에 재무구조가 좋지 않아서 은행과 보증기관에서 대출과 신용보증서 발급을 거절당했던 기억만 하면 지금도 소름이 끼친다. 재작년 초에 납품일자는 다가오고, 대출이 되지 않아 기계도입은 하지 못하는 상황이 되어 큰 낭패를 볼 뻔했던 상황이었기 때문이다.

사업을 시작할 당시 A대표는 신제품을 개발하고 마케팅을 열심히 하여 매출만 많이 오르면 사업이 전부라고 생각했고, 재무제표는 말만 들었지 그렇게 중요한지를 몰랐다. 다행히 신제품을 개발하면서 특허를 받은 것이 보증기관에서 평가를 받아 힘들게 신용보증서를 발급받을 수 있었고, 은행에서 대출도 잘 받을 수가 있었다.

다시는 그런 상황을 맞이하기 싫었던 A대표는 그때부터 본격적으로 재무제표에 대한 공부를 시작하였고, 또 어떻게 하면 신용관리를 잘할 수 있는지 은행과 보증기관의 직원들에게 자문을 구하면서 알아보았다. 재무관리에 대한 공부를 해오면서 재무제표를 어떻게 관리하는가를 알게 되었고, 이와 더불어 신용등급이 좋아지기 위해서는 회사를 어떻게 관리해야

하는가도 알게 되었다.

기술력에는 자신이 있어서 기술성우수기업으로 평가받고 있는 A대표는 사업을 해오면서 2년 동안을 시간이 나는 대로 공부하면서 재무관리를 해왔다. 그 결과 매출이 오르면서 수익성도 높아져서 재무구조도 많이 개선되었고, 신용등급도 몇 단계 상승하여 대출금리도 낮아지고, 신용대출 한도도 높아져서 이제는 사업에 대한 자신감도 생기게 되었다.

이 모든 것이 회사의 재무관리를 철저하게 해온 덕분이라고 생각하면서 A대표는 당초 사업을 시작할 때의 커다란 꿈에 한 발짝 더 빨리 다가서고 있다는 자부심으로 회사로 출근하는 발걸음이 가볍기만 하다.

기업가치를 높이는 재무관리

초판 1쇄 2015년 6월 1일
초판 2쇄 2022년 10월 14일

지은이   이진욱
펴낸이   이혜숙
펴낸곳   (주)스타리치북스

출판 감수   이은희 · 진은혜 外
출판 책임   권대홍
출판 진행   이은정 · 한송이
편집 교정   이상희
내지 디자인 권대홍 · 조인경

등록 2013년 6월 12일 제2013-000172호
주소 서울시 강남구 강남대로62길 3 한진빌딩 2~8층
전화 02-6969-8955

스타리치북스 페이스북   www.facebook.com/starrichbooks
스타리치북스 블로그   blog.naver.com/books_han
스타리치몰   www.starrichmall.co.kr
홈페이지   www.starrichbooks.co.kr
글로벌기업가정신협회   www.epsa.or.kr

값 25,000원
ISBN 979-11-85982-06-9 13320